“十四五”普通高等教育轨道交通专业系列教材

轨道交通概论

宋建业◎主　编
郝菊香◎副主编
孙志强◎主　审

中国铁道出版社有限公司
CHINA RAILWAY PUBLISHING HOUSE CO., LTD.

内容简介

本书以普速铁路为主线，简要介绍了轨道交通的特点、发展历史，线路、牵引供电系统、信号通信、车辆、车站等基本设备及其运用方法，运输组织和调度工作以及轨道交通的安全、环境保护，轨道交通的发展趋势，介绍了高速铁路和地铁设备及运输组织方法的特点，使读者对于轨道交通系统，包括普速铁路、高速铁路和城市轨道交通系统，有一个概括、全面的了解，为进行轨道交通相关专业的学习提供基础。

本书可作为普通高等院校轨道交通相关专业的专业基础课教材和铁路新入职职工培训教材。

图书在版编目(CIP)数据

轨道交通概论/宋建业主编. —北京：中国铁道出版社有限公司，2022.9（2024.10重印）
“十四五”普通高等教育轨道交通专业系列教材
ISBN 978-7-113-29583-7

Ⅰ.①轨… Ⅱ.①宋… Ⅲ.①城市铁路-轨道交通-高等学校-教材 Ⅳ.①U239.5

中国版本图书馆 CIP 数据核字(2022)第 154369 号

书　　名：轨道交通概论
作　　者：宋建业

策　　划：侯　驰　　　**编辑部电话：**(010)83527746
责任编辑：张松涛
封面设计：刘　颖
封面摄影：王明柱
责任校对：苗　丹
责任印制：樊启鹏

出版发行：中国铁道出版社有限公司(100054，北京市西城区右安门西街 8 号)
网　　址：https://www.tdpress.com/51eds/
印　　刷：三河市国英印务有限公司
版　　次：2022 年 9 月第 1 版　2024 年 10 月第 3 次印刷
开　　本：787 mm×1 092 mm 1/16　**印张：**15.5　**字数：**365 千
书　　号：ISBN 978-7-113-29583-7
定　　价：59.00 元

前　言

1825年世界上第一条铁路问世以来，轨道交通经历了190多年风风雨雨的发展历程，有过辉煌，也有过短暂的消沉。20世纪60年代以后，高速铁路的兴起和科技进步使铁路逐步恢复了生机，城市化进程的加快带来的地面交通拥堵，促成了城市轨道交通的兴旺，轨道交通事业迎来了蓬勃发展的新纪元。轨道交通系统技术复杂，专业分工精细，需要高度集中统一的调度指挥，车、机、工、电、辆、供电和信息管理等多部门多工种协同配合，才能顺利、高效地实现运输生产过程。因而从事轨道交通行业的工作，除了应当精通本专业的技能，还应对轨道交通系统的整体有一个概括、全面的了解，明确自己的专业在这个大系统中所处的地位及作用，才能做好本职工作。

本书具有以下特色：

1. 内容较为全面

以普速铁路为主线，兼顾高速铁路和城市轨道交通的特点、历史和现实，全面介绍轨道交通系统的运输设备、运营组织和调度指挥体系。

2. 力求概念严谨、定义准确

轨道交通的理论和技术始终处于不断更新和发展的过程中，随着轨道交通的技术进步和运营管理的改善，某些原有的概念和理论已经不能全面反映现实，需要从发展的观点重新认识和理解。

3. 内容取材全面、简约，语言表达通俗易懂，理论联系实际，为生产实践服务

轨道交通的理论和实践体系包罗万象、过于庞杂，要使读者对于轨道交通的发展沿革和技术体系有一个概括的了解，内容取舍的“度”很难掌握。本书希望达到使读者既了解整体、基本概念和工作原理，又不拘泥细节，能够轻松学习。

4. 立体化呈现

本教材附有教学课件、教学资源、试题、课后习题答案、图片库、视频库，支持网络化多媒体教学。

5. 校企合作编写

轨道交通企业拥有完备的运输设备，是轨道客货运输的组织者和实践者。学校应当树立按企业需求培养人才、为企业服务的思想，加强与轨道交通企业的合作。

为方便教师教学，编写组制作了电子课件、图片等教学资源，欢迎大家下载使用。相关资源可在西安交通工程学院教务处网站下载(https://www.xjy.edu.cn/educate/)，具体位置在“教学研究-教材建设”栏目下。

本书由西安交通工程学院宋建业、郝菊香、都娟丽、巨子琪、刘晶、李宁宁、张媛和中国铁路兰州局集团有限公司职工培训中心银川实习基地王华联合编写，参考学时32学时。宋建业任主编、郝菊香任副主编，由兰州城市轨道交通运营分公司孙志强主审。编写分工如下：宋建业编写绪论、第六章，巨子琪编写第一章，刘晶编写第二章，王华编写第三章，李宁宁编写第四章，郝菊香编写第五章，都娟丽编写第七章，张媛编写第八章。多媒体课件由都娟丽策划。

本书编写过程中得到中国铁路兰州局集团有限公司陈南江、赵周、张华强、王引乾，兰州北编组站牛有生、雷相奎，新丰镇编组站陈晓东、杨厂昇、田军，西安集装箱中心站刘皓、方涛，兰州城市轨道交通有限公司孙志强、曹海鹏等单位和个人的大力支持和帮助，在此表示衷心感谢。书中参考引用了大量文献、论著和历史图片，谨向文献的作者表示诚挚的敬意和感谢！

由于编者水平有限，书中疏漏和不妥之处，恭请广大读者批评指正。

编　者

2022年6月于西安

目　录

绪　　论

在现代交通运输体系中，轨道交通以其运量大、速度高、安全舒适、方便快捷、疏解客流和货流能力强、节省社会资源、运费低、受地理和气候条件影响小、环保等特点，成为世界各国优先发展的交通运输方式。轨道交通起源于人类的社会需求，在其发展的历程中不断吸收各领域科技进步的最新成果，为社会提供高效、优质的运输服务，集中体现了人类社会的文明进步。

学习目标

◎ **素质目标**

培养正确的人生观、价值观，认识铁路对于国计民生的重大战略意义。学习和传承"人民铁路为人民"的光荣传统，树立为国家轨道交通事业奉献力量的决心和信心。

◎ **知识目标**

(1)了解轨道交通发展的历史。

(2)了解轨道交通系统的技术体系。

(3)了解新中国铁路建设的伟大成就。

◎ **能力目标**

(1)能自学轨道交通有关新理论、新技术。

(2)树立创新意识，培养钻研业务、不断提升业务素质的能力。

一、世界轨道交通的发展

1. 铁路的发展历程

世界上第一条铁路诞生于英国。这条从斯托克顿至达林顿、全长 21 km、由蒸汽机车牵引的铁路在乔治·斯蒂芬森(1781—1848)的主持下建成，他设计和制造了"旅行者"号机车。1825 年 9 月 27 日，编挂了 1 辆客车、20 辆代用客车(在货车内加上座位供旅客使用)和12 辆货车，乘坐着 450 位旅客、载运了总重 90 t 的煤和面粉的世界上第一趟列车，由他亲自驾驶从达林顿出发，平均速度 13 km/h，最高时速达到 24 km，驶向斯托克顿，获得成功，开创了轨道运输的新纪元。

实际上，世界上最早的"轨道交通"出现于古希腊。在希腊半岛中部有一处狭窄的"科林斯地峡"。为了让船只省却绕行希腊南部的漫长航程，古希腊人在公元前 600 年左右便修筑了横跨地峡的 6 km 石凹槽轨道，把柯林斯湾和萨洛尼克湾从陆上连接起来，船只可以放在车上运送到另一边海岸。这条轨道一直使用到公元一世纪(如图 0-1 所示)。

图 0-1　希腊科林斯地峡石轨道遗址

1604 年英国诺丁汉附近出现了用于运送煤炭的木质轨道“沃拉屯车道”。此后几十年间,英国其他煤矿也开始修建这种木轨,至乔治・斯蒂芬森出生的 1781 年,整个英国东北部煤矿已经布满了蛛网般的木质轨道。

木轨因耐久性较差,用不了多久就会损坏。为了在更换木轨时不触动枕木,就在原有的木轨上面再顺放两根木轨条,这样就减轻了更换木轨的成本和工作量。再后来,为了减少木轨的更换次数,工程师们又在木轨表面包了一层铁皮,以提高其使用寿命。

18 世纪 50 年代,木轮货车开始改为铁轮货车。1767 年至 1776 年之间,在斯塔福德郡与南约克郡开始使用内侧带有凸缘的生铁板作为承载轨道。

1789 年,英国工程师威廉・杰索普首次设计出凸形铁轨和带有外轮缘的铸铁车轮,并在拉夫堡—莱斯特的马拉铁路上得到应用。1790 年杰索普又对外缘突出的车轮进行了改进,研制出内轮缘凸出的铸铁车轮和铁路道岔,成为现代铁路轮轨的标准形式,从此真正意义上的铁路诞生了。

在这之前,瓦特(1736—1819)于 1776 年制造出第一台有实用价值的蒸汽机。1803 年英国机械工程师特里维西克(1771—1833)造出了世界上第一台蒸汽机车。史蒂芬森是第一个实现了蒸汽机车在铁轨上牵引列车商业运营的人。

可见,对世界产生重大影响的伟大发明,一定是社会的需要促成的,从思想到实现可能经过漫长的岁月积淀,在其发展过程中,凝聚着许多人的智慧和艰辛。

第一条铁路的问世引起了轰动性的效应。至 19 世纪中叶,法国、美国、德国、比利时、加拿大、古巴、俄国、奥地利、荷兰、意大利、瑞士、西班牙、秘鲁、智利、印度、巴西、澳大利亚等许多国家也都相继修建了铁路。在此后的 100 多年中,铁路为人类社会带来了极大的便利和经济效益。到 19 世纪末,电力机车和内燃机车相继出现,铁路信号系统逐步完善,欧洲各国铁路连接成网，铁路运输出现了空前繁荣的景象。

美国铁路的发展是这一时期铁路发展的一个缩影。其第一条铁路巴尔的摩—俄亥俄铁路长 21 km，1828 年开始修建，1830 年建成。从 1850 到 1910 年的 60 年间，美国共修建铁路 37 万多公里，平均每年修建新线 6 000 多公里，1887 年修建铁路 20 619 km，1910 年美国铁路公司的数量激增到 1 300 多家。至 1916 年，美国铁路里程达到峰值 40.6 万 km。

但是铁路的发展并不总是一帆风顺。第一次世界大战结束以后至 20 世纪 70 年代，一些国家的铁路行业在与公路和航空的竞争中失利，市场占比急速下降。在这一时期，美国铁路客、货运量急剧萎缩，许多铁路公司倒闭，出现了一股拆铁路的旋风。据统计，美国铁路拆得多、建得少，至今总里程已减少到 22 万多公里。究其原因，除了与其他运输行业的激烈竞争，应当说行业内部自由竞争的无序发展、铁路自身存在的技术和管理方面的问题是主要因素。

铁路运量大、速度快，能够全天候运行，具有快速疏解客流、货流的能力。这些优势是其他任何一种运输形式都无法比拟的。从 20 世纪 60 年代开始，高速铁路的兴起和突飞猛进的科技进步，日益增加的运输需求，给铁路带来了新的活力，日本、法国、德国、瑞典和西班牙、意大利等国家的高速铁路技术使世界看到了新的希望，轨道交通迎来了新的发展机遇。2013 年 9 月、10 月习近平总书记提出“一带一路”倡议以后，新亚欧大陆桥经济走廊的建立和中欧班列的开行，使中国与亚欧各国的经济联系日益密切，促进了沿线地区的经济发展和繁荣。

2. 城市轨道交通的发展

城市轨道交通是以轨道结构承重和导向，为市域公共旅客运输服务的运输系统，包括地铁、轻轨、有轨电车（如图 0-2 所示）、单轨（如图 0-3 所示）、磁悬浮系统等多种运输形式。

图 0-2　英国曼彻斯特有轨电车

图 0-3 德国单轨悬挂式电车

地下铁道，简称地铁，是城市轨道交通的主要形式。地铁的历史可以追溯到 19 世纪 60 年代，英国工业革命使城市规模和人口数量急剧增长，带来了严重的地面交通堵塞。1863 年 1 月 10 日采用蒸汽牵引的世界上第一条地铁线路——英国伦敦大都会地铁线路建成通车。该线全长 6.4 km，为了排除隧道内的烟气，在隧道的顶部每隔一段距离就需要钻出一些通风孔为隧道通风换气。显然蒸汽牵引并不适合地铁的需要，但开始运营当天就有 4 万名乘客搭乘该线路的列车，在线路开通的第一年运送乘客的数量达到 950 万人次。1890 年11 月 4 日世界上第一条采用电力驱动的地铁线路——“城市与南伦敦铁路”投入运营。由于修建地铁的高昂费用，在很长的时间内，地铁并没有得到快速发展。

第二次世界大战以后，随着各国经济的复苏和城市化的推进，城市轨道交通呈现出了兴旺繁荣的景象。至 2021 年底，全球已有 79 个国家的 541 座城市开通了城市轨道交通系统，总里程达到 36 854.2 km，其中地铁占 51.4%，轻轨占 8.9%，有轨电车占 39.7%。

二、中国轨道交通的发展

中国轨道交通的发展以 1949 年中华人民共和国成立为分界，明显地划分为两个阶段。

（一）中国铁路的发展历程

1. 半殖民地半封建性质的旧中国铁路

在中国大地上出现的第一条铁路是英国怡和洋行在上海修建的吴淞铁路。鸦片战争后，英国人在上海外滩建立了英租界，由于黄浦江江窄水浅，远洋商船不能直接沿黄浦江航行到外滩停泊，所以希望沿黄浦江左岸修筑一条铁路，把位于外滩的英租界与黄浦江汇入长江的吴淞口连接起来。这条长 14.5 km、轨距 762 mm 从闸北至吴淞口的铁路未经清政府许可就在 1875 年 1 月动工，1876 年 7 月 1 日正式通车。同年 10 月 24 日，中英双方签订《收赎吴淞铁路条款》，清政府以 28.5 万两规银（当时通用的银两计算单位）赎买，1877 年 10 月 20 日付清所有款项，10 月 22 日即下令拆除，至 12 月 18 日全部拆毁。

铁路是一国的经济、国防命脉，攫取和控制别国的铁路，是帝国主义推行殖民主义政策的惯用手段。19 世纪末，清朝政府已经处于腐朽没落、风雨飘摇的境地。在 1894 年 7 月 25 日爆发的中日甲午战争中，中国战败，1895 年 4 月 17 日被迫与日本签订割地赔款的《马关条约》，列强各国要求“利益均沾”，乘机在中国划分势力范围，要求在中国修建铁路。1900 年 8 月 14 日北京被八国联军攻陷，1901 年 9 月 7 日清政府被迫与英、美、俄、法、德、意、日、奥、比利时、西班牙、荷兰 11 国签订了《辛丑条约》。到 1904 年日俄争夺对朝鲜的控制权和获取中国东北权益的日俄战争前，在中国修建 1 万多公里铁路的权益先后落入列强之手：法国取得滇越铁路修建权，德国取得胶济铁路修建权，英国取得沪宁铁路和广九铁路修建权，比利时取得卢汉铁路和汴洛铁路修建权，美国则取得粤汉铁路和广三铁路的修建权，俄国于 1898 年强行在中国修建采用 1 524 mm 宽轨距的满洲里至绥芬河的中东铁路和哈尔滨至大连的南满铁路。

清光绪十一年（公元 1885 年），法国通过中法战争，与清政府缔结《中法新约》，取得对越南的“保护权”及在中国西南诸省通商和修筑铁路的权利。光绪二十一年（公元 1895 年），法国借口在“三国干涉日本还辽”中有功，强迫清政府签订了《中法续议商务专条》，取得将越南铁路延伸修入中国境内的修筑权。光绪二十九年（公元 1903 年），中法签订《中法会订滇越铁路章程》，随即法国派人踏勘路线，绘制蓝图，并正式成立滇越铁路法国公司。滇越铁路从越南海防到老街，称“越段”，从中国云南省河口至昆明，称“滇段”。这条铁路 1903 年开工，采用 1 000 mm 窄轨，历时 8 年，1910 年建成通车。

日本 1905 年在中国东北修建安东至沈阳和沈阳至新民的窄轨铁路，1913 年又取得修建满蒙五条铁路的特权，第一次世界大战以后进一步强占东北铁路，还提出在福建和从福建向江西、浙江修建铁路的要求，并继承德国在山东的高韩（高密至韩庄）、顺济（顺德至济南）两路路权，还在东北取得了吉会（吉林至朝鲜会宁）、长洮（长春至洮南）、开吉（开源至吉林）、洮热（洮南至承德）诸路的筑路权，以及吉敦铁路（吉林至敦化）的贷款控制权。

从 1912 年清政府垮台到 1918 年第一次世界大战结束，北洋军阀政府利用当时“政权开放、利用外债”的舆论，变本加厉地大借外债、拍卖路权，仅仅四五年时间就签订 9 项铁路借款合同，出卖 11 条铁路的权益。

帝国主义列强除了强行修建、直接经营中国铁路以外，更多的是通过贷款来控制中国铁路。贷款控制的方式，是从获取铁路贷款权入手，然后以债权人、受托人的身份，修建和经营这些铁路。如京汉、正太、汴洛、沪宁、粤汉、津浦、广九和道清等铁路，都按此方式为列强所控制。

中国第一条由政府批准修建的铁路是唐胥铁路。这条铁路全长 9.7 km、采用 1 435 mm 标准轨距，聘请英国工程师金达主持修建，1881 年 6 月 9 日动工，当年 11 月 8 日建成通车。金达还主持设计、制造了中国第一台蒸汽机车“中国火箭”号，因机车左右各装饰了一条飞龙，又名“龙”号机车，如图 0-4 所示。

1905 年 9 月 4 日开工建设的京张铁路是中国首条不使用外国资金，由中国人自己设计、施工修建的铁路，在詹天佑主持下用了 4 年时间于 1909 年 10 月 2 日建成通车。在当时的条件下，这条铁路的设计难度极大，工程极为艰巨。詹天佑创造性地解决了许多设计和施工技术难题：为了解决高程问题，在青龙桥车站，采用人字形展线和 33‰的大坡道（如图 0-5 所示）；为了加快隧道的建设进度，八达岭隧道采用中间竖井法开凿，使工期缩短一半。

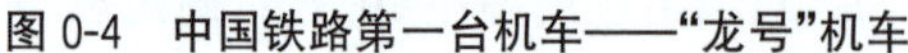

图 0-4　中国铁路第一台机车——“龙号”机车

图 0-5　京张线的“人字形”展线

综上所述，旧中国铁路从屈辱中诞生，艰难前行，畸形发展，支离破碎，为列强掠夺和控制中国服务，具有以下特点：

（1）数量少、分布偏

从 1876 年到 1945 年的 70 年中，在中国修建的 2 万多公里铁路，大都分布在东北和沿海地区，西北、西南地区只有 1 000 多公里铁路，仅占全国铁路的 6%左右。解放战争期间没有修建任何新线。

（2）标准杂、质量差

英、美、俄、德、比、法、日等国把自己的铁路标准搬到中国，全国轨距宽窄不一，甚至同一线路上的桥、隧限界和曲线、坡度标准都不统一。列强把本国陈旧、落后的设备高价卖给中国。这些设备不仅质量差，而且类型杂乱，因而线路病害多，行车安全得不到保障。

（3）管理分割、经营落后

铁路产权或掌握在列强手中，或靠借外债修建、以路产和营业收入为抵押，按投资国别分线设局，分割管理，甚至一个铁路地区由几个铁路局管理。各铁路局各自为政、各行其是，设备、规章制度和管理方法也不相同，不能形成全国统一的路网。更为严重的是国家无权对铁路实施统一的调度指挥，铁路不能为国家发展战略服务。

2. 社会主义性质的新中国铁路

中华人民共和国的成立开创了中国铁路发展的新纪元。在中国共产党的领导下，铁路从此走上了快速发展的道路，铁路为人民服务，成为国家交通运输体系的骨干，国防建设、经济建设和国计民生的重要支柱。

人民铁路与人民军队有着很深的渊源。铁道部第一任部长滕代远、第二任部长吕正操都是中国人民解放军高级将领。说到新中国铁路建设，不能不提到铁道兵的丰功伟绩。从 1948 年 7 月解放军组建铁道纵队到 1983 年铁道兵并入铁道部的 35 年间，英雄的铁道兵艰苦奋斗、志在四方，在战争条件下，共抢修铁路 3 600 多公里，抢建铁路 690 多公里、战备公路 430 多公里；在和平建设时期，共新建铁路干、支线 12 590 km，占全国同期新建铁路总数的三分之一，有 8 314 名官兵为铁路建设献出了生命。铁道兵精神值得我们永远铭记和敬仰。1984 年 1 月 1 日，铁道兵部队集体转业并入铁道部，铁道兵各师分别改称为铁道部第十一～二十工程局。

(1)铁路组织机构的变迁

解放战争时期,随着中国共产党领导的解放区不断扩大,人民政权接管、修复和管理的铁路也越来越多。在这种形势下,1949 年 1 月成立了中国人民革命军事委员会铁道部。这标志着中国铁路从此摆脱了帝国主义、官僚资本主义的控制,成为服务中国人民、推进国家发展战略的重要基础设施。军委铁道部以"解放军打到哪里,铁路就修到哪里"作为行动口号,号召广大铁路职工大力支援人民解放战争。到 1949 年底,原有铁路均被铁道部接管,主要干线基本修复并连接成网。

1949 年 10 月 1 日,根据 1949 年 9 月 27 日中国人民政治协商会议第一届全体会议通过的《中华人民共和国中央人民政府组织法》,设置中央人民政府铁道部。

1954 年 9 月 20 日,第一届全国人民代表大会第一次会议通过了《中华人民共和国宪法》和《中华人民共和国国务院组织法》,成立中华人民共和国国务院,将原中央人民政府铁道部改为中华人民共和国铁道部,成为国务院组成部门。

此后,铁道部在 1970 年 7 月至 1974 年间曾与交通部、邮电部合并成立新的交通部。1975 年 1 月在国务院机构改革中又将铁道部从交通部内划出,恢复了独立建制。

2005 年 3 月 18 日,铁道部宣布撤销全路所有铁路分局,铁路从"铁道部—铁路局—铁路分局—站段"的管理体制,精简为由铁路局直接管理站段的"铁道部—铁路局—站段"的三级管理体制,同时新成立太原、西安、武汉 3 个铁路局。调整后,铁道部共有 18 个铁路局。

2013 年 3 月 14 日,根据第十二届全国人民代表大会第一次会议审议的《关于提请审议国务院机构改革和职能转变方案》的议案,铁道部被撤销,实行政企分开:在交通运输部组建国家铁路局,承担铁道部的行政职责;组建中国铁路总公司,承担铁道部的企业职责。

2019 年 6 月 18 日贯彻党中央关于加快推动中国铁路总公司股份制改造的决策部署,经国务院批准,中国铁路总公司改制成立中国国家铁路集团有限公司。

(2)新中国铁路建设的成就

中华人民共和国成立 70 多年来,广大铁路员工和科技工作者以工人阶级主人翁精神,自力更生、艰苦奋斗,中国铁路不断发展壮大,取得了举世瞩目的辉煌成就。

路网布局趋于合理、铁路里程迅速增长。据国家发改委 2022 年 1 月 19 日发布的信息,截至 2021 年底,中国铁路营业里程已突破 15 万 km,其中高铁运营总里程超过 4 万 km,占世界高铁总里程的三分之二强,居世界第一;全国铁路复线率和电气化率分别达到 59.5%和 73.3%。下面,以成昆铁路、青藏铁路、京沪高速铁路和高速动车组建设为例说明新中国铁路建设的伟大成就。

①成昆铁路

成昆铁路北起四川省成都市,南至云南省昆明市,是我国西南地区重要的铁路干线,全长 1 096 km,国家Ⅰ级电气化铁路,1958 年 7 月开工建设,1970 年 7 月 1 日建成通车。成昆铁路沿线崇山峻岭,奇峰耸立,深涧密布,沟壑纵横,地势陡峭,地质状况极其复杂,工程的艰险程度从一线天路段的勘测和隧桥相连铁路线及法拉展线的场景可见一斑,如图 0-6、图 0-7 和图 0-8 所示。

图 0-6　一线天早期勘测

图 0-7　一线天峡谷一线天拱桥

图 0-8　壮美的法拉展线

成昆线由铁道部第二勘察设计院设计，在成昆线的修建大军中，以铁道兵第一、五、七、八、十师、铁二师的 8 团、独立机械团、独立汽车团和铁道部第二工程局(前身为西南铁路工程局)为主力，并有铁道部第四工程局、大桥工程局、电务工程总队和成都、昆明铁路局等单位职工以及沿线民工参加。在当时技术条件落后、筑路机械匮乏的情况下，铁路的设计和施工人员硬是凭着对祖国的无限忠诚，以钢铁的意志和顽强的拼搏精神，谱写了世界铁路建设史上可歌可泣的壮美篇章，如图 0-9～图 0-12 所示。

图 0-9　用风钻开凿隧道

图 0-10　修建莲地隧道的场景

图 0-11　成昆线铁马薄壁混凝土空心墩特大桥

图 0-12　由铁八师修建的全长 1 166 m 大田菁龙川河特大桥

1984 年 12 月 8 日成昆铁路与美国阿波罗宇宙飞船登月和苏联第一颗人造地球卫星被联合国组织评为“象征二十世纪人类征服自然的三大奇迹”。

②青藏铁路

青藏铁路是中国新世纪四大工程之一，获得 2008 年度国家科学进步特等奖，2013 年 9 月入选“全球百年工程”，由中铁第一勘察设计院集团有限公司设计，中铁一～五局集团有限公司、中铁十一～二十一局集团有限公司、中铁隧道股份有限公司、中铁大桥局集团有限公司、中国铁建股份有限公司、中国铁路通信信号股份有限公司、新疆生产建设兵团等 21 家施工单位和 11 家监理单位完成。这条铁路东起青海西宁，西至西藏拉萨，全长 1 956 km，分两期建成：西宁至格尔木段 814 km，1984 年 5 月建成通车；格尔木至拉萨段 1 142 km，2001 年 6 月 29 日开工建设，2006 年 7 月 1 日全线通车，是一条创造了世界奇迹的天路。

青藏铁路格拉段，全线海拔高度大于 4 000 m 以上地段 965 km，经过连续多年冻土地段 550 km，是全球穿越高原、高寒、缺氧及连续性永久冻土地区最长的铁路。青藏高原不仅缺氧，还伴有高寒和大风，年极端最高气温 25 ℃，极端最低气温零下 45 ℃，年平均大风天数 115～160 d。恶劣的自然环境使“世界屋脊”的很多地方成为人类的“生命禁区”。多年冻土、高寒缺氧、生态脆弱是高原铁路建设的三大世界性难题。

为了保护高原的生态环境在铁路建设过程中处于有序和可控状态，在自然保护区内，铁路线路遵循“能避绕就避绕”的原则规划，制定了严格的生态保护措施。对高原植被实施易地假植，施工后及时覆盖到已经完成路基的边坡或施工现场表面。铁路施工场地、便道、砂石料场的选址经过反复勘察确定，尽量避免破坏植被。对植被难以生长的地段，在施工时采取逐段移植的方法，对自然条件稍好的地段进行人工草皮培植。

线路的勘测设计单位对野生动物的生活规律、迁徙方向，种群结构等综合评价，确定了青藏铁路野生动物的通道和数量，对经过可可西里、楚玛尔河、索加等自然保护区的线路区段采用了避绕方案。在野生动物活动地段设置动物通道，以保障沿线野生动物迁徙不受影响。对高原湖泊、湿地生态系统尽量绕避，无法避绕时，选择以桥代路方案。

为了解决可可西里地区高含冰量冻土地带线路的稳定，以及藏羚羊自然迁徙问题，多路段设计为“以桥代路”。如清水河大桥（如图 0-13、图 0-14 所示）全长 11.7 km，是青藏铁路线上最长的“以桥代路”特大桥，也是世界上最长的高原冻土铁路桥，各桥墩间的 1 300 多个桥孔可供野生动物自由迁徙。

图 0-13　世界屋脊第一长桥——清水河大桥

图 0-14　桥孔成为藏羚羊的迁徙通道

在青藏铁路永久冻土路段设置了插在路基两旁的两排直径约 15 cm、高约 2 m 的“铁棒”。这些铁棒被称作热棒（如图 0-15 所示），是一种高效热导装置，具有独特的单向传热性能；热量只能从地面下端向地面上端传输，反向不能传热。在冬季管内工作介质由液态变为气态，带走管内热量；在暖季，热棒则停止工作。此新工艺的采用，有效地解决了冻土路基的稳定性问题。

图 0-15　利用热棒散热，保持路基稳定

青藏铁路创造了多项世界之最:海拔 4 905 m 的风火山隧道,是世界海拔最高的冻土隧道,如图 0-16 所示;全长 1 686 m 的昆仑山隧道是世界上最长的高原冻土隧道,如图 0-17 所示;海拔 5 068 m 的唐古拉车站是世界海拔最高的铁路车站,如图 0-18 所示。

图 0-16 世界上海拔最高的冻土隧道——风火山隧道

图 0-17 世界上最长的高原冻土隧道——昆仑山隧道

图 0-18 世界上海拔最高的的唐古拉车站

青藏铁路建成后,中国铁路的建设者们并没有停下前进的步伐。2007 年 9 月,青藏铁路西格段开始进行第二线建设和电气化改造,2011 年 6 月 29 日,青藏铁路西格段复线建设完工并实现电气化运营。为了进一步改善线路质量、提高铁路通过能力,2010 年青藏铁路启动了换轨工程,至 2016 年 9 月 12 日青藏铁路全线铺设了无缝线路;2016 年 3 月 1 日,青藏铁路格拉段扩能改造工程正式开工建设,工程项目包括:新增 13 个车站,使格拉段车站总数将由原来的 45 个增加到 58 个,提升了青藏铁路的列车通过能力;延长 8 处既有站到发线有效长度;对拉萨西站货场进行升级改造。2018 年 8 月 30 日,青藏铁路格拉段扩能改造主体工程顺利完工,有效缓解了格拉段运输能力紧张的局面。

为了边疆的安宁和人民的幸福,西藏的铁路还在延伸,2014 年 8 月 16 日全长 253 km 的拉萨—日喀则Ⅰ级客货共线铁路(如图 0-19 所示)建成通车、2021 年 6 月 25 日全长 403 km 的拉萨—林芝铁路(如图 0-20 所示)开通运营,进一步改善了西藏地区的交通运输条件。不久的将来,川藏铁路、新藏铁路、滇藏铁路将与青藏铁路一起构筑起西藏路网,把西藏与祖国内地更加紧密地连接起来,创造出更多的人间奇迹。

图 0-19　金秋的拉日铁路

图 0-20　拉林线上行驶的“复兴号”动车组

③京沪高速铁路

京沪高速铁路是我国技术标准最高的高速铁路，全长 1 318 km、设计最高速度 380 km/h、运营速度 350 km/h，列车最小追踪间隔按 3.5 min 设计，于 2008 年 4 月 18 日开工建设，2011 年 6 月 30 日建成通车，是 2016 年修订的《中长期铁路网规划》中“八纵八横”高速铁路主通道之一。

京沪高铁全线桥梁长度 1 140 km，占正线长度 86.5%，全线隧道 22 个，总长度 16 km，占正线长度 1.2%，桥隧总长度占线路总长 87.7%，桥隧里程的高占比反映了高速铁路线路最显著的特征。位于京沪高铁江苏段的丹昆特大桥，全长 164.851 km，是世界第一长桥（如图 0-21 所示）。桥隧设计和施工技术的进步使铁路线路的设计理念发生了巨大变化，以桥代路、以隧代路，不仅避免了大量展线所带来的铁路建造和运营支出及资源浪费，而且可以少占用耕地、减轻植被破坏，避开不良地质地段，为野生动物提供迁徙通道，改善线路的平纵断面、优化列车运行条件。

图 0-21 壮美的京沪高铁丹昆特大桥

京沪高铁全线采用我国铁路自行研制的列车调度指挥系统（TDCS）、分散自律调度集中系统（CTC）和 CTCS-3 级列车运行控制系统，运行我国自主生产的先进高速动车组，极大地提高了行车自动化程度，保障了行车安全。

④中国高速动车组

20 世纪 90 年代，中国铁路开启了向高速铁路进军的征程。1997 年 4 月 1 日至 2007 年 4 月 18 日，中国铁路 10 年内对于主要铁路干线连续进行了 6 次提速改造，第一次大提速使京广、京沪、京哈三大干线提速列车最高运行速度达到 140 km/h，旅行速度 90 km/h，全国铁路旅客列车的旅行速度由 1993 年的 48.1 km/h，提高到 54.9 km/h。第六次大提速是在主要干线开行时速 200 km 及以上动车组，部分区段最高运行速度达到 250 km/h。

与此同步，铁道部决定研制我国自己的高速动车组。中国高速动车组列车的研制经历了尝试探索、引进消化吸收再创新和打造中国标准动车组三个阶段。

a. 尝试探索阶段

为了发展中国的高速铁路，1996 年至 2003 年期间我国先后独立研发生产了大白鲨、蓝箭（如图 0-22 所示）、春城、长白山、中原之星、中华之星（如图 0-23 所示）、先锋（如图 0-24 所示）、神州和新曙光等一批 200 km/h 速度等级的动车组，既有动力集中型、也有动力分散型动车组，牵引动力包括内燃和电力牵引动车组，其中中华之星动车组曾在 2002 年 11 月 27 日在秦沈客运专线进行的高速试验中创造了 321.5 km/h 的当时“中国第一速”。研制和生产单位克服了重重困难，解决了大量车体、转向架、牵引传动、制动系统设计和制造的技术难题。这些动车组实际担当了高速列车的旅客运输任务，为我国动车组设计、制造和运用积累了宝贵的经验，更重要的是培养和锻炼了一批技术骨干，为中国独立自主发展高速动车组奠定了基础。

图 0-22　设计速度 200 km/h 动力集中型蓝箭动车组

图 0-23　设计速度 270 km/h 动力集中型中华之星动车组

图 0-24　我国首列交流传动动力分散型先锋号动车组

b. 引进消化吸收再创新阶段

2004 年铁道部展开为用于中国铁路第六次大提速、时速 200 km 级别的第一轮高速动车组技术引进招标，投标方标准是“在中华人民共和国境内合法注册的，具备铁路动车组制造能力，并拥有成熟的时速 200 km 铁路动车组设计和制造技术的或有国外合作方技术支持的中国制造企业(含中外合资企业)。”这次招标的产品统一命名为“和谐号”，均以 CRH 为品牌标志，意为中国铁路高速列车(China Railway High-speed)，共分为 CRH1、CRH2、CRH3、CRH5 四个系列，其中 1 系由南车青岛四方厂与加拿大庞巴迪的合资公司 BST、2 系由南车四方厂联合日本川崎重工、3 系由北车唐山厂和德国西门子、5 系由北车长客和法国阿尔斯通联合研发。再依据列车运营速度和列车编组分为 A、B、C、E 四个子型号(如 CRH2A、

CRH2B、CRH2C、CRH2E),A 表示时速 200 km 8 辆编组、B 表示时速 200 km 16 辆编组、C 表示时速 350 km 8 辆编组、E 表示时速 200 km 卧铺动车组。

CRH 系列动车组的诞生为我国铁路第六次大提速在既有线开行高速列车提供了运载工具。但是也存在各型号技术标准不统一、零部件不能互换、司机操作台布局各异等问题,由于依赖国外技术,一些关键零部件需要向国外采购,对于日常运用、备品储备和检修造成许多困难,抬高了车辆的维修成本。

为了满足我国 350 km/h 高速铁路的需要,2009 年 6 月,铁道部向国内动车组制造企业招标采购时速 350 km 的高速动车组,要求持续运营时速 350 km,最高运营时速 380 km。这次招标的高速动车组仍然沿用"和谐号"的名称、统一命名为 CRH380,分别由中车四方机车车辆股份有限公司[CRH380A(L)]、中车唐山轨道客车有限公司[CRH380B(L/G)]、中车长春轨道客车股份有限公司(CRH380CL),青岛四方庞巴迪(BST)(CRH380D)研制、生产。各厂在原 CRH 车型的基础上,加以改进和创新,设计和制造了 CRH380 系列动车组,如图 0-25 所示。

2010 年 12 月 3 日,CRH380AL 动车组在京沪高铁进行高速试验,当日上午 11:06 列车从枣庄西站出发,不到 5 min 速度就达到 380 km/h 并继续加速,11:28 列车在宿州东站附近创造了 486.1 km/h 的世界高速轮轨铁路最高实验速度。2011 年 1 月 9 日 CRH380BL 动车组在京沪高铁运行试验中,17:00 从徐州东站启动,6 min 后速度超过 380 km/h,17:15 列车运行速度达到 487.3 km/h,中国动车组再次打破轮轨列车运行速度世界纪录。

图 0-25 具有自主知识产权的 CRH380 系列高速动车组

c. 打造中国标准动车组阶段

中国高铁要走出国门、不受制于人,就必须有自己的动车组品牌。为了取得完全自主的知识产权,统一动车组的技术条件,2013 年 6 月,中国铁路总公司正式启动"中国标准动车组研制项目"。参研单位中国铁道科学研究院、西南交通大学、北京交通大学、中国科学院和中国中车集团公司及所属企业,集中优势、协同攻关,开展中国标准动车组的研制工作。到 2017 年 6 月,经过 4 年的努力、无数次的试验和改进完善,终于生产出了不同速度等级,兼具安全、舒适、简统化、经济性、节能环保等特点的动车组,达到了自主化、标准化的预期目标,实现了量产。

中国标准动车组统一命名为"复兴号",是中国自主研发、按中国标准制造,具有完全知识产权的新一代高速列车。复兴号系列动车组采用全新低阻力流线型头型和车体平顺化设计,空气阻力低、能耗下降;车内宽敞舒适;全车部署 2 500 余个检测监测点,能够全方位实时监测，保障列车安全运行。复兴号系列动车组安全性、经济性、节能环保等性能大幅提升，表现出世界一流的卓越品质(如图 0-26 和图 0-27 所示)。

图 0-26　中国中车四方厂研制的动力分散型 CR400AF 蓝海豚动车组

图 0-27　中国中车长客厂研制的动力分散型 CR400BF 金凤凰动车组

中国动车组标准的制定是我国动车组建设的一个划时代的里程碑，标志着我国已经全面掌握了高速动车组的核心技术，从此消除了国内出自不同厂家和技术的众多车型操作界面不同、不能互通互联、部件不能互换、救援设备不通用、车站设备重复等弊端，实现了车钩和电路、气路接口互联互通，统一了司机操作界面、相同速度等级的动车组能够重联运行，不同速度等级的动车组能够相互救援，车内设备可互换通用。中国高速铁路和动车组从起步到现在，也就是短短 20 年的时间，设计、制造和运用管理都已达到世界先进水平。

3. 新中国铁路的建设和运营管理特点

新中国铁路的基本宗旨是为人民服务，因此称为“人民铁路”。社会主义的人民铁路具有区别于美、欧等资本主义国家的鲜明特点：

(1)严格按照国家需要制定铁路发展规划

我国铁路的建设是根据国家制定的规划进行的，以保证铁路运输能力能够适应国家发展经济、巩固国防和人民群众的运输需求。例如我国《中长期铁路网规划》2004 年 1 月经国务院审查通过，2006 年和 2007 年进行了两次调整，2008 年 10 月 31 日进一步调整，经国务院批准正式颁布执行。2016 年 7 月 13 日国家发改委、交通运输部和中国铁路总公司又联合发布了经过修编的《中长期铁路网规划》(简称《规划》)，规划期为 2016—2025 年，远期展望到 2030 年。《规划》的基本要求是："贯彻总体国家安全观，要求提升铁路应急保障水平。维护国家安全稳定和长治久安，推进经济建设与国防建设融合发展，必然要求强化铁路快速投送能力，有效增强国防交通保障水平；统筹布设干线通道与辅助联络线路，增强路网灵活性、通达性与可靠性，不断提升应对突发事件及自然灾害的应急保障能力。"《规划》提出：到 2025 年，铁路网规模达到 17.5 万 km 左右，其中高速铁路 3.8 万 km 左右；展望到 2030 年，基本实现内外互联互通、区际多路畅通、省会高铁连通、地市快速通达、县域基本覆盖。现在我国高速铁路营业总里程已超过 4 万 km，提前实现了规划目标。

2019 年 9 月中共中央、国务院印发了《交通强国建设纲要》，并发出通知，要求各地区各部门结合实际认真贯彻落实。到 2020 年，完成决胜全面建成小康社会交通建设任务和"十三五"现代综合交通运输体系发展规划各项任务，为交通强国建设奠定坚实基础。从 2021 年到 21 世纪中叶，分两个阶段推进交通强国建设。到 2035 年，基本建成交通强国。现代化综合交通体系基本形成，人民满意度明显提高，支撑国家现代化建设能力显著增强；拥有发达的快速网、完善的干线网、广泛的基础网，城乡区域交通协调发展达到新高度；基本形成"全国 123 出行交通圈"(都市区 1 h 通勤、城市群 2 h 通达、全国主要城市 3 h 覆盖)和"全球 123 快货物流圈"(国内 1 d 送达、周边国家 2 d 送达、全球主要城市 3 d 送达)，旅客联程运输便捷顺畅，货物多式联运高效经济；智能、平安、绿色、共享交通发展水平明显提高，城市交通拥堵基本缓解，无障碍出行服务体系基本完善；交通科技创新体系基本建成，交通关键装备先进安全，人才队伍精良，市场环境优良；基本实现交通治理体系和治理能力现代化；交通国际竞争力和影响力显著提升。到 21 世纪中叶，全面建成人民满意、保障有力、世界前列的交通强国。基础设施规模质量、技术装备、科技创新能力、智能化与绿色化水平位居世界前列，交通安全水平、治理能力、文明程度、国际竞争力及影响力达到国际先进水平，全面服务和保障社会主义现代化强国建设，人民享有美好交通服务。

2020 年 8 月，中国国家铁路集团有限公司出台《新时代交通强国铁路先行规划纲要》(以下简称《规划纲要》)，提出了中国铁路 2035 年、2050 年发展目标和主要任务，描绘了新时代中国铁路发展美好蓝图。《规划纲要》提出，到 2035 年，全国铁路网运营里程达到 20 万 km 左右，其中高铁 7 万 km 左右；20 万人口以上城市实现铁路覆盖，其中 50 万人口以上城市高铁通达；构建"八纵八横"高速铁路主通道。

2020 年 12 月 9 日国务院印发《"十四五"现代综合交通运输体系发展规划》，对"十四五"时期我国综合交通运输发展作出全面部署，要求高质量推进川藏铁路建设，补齐西部地区路网空白，加快完善"八纵八横"高速铁路网，有序拓展普速铁路网覆盖，积极推进城市群都市圈城际铁路和市域铁路发展。

按照国家规划建设铁路的模式成功地避免了资本主义自由竞争、追逐利润、不顾整体、盲目发展引起的巨大资源浪费，有力地保证了路网的健康发展和运输动脉的有序运作。

(2)实行高度集中统一的调度指挥

铁路是国家具有重要战略意义的高速、便捷的大规模运输工具。新中国成立以来，中国铁路在全部路网的范围内实行高度集中统一的调度指挥，全路一盘棋、令行禁止。铁路运输始终把国家和人民群众的需要放在第一位，在运量增长迅速、运能和运量失衡的情况下，优先满足国家重点物资的运输需求，为保障国民经济的平稳运行尽心尽力；每年春运期间，铁路依据客流量增长的数量和分布，做出统一规划、在全路范围调配车底增开临客，全路动员、齐心协力为顺利实现一年一度的世界上最大规模的人口迁徙竭诚奉献；在历次特大自然灾害面前，铁路全力以赴配合国家的整体部署，为减轻灾害损失和人民群众痛苦艰苦奋斗；在战争爆发和发生重大事件的情况下，铁路更是无条件服从党和国家的需要，统一调动运输资源，保证快速的军力投送和后勤补给，发挥了其他运输形式不可替代的重要作用。

铁路对于国计民生、保卫国家领土主权完整和统一、应对紧急突发事件具有重要的战略意义，是国家的命脉。所以，铁路在任何时候、任何情况下，都必须统一地掌握在党和国家手中，都不能背离为人民服务的宗旨，都不能削弱高度集中统一的调度指挥，都不应沦为资本追逐利润的工具，而社会主义公有制是保持人民铁路本色的基本保障。

(3)按照科学的计划体系组织运输生产

铁路根据国家经济发展的长期规划制定路网的新建、扩建计划和移动设备的购置计划，依据年度运输计划制定列车编组计划和列车运行图；根据月度货物运输计划编制技术计划和运输方案，在各局间合理分配运用车保有量；依据日运量编制调度工作日班计划，组织列车开行，再依据日间阶段车流量的变化制定阶段计划和调车工作计划。实践证明，我国铁路长期实行的计划管理制度是科学的、行之有效的。铁路建设和运营管理必须具有一定的前瞻性，不这样做就会造成资源浪费、运营秩序混乱，无法满足国家运输需求。正是由于这样一套科学的计划体系，铁路才能为国家和人民群众提供优质的运输服务。

(4)坚持自力更生、自主创新的技术发展道路

新中国成立以来，广大铁路员工和科技工作者以主人翁精神，忘我劳动，独立自主、自力更生，建立了完善的铁路设施设计、施工和运营管理体系，信息化、自动化水平不断提高，为运输安全提供了有力保障。这些成就是在优越的社会主义制度下，广大铁路科技工作者和员工艰苦奋斗取得的。对于学习国外必须有清醒的认识，应当坚持我们自己长期实行的统一运营管理的体制，坚持独立自主、自力更生地攻克技术难关。实际上，关键技术是学不来也买不到的，只有善于钻研、勤于思考、不断创新、勇攀高峰，中国铁路才能长期引领世界铁路发展的潮流。

(5)秉承“人民铁路为人民”的优良传统

长期以来，铁路建设从国家整体利益出发，为国家战略服务，构建平衡合理的路网结构，对于加强祖国内地与边疆地区的联系，发展少数民族地区经济和巩固国防发挥了关键性的作用；当发生重大突发事件时，铁路立即全路动员，采取一切措施，保证满足国家的紧急运输需要；中国铁路具有很强的公益性，铁路客运票价一直处于很低廉的水平，为了方便部队运送新兵和转业军人、学生就学和残疾人乘车，铁路给予减免票价；铁路货运实行不同运价，对于农产品和国家重点运输物资规定较低的运价率；铁路始终致力于运输设备的更新换代，客运和货运还在不断推出各种新的运输产品和便民措施，接受政府和群众监督，努力改善服务质量。“人民铁路为人民”的优良传统已经成为中国铁路的灵魂。

铁路是国家战略性、先导性、关键性的重大基础设施，是国民经济大动脉、重大民生工程

和综合交通运输体系骨干，在国防建设、社会经济发展、维护国家领土主权完整和边疆地区稳定、应对重大突发事件及抢险救灾中的地位和作用至关重要。维护铁路的社会主义公有制性质，保持国家对于铁路高度集中统一的调度指挥权，避免铁路沦落为少数人谋取私利的工具，是铁路坚持为人民服务的基本宗旨，实现国家安定、边疆稳固、人民幸福和铁路永续发展的基本保证。

（二）中国城市轨道交通的发展概况

我国城市轨道交通是 20 世纪 30 年代从有轨电车开始的，北京、上海、长春、哈尔滨、大连、天津等许多城市都曾修建了有轨电车线路。但是，由于与城市建设和地面交通存在诸多矛盾，有轨电车在我国并没得到大力发展。随着我国城市化进程的快速进展，大、中城市普遍出现了严重的地面交通拥塞，城市轨道交通，特别是地铁，开始受到越来越多的关注。我国第一条地铁线路是 1965 年 7 月 1 日开工建设的北京地铁 1 号线。根据中国城市轨道交通协会发布的《城市轨道交通 2021 年度统计和分析报告》，截至 2021 年年底，我国共有 50 个城市开通了城市轨道交通，运营线路 283 条，运营线路总长度 9 206.8 km，其中地铁运营线路为 7 209.7 km，占世界第一位，远高于世界其他国家。

根据 2020 年 11 月 1 日实施的中国城市轨道交通协会团体标准《城市轨道交通分类》（T/CAMET 00001—2020），城市轨道交通包括地铁系统、轻轨系统、市域快轨系统、中低速磁浮交通系统、跨座式单轨系统、悬挂式单轨系统、有轨电车系统、自导向轨道系统、导轨式胶轮系统和电子导向胶轮系统等 10 种制式。

1. 地铁系统

地铁系统是服务于城市内旅客运输的大运量轨道运输系统，在城市中心区地铁线路和车站一般建在地下（如图 0-28 所示）或高架（如图 0-29 所示）；车辆段和维修中心占地面积较大一般建在城郊的地面，连接车辆段的线路及在比较开阔的城郊建在地面。地铁系统采用全封闭形式；单向每小时运量在 3 万～7 万人次。

图 0-28　地铁列车到站

图 0-29　西安地铁 3 号线浐灞大桥

2. 轻轨系统

轻轨系统是服务于城市内旅客运输的中运量轨道运输系统，主要在城市地面或高架桥上运行，轨重较轻，在 60 kg/m 以下；车辆也是轻型的，列车组成通常有单节 4 轴车、双节单铰 6 轴车或 3 节双铰 8 轴车；运能和运量约为地铁的三分之一，旅客运送能力 3 万人次/h 以下。轻轨系统适用于中型城市。

3. 市域快轨系统

市域快轨系统是一种大运量的轨道运输系统，客运量可达 20 万～45 万人次/日，适用于城市区域内重大经济区之间中长距离的客运交通，市域快速轨道列车主要在地面或高架桥上运行，线路长、站间距大，运行速度在 120 km/h 以上。

4. 中低速磁悬浮交通系统

磁浮系统（如图 0-30 所示）利用电磁悬浮技术使列车悬浮于导轨上，因而不需要轮对、齿轮传动机构和牵引接触网，列车在悬浮状态下由直线电机驱动向前运行，一般在高架桥上运行。

图 0-30　上海龙阳路到浦东机场的磁悬浮系统

5. 单轨系统

单轨系统采用一根轨道梁承载列车的重量和为列车运行导向，分为跨座式单轨系统和悬挂式单轨系统两种类型，旅客运送能力 1 万～3 万人次/h。

图 0-31 所示为我国重庆轨道公司跨座式单轨系统 2 号线李子坝站，设置于重庆轨道公司物业楼的 6～8 层，是国内第一座与商住楼共建共存的跨座式单轨高架车站。单轨列车采用低噪声、低振动的充气橡胶轮胎和空气弹簧支撑车体，最大限度减小了列车行驶带来的振动和噪声影响，使车站与商住楼可以和谐共生。

图 0-31　重庆轨道交通 2 号线的跨座式单轨系统李子坝站

悬挂式单轨系统通常采用高架钢筋混凝土的轨道梁和橡胶轮轻型车辆，通常4～6 辆编组，运能运量较小，但能实现大坡度、小曲线半径运行，适合复杂的地形地貌，轨道架于空中，视野开阔，具有交通和旅游观光双重功能(如图 0-32 所示)。

图 0-32　悬挂式单轨系统

6. 有轨电车系统

有轨电车(如图 0-33 所示)是与其他地面交通工具混行的轨道交通系统，使用电力牵引、轻轨导向，1～5 辆编组运行在城市道路路面上。

图 0-33　苏州有轨电车

布局日趋合理、完善的普速铁路和高速铁路所形成的全国路网为国家提供了便捷、快速、经济、高效的客、货运通道，国家路网与国外铁路线路的连通促进了我国与世界各国的国际交流；城市轨道交通系统则极大地改善了大中城市的市域客运公共交通环境。轨道交通系统对于人类社会的重要作用日益彰显，伴随着科技进步，正在发生着日新月异的变化。

复习思考题

1. 铁路运输对于国计民生有什么重大作用？
2. 铁道兵精神在今天有什么现实意义？
3. 旧中国的铁路建设史对于今天有什么启迪？
4. 新中国铁路建设取得了哪些成就？
5. 为什么铁路运输必须实行高度集中统一的调度指挥？
6. 城市轨道交通对于缓解城市道路交通压力有什么作用？有哪些形式？

第一章 轨道交通线路

轨道交通线路是供机车车辆和列车运行的固定基础设施，是由路基、桥隧建筑物及铺设在其上的轨道组成的整体工程结构。铁路线路和城市轨道交通线路具有相同的基本结构，但由于用途和分布范围不同，因而具有不同的特点。

学习目标

◎ 素质目标

(1)培养科学严谨的职业精神，以“对国家负责，为人民服务”为根本，综合沿线地质地理条件和建造水平，兼顾建设成本和运营费用来进行选线设计，为人民建造便捷、高效、安全的轨道交通系统。

(2)认识铁路平纵断面基本要素对于列车运行速度的重大影响，培养前瞻性眼光和超前意识。

(3)理解《铁路线路设计规范》的重要作用，培养遵守规范、自主创新的职业品质。

◎ 知识目标

(1)了解铁路线路和城轨线路按用途的分类。

(2)熟悉铁路等级的划分标准及确定铁路线路技术标准的因素。

(3)掌握铁路线路平面和纵断面要素。

(4)掌握铁路路基、桥隧建筑物及铁路限界的基本概念。

(5)掌握道岔的分类及用途。

(6)了解高速铁路和城轨线路的特点。

◎ 能力目标

(1)能说明线路允许速度与线路平、纵断面条件(如曲线半径、限制坡度)的关系。

(2)能说明铁路和城市轨道交通线路的等级分类及作用。

铁路线路四通八达，延伸到祖国各地，形成网状结构，称为路网。路网上分布着众多车站，车站把铁路线路划分为站内线路和区间。铁路线路按用途分为正线、站线、专用线、段管线、安全线及避难线。正线是供列车运行，贯通区间和车站的线路；站线是站内用以接发列车、调车、货物装卸及供临时故障车辆检修等用途使用的线路；专用线是在车站与国家铁路接轨，由企业修建和管理，主要为企业内部货物运输服务的铁路线路；段管线则是供铁路机务、车辆、工务、电务、供电等段专用并由其管理的线路，通常在技术站接轨；安全线是当车站进站方向制动距离以内的线路为超过6‰的下坡道时，为防止进站列车失控冒进接车线出站信号机进入另一列车的进路而设置的不短于50 m的安全隔开线路；避难线则是为防止从专用线与车站接轨的长大下坡道上失控的调车车列接入站内时危及行车安全而修建的与接入线分叉的一段上坡线路，调车车列需在分歧道岔前一度停车，再放入站内，否则就进入避难线。

城市轨道交通服务于市域公共旅客运输，其线路按用途分为正线、辅助线和车场线。城市轨道交通车站通常不设到发线，只有上、下行两条正线供列车停站乘降旅客；线路的两端车站及小交路折返站设有折返线，供列车转换运行方向；每隔3～5个车站，设一条停车线，供临时故障列车清客退出运营后临时停留。车辆段设在线路的一端，另一端设停车场，供列车停放和检修，车场内的线路包括运用线和维修线。运用线包括走行线、列检线、洗车线、牵出线、工程车运用线等；维修线包括检修线、静调线、定修线、临修线、架修线、不落轮旋修线、吹扫线、工程车维修线等。

第一节　铁路选线设计

铁路建设依据国家国防建设、经济建设和人民群众对运输的需求所制定的《规划》进行。新线建设前期要进行认真细致的经济调查、客货运量预测，在确定了铁路的起点和终点后，还要进行细致的调查研究、实地勘测，进行总体规划，确定线路的走向，在满足沿线运输需求的条件下，综合考虑建设支出、运营条件和运营成本，进行选线设计，确定线路的空间位置。

一、铁路选线设计的目的

列车在平直的线路上运行，阻力较小，可以规定较大的列车重量标准和较高的运行速度，也节省运营费用。但是把铁路线设计成起点站和终点站间完全平直的航空线是不可能的。这是因为铁路要为国家建设、工农业生产和人民群众服务，就必须伸入或靠近沿途人群聚集的城镇、厂矿企业集中的工业区及其他铁路运输服务的地点，这些地点一般不会分布在一条直线上，高程也有差异；其次，铁路线路所途经的区域地质、地形地貌条件复杂多变，会遇到江河、沟壑、山岭、公路及其他铁路线，铁路线路要适应自然地形条件，避开困难和灾害频发地段，避免与现有交通线路平面交叉。当地形条件不能适应线路建设要求时，常需要架设桥梁、开凿隧道。因而铁路线路总是由直道、弯道、平道、坡道、桥梁和隧道组成。

铁路选线设计的目的在于确定线路走向，最大限度地为国家、厂矿企业和人民群众提供优质运输服务，方便居民出行和货物运送，保证实现计划运量并为远期发展留有余地，创造良好的运营条件，便于线路的日常维护和检修，节省修建和日常维护检修的费用。

在进行选线设计时，为克服线路上两点之间过大的高程差，常需要进行“展线”。我国20世纪60年代修建的著名的成昆铁路八大展线（刘沟支线展线、乃托展线、乐武展线、韩都路展线、两河口展线、六渡河展线、巴格勒展线、法拉展线）反映了该线建设的困难和艰险的程度。图1-1-1为乐武展线。

随着我国架桥和隧道开挖技术的提高，选线设计的概念也发生了很大的变化，不再像过去那样采用大量展线的方法以适应地面高程的变化，以长桥、长隧代路，往往既可改善行车条件，又可缩短线路里程，降低总体造价和运营费用。

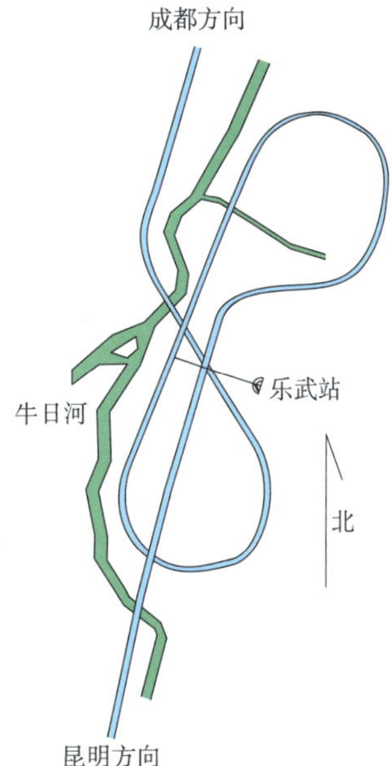

图 1-1-1 成昆铁路乐武展线

二、铁路等级和技术标准

1. 铁路线路等级

铁路线路的等级是铁路建设的基本标准。我国《铁路线路设计规范》(TB 10098—2017)(以下简称《设计规范》)规定，新建和改建铁路的等级应根据其在铁路网中的作用、性质、设计速度和客货运量确定，分为高速铁路、城际铁路、客货共线铁路和重载铁路。

高速铁路是指设计速度 250 km/h(含预留)及以上，运行动车组列车，初期运营速度不小于 200 km/h 的客运专线铁路；城际铁路是指专门服务于相邻城市间或城市群，设计速度 200 km/h 及以下的快速、便捷、高密度客运专线铁路；客货共线铁路是指旅客列车与货物列车共线运营、旅客列车设计速度200 km/h及以下的铁路；满足列车牵引质量 8 000 t 及以上、轴重 27 t 及以上、在至少 150 km 铁路区段上年运量大于 4 000 万 t 三个条件中两项的铁路为重载铁路。

客货共线铁路按其年客货运量分为Ⅰ、Ⅱ、Ⅲ、Ⅳ四个等级，其划分标准为：

Ⅰ级铁路，在路网中起骨干作用，或近期年客货运量大于或等于 20 Mt。

Ⅱ级铁路，在路网中起联络、辅助作用，或近期年客货运量小于 20 Mt 且大于或等于 10 Mt。

Ⅲ级铁路，为某一地区或企业服务的铁路，近期年客货运量小于 10 Mt 且大于或等于 5 Mt。

Ⅳ级铁路，为某一地区或企业服务的铁路，近期年客货运量小于 5 Mt。

这里，近期运量指交付运营后第 10 年的预测运量；年客货运量为重车方向的货运量与客车对数折算的货运量之和，1 对/d 旅客列车按年货运量 1.0 Mt 折算。

2. 铁路线路技术标准

铁路主要技术标准是铁路选线设计的重要依据，应根据其在路网中的作用、预期运量和地形地质条件等因素，按系统优化原则统筹规划。铁路线路的技术标准按铁路等级规定，主要包括铁路等级、设计速度、正线数目、正线线间距、最小曲线半径、限制坡度、牵引种类、机车类型、到发线有效长、闭塞类型和追踪间隔等。

铁路设计速度是指线路允许的列车最高运行速度。我国《设计规范》规定的铁路线路设计速度见表 1-1-1。

表 1-1-1　铁路设计速度(km/h)

铁路等级	高速铁路	城际铁路	客货共线铁路		重载铁路
			Ⅰ级	Ⅱ级	
设计速度	350、300、250	200、160、120	200、160、120	120、100、80	100、80

双线铁路应采用自动闭塞,单线铁路采用自动站间闭塞或半自动闭塞。

三、铁路线路的定线方法

1. 缓坡地段定线

采用的最大设计坡度大于地面平均自然坡度的地段称为缓坡地段。因为缓坡地段的地势平缓,因而线路不受高程障碍的限制,定线的主要矛盾在平面上。定线时以控制点间的航空线方向为主导方向,力争线路顺直,节省工程投资和创造良好的运营条件。需要绕避障碍时,应提前开始绕避,采用小转角、大半径。图 1-1-2 表示两种绕避湖泊的方法,实线方案显然比虚线方案里程短且转角小,能为列车提供较好的运行条件。在坡道设计上,坡段长度应不小于列车长度,尽量采用无害坡度(即下坡无须制动的坡度),以利于提高列车速度,减少能源消耗。

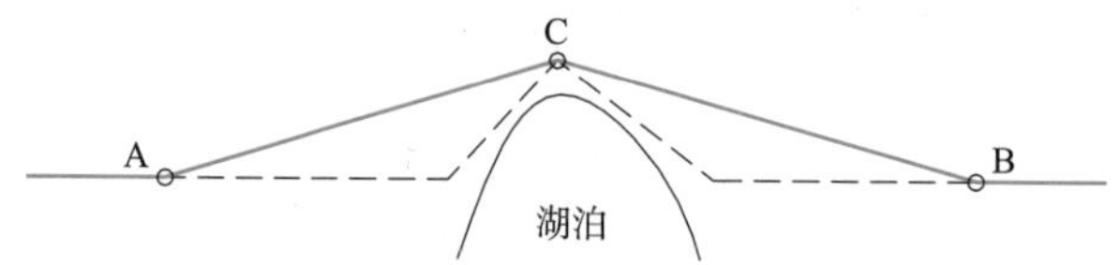

图 1-1-2　绕避障碍

2. 紧坡地段定线

地面平均自然坡度大于或等于最大设计坡度的地段称为紧坡地段。在紧坡地段,线路不仅受地面障碍的限制,更受到高程障碍的限制,此时定线的主要矛盾在纵断面上。紧坡地段定线应用足最大坡度,使线路不致过度展长。线路的概略位置与局部走向可借助导向线拟定。导向线是用足最大坡度又在导向线与等高线交点处填挖为零的一条折线,因此导向线是既用足最大坡度又适合地形,填挖土方最小的线路概略平面。

为克服巨大高差而进行迂回展线时,在设计实践中常采用套线、灯泡线、S 线、螺旋线等形式,通过延长线路长度来降低坡度。线路跨越沟壑、穿越山包时,应建桥、造隧,使展线与桥隧结合。展线所延长的里程用展线系数 $\alpha_{展}$ 表示,按下式计算:

$$\alpha_{展}=\frac{L_{实际}}{L_{航空}}$$

式中　$L_{实际}$——设计的实际线路长度,km;

$L_{航空}$——比较范围内的航空线或航空折线长度,km。

展线系数越大,表明延长的里程越长,不仅将增加工程造价,也必然加大运营支出。工程造价是一次性的,而运营支出是常年的、永久的。所以,如果采用长桥、长隧可以代替过长的展线,虽增加了工程造价,但可以改善运营条件,总体来说是有利的。因而需要综合考虑,选取合理的展线方案。

第二节 铁路线路平面和纵断面

铁路选线设计的成果最终以图纸的形式(包括线路平面图和纵断面图)固定下来,作为线路施工建设的依据。铁路线路在空间的位置以线路中心线表示。线路中心线在水平面上的投影称为铁路线路的平面,它反映线路各路段的曲、直变化;线路中心线纵向展直后在垂直面上的投影称为铁路线路的纵断面,反映线路的起伏变化。

铁路线路中心线是一条立体线。如果沿铁路线路连续做无穷多个横断面,每个路基横断面上与两钢轨等距离的铅垂线与路肩水平线的交点就是线路中心线上的一点,称为线路中心线点(如图 1-2-1 所示),所有横断面上中心线点的集合就构成线路中心线。在铁路勘测设计以及铁路测设和施工中,线路及有关建筑物的位置都由它控制。

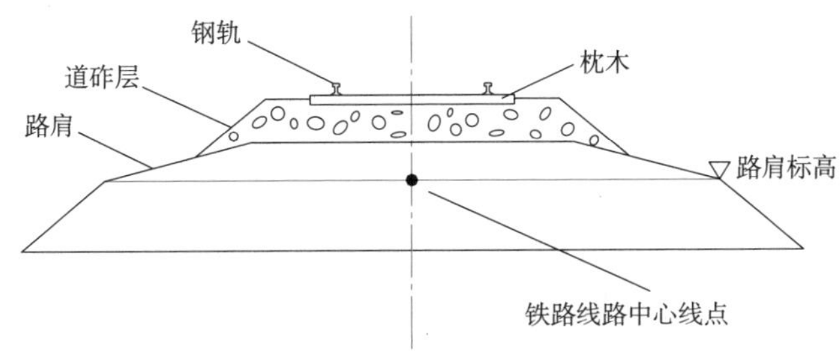

图 1-2-1 铁路线路中心线点在线路横断面上的位置

一、铁路线路的平面

铁路线路的平面由直线段和曲线段组成。列车在曲线段上运行时,由于过超高或欠超高的影响,使轮缘与钢轨之间发生挤压,从而增大了轮轨间的摩擦力;同时,由于外轨长于内轨,使内侧车轮在轨面上产生相对滑动,又增加了滑动阻力。列车在曲线上运行时比在平直的线路上运行所增加的运行阻力称为曲线阻力。曲线阻力与曲线半径成反比,即曲线半径越小,曲线阻力越大。但是小曲线半径容易适应困难地形,对工程条件有利。

1. 线路曲线段外轨超高和欠超高、过超高

列车能沿曲线轨道运行,是由于向心力的作用。依据向心力的计算公式 $F=\frac{mv^2}{R}$,在曲线半径一定的条件下,列车在曲线上运行的速度越快,需要的向心力就越大。列车沿曲线运行的向心力是由线路曲线段的外轨超高提供的,如图 1-2-2 所示。但外轨超高是一个定值,一般在 160～200 mm。这是为了使列车在曲线上低速运行或停车时,即使在遇到吹向圆心方向风的不利条件下,也能保持稳定。如果外轨超高为列车提供的向心力正好与列车的运行速度相匹配,则轮缘不会挤压钢轨,这时的列车速度称为通过该曲线段的理想速度。但如果列车实际运行速度大于理想速度,则外轨超高不能为列车提供足够的向心力,超高不足的部分称为欠超高;反之当列车运行速度较低,外轨超高提供的向心力过大的部分称为过超高。欠超高时,列车依靠运行在曲线外轨上的车轮轮缘挤压外轨内侧,获得不足的向心力;

过超高时，运行在曲线内轨的车轮轮缘挤压内轨内侧，抵消过剩的向心力。这两种情况，都会加大轮轨磨耗，增加不安全因素，降低旅客的乘车舒适度。因而，各国在设计铁路线路时，对于欠超高和过超高都有严格的限制。

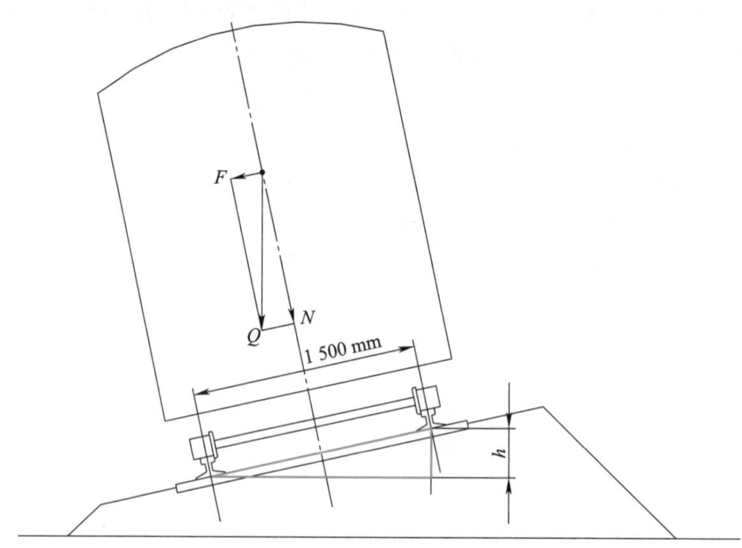

图 1-2-2 铁路线路外轨超高

由
$$F=\frac{mv^2}{3.6^2R}=mg\times\frac{h}{1\ 500}$$

式中 v——列车过弯道运行速度，km/h；

3.6——速度单位采用 m/s 时的换算系数；

g——重力加速度，9.81 m/s²；

1 500——两条钢轨中心线之间的距离，mm；

h——外轨实际超高，mm；

R——曲线半径，m。

得到列车在曲线上运行的理想速度为

$$v=\sqrt{\frac{hR}{11.8}}\quad(\text{km/h}) \tag{1-2-1}$$

我国《设计规范》规定的最大超高和允许欠超高、过超高都高于国外标准：最大超高为有砟线路 170 mm、无砟线路 175 mm，日本 200 mm，德国和法国 180 mm；我国允许欠超高或过超高 40～90 mm，日本 60～110 mm。

2. 最小曲线半径

在设计和修建新线时，如要提高列车运行速度，在外轨超高限定的条件下，为了不增加需要的向心力，只能加大曲线半径。因而《设计规范》中，对于高速铁路线路规定的最小曲线半径比普速铁路线路要大得多。为了方便线路测设、施工和养护，线路曲线半径取 50、100 的整数倍。

若允许的欠超高为 h_q，则最小曲线半径为

$$R_{min}=11.8\frac{v_{max}^2}{h+h_q} \tag{1-2-2}$$

当允许较大的欠超高值时，可以采用较小的曲线半径，从而比较容易适应地形地貌，但是要付出牺牲旅客舒适度和增大轮轨磨耗及维修费用的代价。

在高、低速列车共线运行、允许欠超高和过超高分别为 h_q 和 h_g 的条件下，最小曲线半径为

$$R_{min}=11.8\frac{v_{max}^2-v_{min}^2}{h_q+h_g} \tag{1-2-3}$$

我国普速铁路和高速铁路对于线路最小半径的具体规定见表 1-2-1 和表 1-2-2。

表 1-2-1　我国普速铁路最小曲线半径(m)

铁路等级	Ⅰ			Ⅱ	
路段设计行车速度(km/h)	200	160	120	120	80
一般	3 500	2 000	1 200	1 200	600
困难	2 800	1 600	800	800	500

表 1-2-2　我国高速铁路最小曲线半径(m)

设计速度(km/h)		350	300	250
有砟轨道	推荐	8 000～10 000	6 000～8 000	4 500～7 000
	一般	7 000	5 000	3 500
	困难	6 000	4 500	3 000
无砟轨道	推荐	8 000～10 000	6 000～8 000	4 500～7 000
	一般	7 000	5 000	3 200
	困难	5 500	4 000	2 800

我国京沪高速铁路曲线半径选用 14 000、12 000、11 000、10 000、9 000、8 000 和 7 000 m。

3. 圆曲线与缓和曲线

在平面图上，铁路线路由直线、圆曲线和缓和曲线组成。在直线段，两条钢轨是等高的，而在曲线段需要设置外轨超高。如果直线段和曲线段直接相连，就会产生两条钢轨从水平到标准超高的突变，造成线路不平顺和施工、维护困难，因而在直线段和曲线段之间需要插入一段缓和曲线。

缓和曲线是设在线路直线段和曲线段之间，曲线半径从直线段的无穷大、外轨零超高，渐变到等于它所衔接的圆曲线半径、均匀递增到圆曲线需要的外轨超高的过渡线段。缓和曲线的作用在于使线路平顺地从直线段过渡到圆曲线段，从而保持列车运行的平稳性。由于三次抛物线线型简单、设计方便，现场运用、养护经验丰富，为我国铁路首选缓和曲线线型。

4. 夹直线

为了保证列车平顺地从一段曲线过渡到相邻曲线，两相邻曲线间必须设置一段称为夹直线的直线段，而直线段与曲线段之间须设缓和曲线。因而铁路线路上，两曲线相邻时，一

定是曲线段-缓和曲线-夹直线-缓和曲线-曲线段的组合形式，如图 1-2-3 所示。在选线设计中，为便于线路施工和维护，应尽量避免不同曲线半径的同向圆曲线相接，而应合并设计为一个较大曲线半径的曲线段。

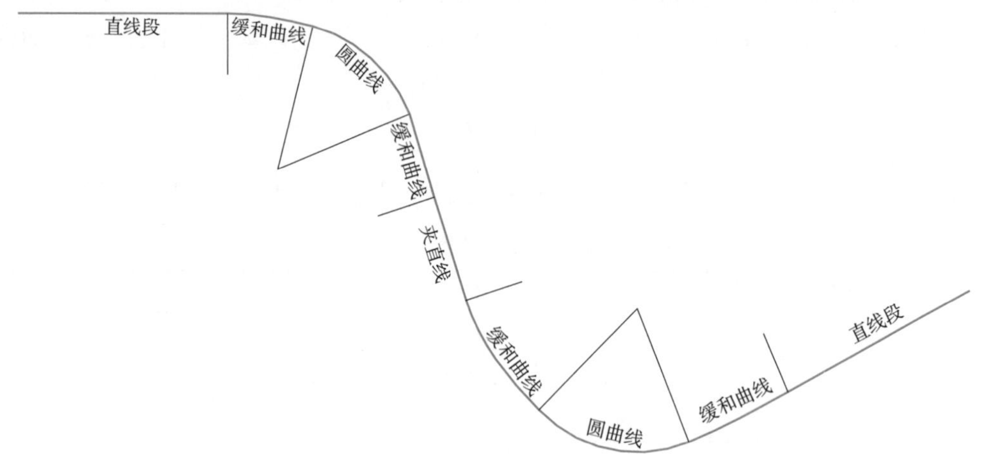

图 1-2-3　缓和曲线和夹直线

二、铁路线路的纵断面

铁路线路的纵断面由平道、坡道和设于变坡点连接不同坡道的竖曲线组成。

1. 坡度

修建铁路线路应尽可能地避开困难地段、适应地形起伏，以保证线路的稳定性和行车安全，减少施工和维护费用。因而，铁路线路在纵断面上既有平道，还有坡道。坡道的陡峭程度用坡度，即坡道线路中心线与水平线夹角 α 的正切值，以千分率形式表示：

$$i‰=\tan\alpha=1\ 000\times\frac{h}{l}‰$$

式中　h——坡道起点 A 与终点 C 间的高差，m；

l——坡道起点 A 与终点 C 间的水平距离，m。

由于 α 的值很小，所以 $\tan\alpha\approx\sin\alpha$，可以认为铁路线路的坡度 $i‰$表示在坡道上每前进 1 000 m 线路的高程上升 im，如图 1-2-4 所示。

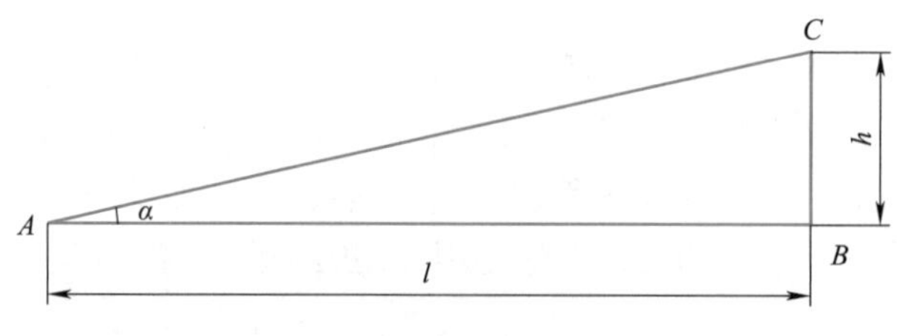

图 1-2-4　坡道的计算方法

关于坡度设计的几个概念：

(1)限制坡度

限制坡度是指单机牵引货物列车在持续上坡道上,最终以计算速度匀速运行的坡度,简称限坡。如果坡道上又有曲线,则坡道阻力和曲线阻力之和应小于或等于该区段规定的限制坡道的阻力值。限制坡度是铁路纵断面设计的重要技术标准,列车重量标准是根据机车类型按限制坡度计算的。规定较小的限制坡度,可提高列车牵引定数,但线路走向适应地形地貌的难度增大,可能需要展线,增加线路长度和建设费用;规定较大的限制坡度,则线路走向比较容易适应地形地貌,修建线路的工程量较小、线路较短,但列车牵引总重减小。因而,需要根据不同的情况,综合各方面因素统筹考虑。

(2)均衡坡度

铁路线路上、下行方向通常规定相同的限制坡度,使线路两个方向的运输能力保持基本均衡。但在线路上、下行方向的运量差别较大又长期稳定的情况下,可以对空车方向规定大于重车方向的限制坡度,以均衡上、下行运量差别造成的运能需求差别、节省线路造价。在地形条件适合的情况下,对线路的货运方向和空车方向规定的不同限制坡度称为均衡坡度。

(3)加力坡度

按照平均自然坡度设计纵断面时,遇到突然变陡的越岭地段而设计的大于限坡的坡度称为加力坡度,即需要加挂补机或双机牵引的坡段的坡度。

(4)动能坡度

可以利用列车在高速运行中所积蓄的动能以不低于计算速度闯过的超过限制坡度坡段的坡度称为动能坡度。

(5)一般坡度

小于限制坡度的所有坡度都称为一般坡度。一般坡度又分为无害坡度和有害坡度。无害坡度是当列车在长下坡道上惰行,不需要施加制动而能保持不超过限制速度的坡度;有害坡度是列车下坡时必须施加制动才能不超过限速的坡度。在纵断面设计中,应尽可能设计成无害坡度,以节省运营费用。

《设计规范》规定的客货共线铁路限制坡度最大值见表 1-2-3。

表 1-2-3　客货共线铁路限制坡度最大值

铁路等级		Ⅰ			Ⅱ		
地形类别		平原	丘陵	山区	平原	丘陵	山区
牵引种类	电力	6.0	12.0	15.0	6.0	15.0	20.0
	内燃	6.0	9.0	12.0	6.0	9.0	15.0

客货共用线路区间正线的最大坡度不宜大于 20‰,困难条件下不应大于 30‰。高速动车组牵引功率大、列车重量轻,牵引和制动性能优良,因而高速铁路可以采用较大的限坡,以缩短线路长度、节省建设和运营支出。《设计规范》规定,高速铁路的最大坡度可达到 30‰,困难条件下不大于 35‰。

2. 不同坡道路段的衔接

铁路线路不同坡道的交点称为变坡点,列车经过变坡点时,如果坡度变化较大,可能造成脱钩、断钩事故。为了保证列车的运行平稳,《设计规范》规定,在Ⅰ、Ⅱ级铁路线路上,相邻坡段坡度的代数差大于 3‰，Ⅲ、Ⅳ级铁路大于 4‰，高速铁路大于 1‰时，应以竖曲线连接，如图 1-2-5 所示。

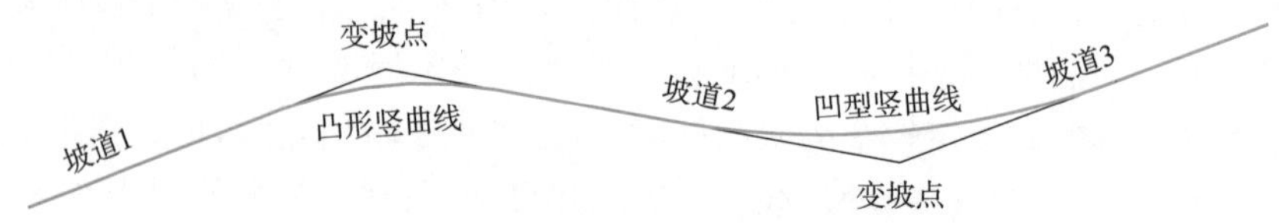

图 1-2-5　在铁路线纵断面图上的变坡点和竖曲线

竖曲线是纵断面上连接相邻两坡道的圆曲线。列车在凸形竖曲线上高速行驶时，旅客会产生失重的感觉，也易造成车轮脱轨；在凹形竖曲线，则产生超重的感觉，从而影响旅客的乘车舒适度。因而线路纵断面应尽可能设计成长坡段，采用较大的竖曲线半径，以利于列车平顺运行。《设计规范》规定竖曲线的最小半径，在Ⅰ、Ⅱ级铁路为 10 000 m，Ⅲ、Ⅳ级铁路为 5 000 m；高速铁路设计速度 200 km/h 时为 15 000 m，250 km/h 时为 20 000 m，300～350 km/h 时为 25 000 m。

三、铁路线路平面图和纵断面图

1. 铁路线路平面图

铁路线路平面图是按一定比例把线路中心线投影到绘有地面等高线及其建筑物的底图上所形成的图形。不同用途的铁路线路平面图所采用的比例尺也不同：编制可行性研究报告时绘制的供方案研究和比选用的概略线路平面图一般在 1/200 000～1/50 000 小比例尺地形图上绘制；初步设计和技术设计是绘制的详细线路平面图是在绘有初测导线、水准基点和地面上各种建筑物的 1/5 000～1/2 000 大比例尺带状地形图上，并在其上设计出线路平面、标注线路里程、百米标、曲线要素及起终点里程，如图 1-2-6 所示。

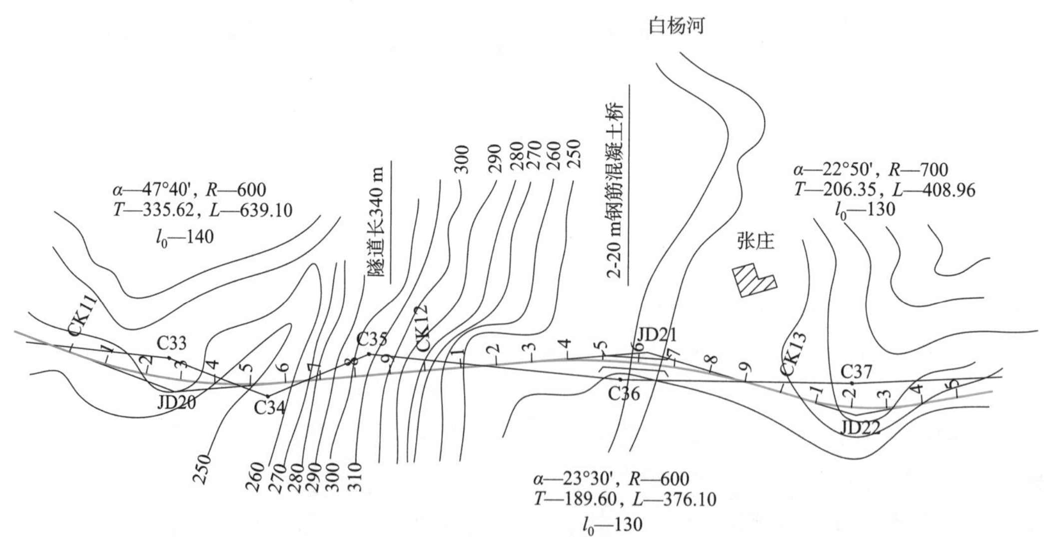

图 1-2-6　铁路线路平面图

2. 铁路线路纵断面图

铁路线路的纵断面图是在根据线路中线平面位置的地面标高按一定比例绘制了铁路线路中线地形的纵断面图上设计铁路线路坡度线得到的图形，如图 1-2-7 所示。纵断面设计的基本内容包括坡度、坡段长度和连接不同坡道的竖曲线。为了缩短图纸长度，铁路线路纵断面图的纵向和横向长采用不同的比例。

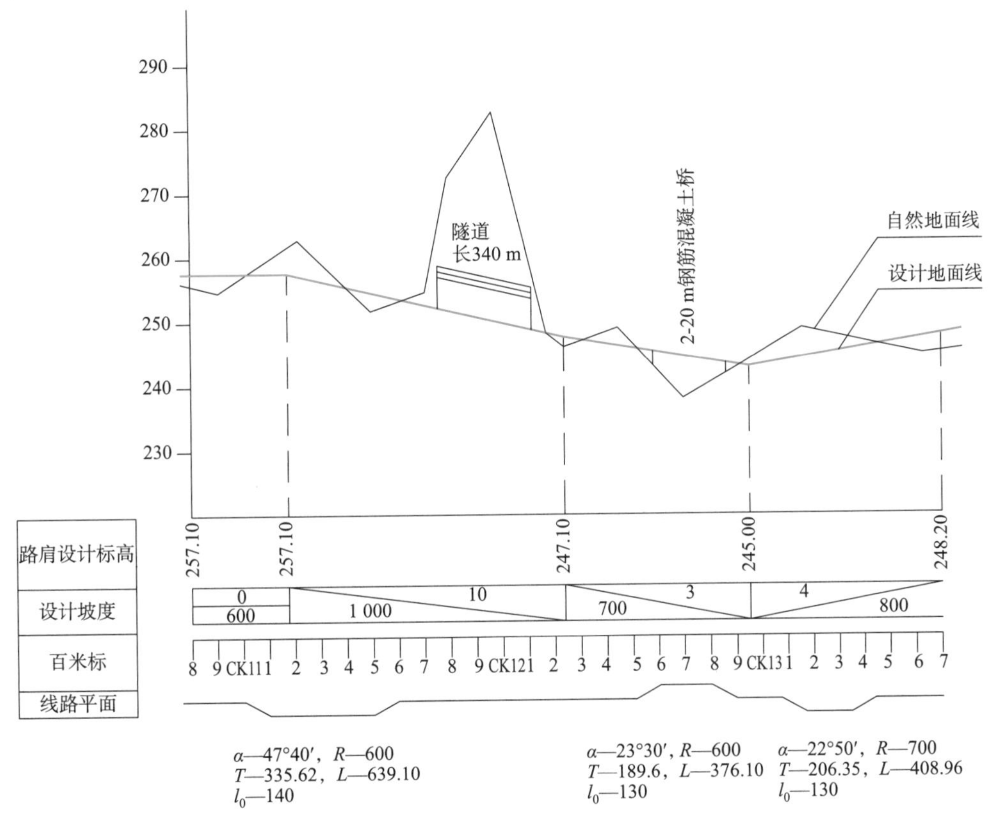

图 1-2-7 铁路线路纵断面图

铁路线路的平面图和纵断面图是铁路勘测设计的基本文件，要求不同、用途不同，图形的比例尺和内容的详细程度也不同。

第三节 铁路线路构成

铁路线路由路基、桥隧建筑物和轨道组成。路基和桥隧建筑物是铁路线路铺设轨道的基础。当地面自然高程与铁路设计标高相差不大时，直接在地面上修建的轨道基础称为路基；相差较大或跨越江河、地质不良地段、穿越山岭或与其他交通线路交叉时，则需要架桥或开凿隧道。

一、路基

路基是在地面上修建的铁路线路基础，由路基本体、路基防护加固建筑物和路基排水设备组成。

1. 路基的基本形式

路基的基本形式是路堤和路堑。依据路肩与自然地面的高差，路基可分为不填不挖路基、路堤、路堑、半路堤和半路堑五种形式。

（1）不填不挖路基

不填不挖路基是地面高程与线路路肩的设计高程一致，修建路基不需要填、挖形成的路基，如图 1-3-1 所示。

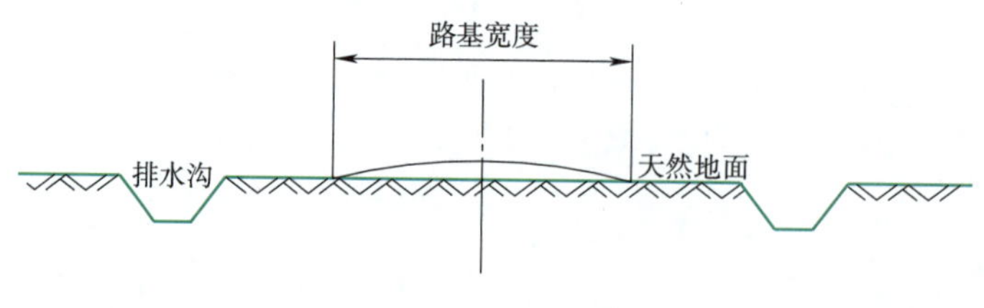

图 1-3-1　不填不挖路基

（2）路堤

当路肩的设计高程高于天然地面时，以土方填筑方式构成的路基称为路堤。路堤由路基面、边坡、护道和排水沟等组成，如图 1-3-2 所示。

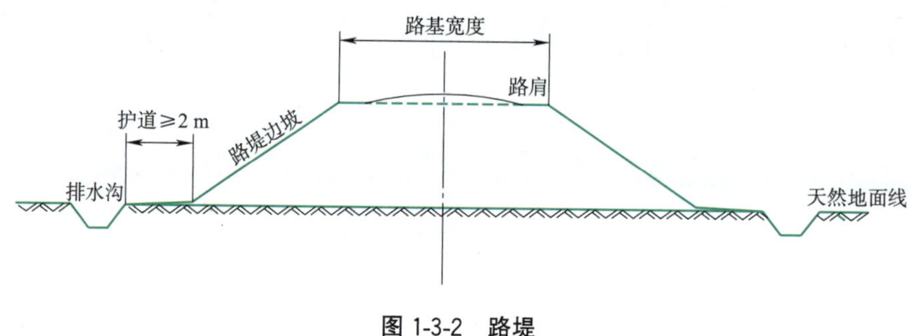

图 1-3-2　路堤

（3）路堑

当铺设轨道的路基面低于天然地面时，以开挖方式构成的路基成为路堑，如图 1-3-3 所示。

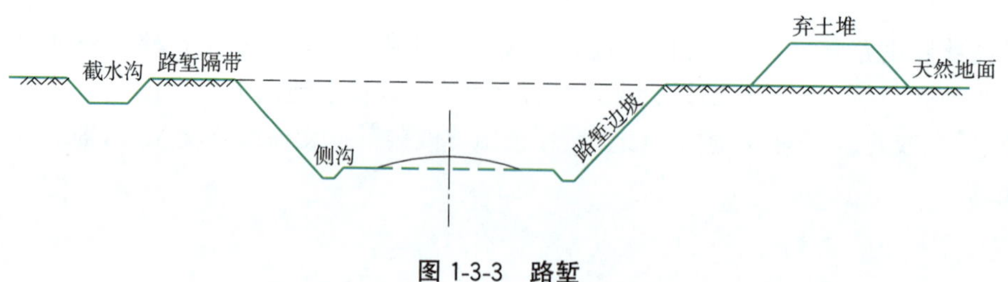

图 1-3-3　路堑

(4)半路堤、半路堑

半路堤路基:路基一侧填方,另一侧不挖不填建成的路基,如图 1-3-4 所示。半路堑路基:一侧挖方,另一侧不挖不填建成的路基,如图 1-3-5 所示。

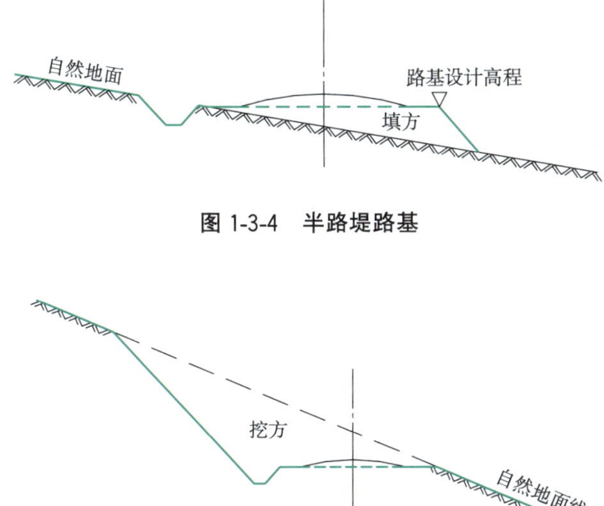

图 1-3-4 半路堤路基

图 1-3-5 半路堑路基

2. 路基的排水设施

为保证路基的坚实和稳固,路基应设置排水设施,使路基避免遭受水流冲刷和浸泡。排除路基地表水的设施,如路堤两侧的纵向排水沟,路堑路基的侧沟和防止水流冲刷的弃土堆和截水沟等。在地下水位较浅的路段,为了拦截地下水,在路基两侧修建渗沟,沟内埋设渗水管,引走地下水(如图 1-3-6 所示)。

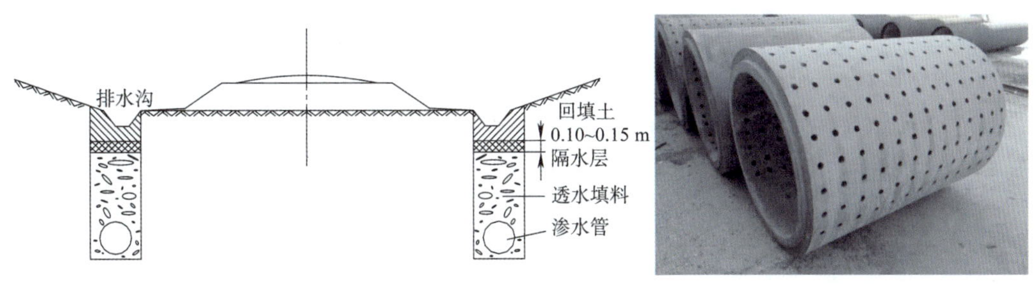

图 1-3-6 渗沟和渗管

3. 路基的防护和加固

路基边坡易受到雨水等自然因素的破坏,须加以防护。防护的方法有种草、植树、设置砌石护坡(如图 1-3-7 所示)、挡土墙等。

图 1-3-7　护坡

二、铁路桥隧建筑物

当铁路线路跨越江河湖海、沟壑，立交公路、铁路，经过不良地质条件的路段、穿过山岭时，需要修建桥梁、隧道和涵洞等桥隧建筑物。

在现代铁路线路选线设计中，特别是高速铁路，为了获得良好的线路平纵断面条件、避免过长的展线，也常常以桥隧代路。例如，正在建设中的贵南高速铁路，是我国“八纵八横”高速铁路网包海通道的重要组成部分，线路北起贵阳北站，向南到达南宁东站，设计时速350 km。这条线路沿线峰峦叠嶂、沟壑纵横，地形复杂，仅 482 km 的铁路线就须修建 188 座桥梁，106 座隧道，桥隧比达到 89%，建成后将成为世界上桥隧比例最高的高速铁路，预计 2023 年 12 月通车。

（一）桥梁

精心设计的桥梁不仅能满足铁路运输的需要，而且气势恢宏，与大自然浑然一体，给人以震撼的美感。

1. 铁路桥的分类

（1）按建造材料分

桥梁按建造材料分为钢桥、钢筋混凝土桥和石桥等。

（2）按桥梁的长度分

按桥梁的长度 L 分为小桥（$L<20$ m）、中桥（20 m$\leqslant L<$100 m）、大桥（100 m$\leqslant L<$500 m）和特大桥（$L\geqslant$500 m）

（3）按桥梁的结构形式分

按桥梁的结构形式分为梁桥、刚构桥、拱桥、斜拉桥和悬索桥等。

我国铁路桥梁设计和建设水平处于世界领先地位，创造了多项世界第一。其中，京沪高铁丹昆特大桥（如图 1-3-8 所示），跨越整个苏南大地，长达 164.851 km，是世界上最长的铁路大桥。该桥起自丹阳，途经常州、无锡、苏州，终于昆山，跨越水面宽度在 20 m 以上的河道 150 余条，各类型等级道路 180 余条。

南昆铁路清水河大桥（如图 1-3-9 所示），桥面至谷底 183 m，最大跨度 128 m，为预应力混凝土连续刚构桥。

图 1-3-8 京沪高铁丹昆特大桥

图 1-3-9 南昆铁路清水河大桥

沪昆客运专线北盘江特大桥(如图 1-3-10 所示)设计时速 350 km,跨越北盘江峡谷,桥面距离谷底约 300 m,主跨 445 m,为世界上跨度最大的钢筋混凝土拱桥,也是中国高速铁路最大跨度桥梁。

图 1-3-10 沪昆客运专线北盘江特大桥

商合杭铁路芜湖长江公铁大桥(如图 1-3-11 所示)主跨 588 m,为钢桁梁斜拉桥,上层通行 8 车道城市主干路,设计速度 60 km/h,下层通行双线商合杭铁路,设计速度 250 km/h。

图 1-3-11 商合杭铁路芜湖长江公铁大桥

丽(江)香(格里拉)铁路金沙江特大桥(如图 1-3-12 所示)主跨 660 m,设计时速 120 km,是上承式钢桁梁悬索桥。

图 1-3-12 丽香铁路金沙江特大桥

从 20 世纪 80 年代以来,我国桥梁设计理论、建筑材料和施工技术的进步和创新,创造了多项世界第一,为祖国大地增添了壮丽美景。

2. 桥梁的组成

桥梁由桥墩、桥台、桥跨结构和桥面组成,如图 1-3-13 所示。

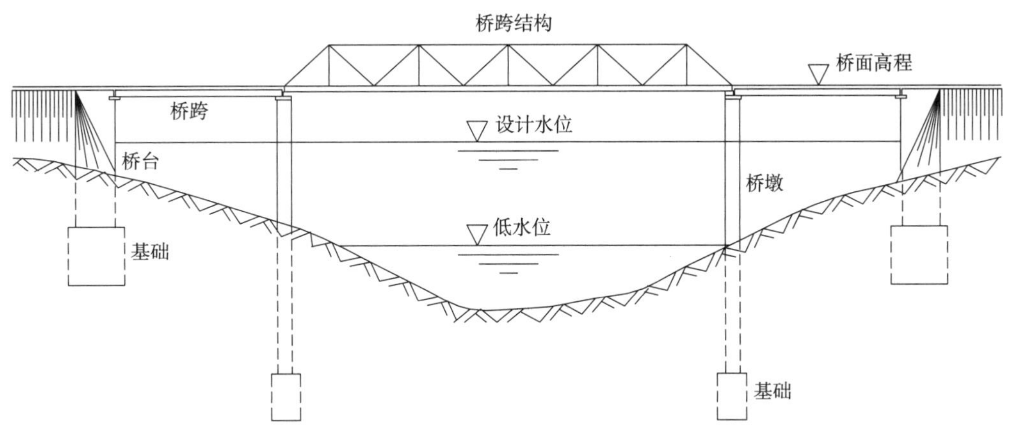

图 1-3-13 桥的组成

桥墩和桥台是桥梁的下部结构。桥墩是多孔桥梁中处于相邻桥孔之间承受上部结构荷载及流水压力、风力的结构物；桥台是建在岸边桥孔尽端与路堤连接处，支撑桥梁上部结构并将荷载传递给地基的构筑物。桥梁墩台应具有足够的强度，刚度和稳定性。

桥跨是桥梁架设在墩台之上承受荷载的上部结构，如简支梁、连续梁、悬臂梁、拱圈等。桥面是桥梁上铺设轨道和人行道的路面。

（二）隧道

铁路隧道是修建在山体中、地下或水下，铺设轨道，供列车通行的建筑物。

1. 隧道的作用

(1)改善铁路运营条件

铁路线路进入山区或丘陵地带时，开挖隧道穿越山岭可以有效地缩短线路长度、减小坡度、改善运营条件，从而避免修建长大坡道、小半径曲线或深路堑。

(2)使铁路深入城市中心区

建筑密集的城市中心区，也是客流、货流集中的区域。修建隧道可以使铁路进入城市中心区，更便捷地为社会服务。

(3)便捷地穿越海峡、河流和湖泊

修建水下隧道，可以便捷地连接水体两端的陆地。

2. 隧道的分类

(1)按其所在位置分

隧道按其所建位置分为山岭隧道、城市隧道和水下隧道。穿越山岭的隧道称为山岭隧道；为铁路穿越河流、湖泊或海峡修建在水下的隧道称为水下隧道；为通过建筑密集的城市中心区而修建在城市地下的隧道称为城市隧道。

(2)按照隧道长度分

隧道按其长度 L 分为短隧道($L<500$ m)、中长隧道($500\leqslant L<3\ 000$ m)、长隧道($3\ 000\leqslant L<10\ 000$ m)和特长隧道($L\geqslant 10\ 000$ m)。

世界上最长也且最深的铁路隧道是穿越阿尔卑斯山脉、长 57.6 km 的瑞士圣哥达基线隧道。日本青函隧道(如图 1-3-14 所示)是世界上最长的海底铁路隧道。它通过津轻海峡,把本州和北海道的铁路连接起来,为双线隧道,全长 53.86 km,其中海底部分 23.3 km。从 1964 年 5 月开始,青函隧道经过 7 年勘测设计、17 年施工,于 1988 年 3 月 13 日正式投入运营,建成以后极大地改善了两地之间的运输条件。

图 1-3-14　日本青函海底隧道

英法海底隧道(又称英吉利海峡隧道、欧洲隧道,如图 1-3-15 所示)从英吉利海峡最窄处即英国的福克斯通到法国的加来,全长 50.5 km,其中海底部分37 km,是世界第二长的海底隧道、海底段最长的铁路隧道,1987 年 12 月 1 日开工建设,1994 年 5 月 6 日通车。这条隧道把英国和欧洲大陆连接起来,从巴黎到伦敦只要 3 h 即可到达。

图 1-3-15　英法海底隧道

我国广惠城际高速铁路松山湖隧道(如图 1-3-16 所示)是国内已建成的最长铁路隧道,全长38.8 km,于 2017 年 12 月 28 日建成通车。规划建设的渤海海峡跨海通道烟大海底隧道,全长 123 km,建成后将成为世界最长的海底隧道和铁路隧道。渤海海峡跨海通道一旦建成，将现有的绕行山海关的铁路运输由 1 500 多公里缩短为跨海通道的 100 多公里，届时须耗时 6～8 h 的烟大水路运输将由 1 h 的铁路运输所代替。

图 1-3-16　广惠城际线松山湖隧道

(3)按洞内线路数量分

隧道按洞内行车线路数量分为单线隧道、双线隧道和多线隧道。

3. 隧道的构造

隧道由洞身、衬砌、洞门和避车洞等构成。洞身是隧道内铺设轨道、供列车通过的空间，其断面尺寸应符合铁路建筑限界的要求。衬砌用于承受地层的压力，防止隧道变形、坍塌。衬砌主要采用整体灌筑式，由拱圈、边墙和仰拱组成。洞门是隧道的进、出口，用以保护洞口的仰坡和边坡。避车洞设在隧道内两侧，供在隧道内工作或行走的人员在隧道内躲避来车。

4. 隧道的施工方法

隧道的施工方法主要有明挖法、矿山法、新奥法和盾构法。

(1)明挖法

明挖法是指挖开地面，由上向下开挖土石方至设计标高后，自基底向上顺序加护施工，完成隧道主体结构，最后回填，恢复地面原貌。明挖法形成的隧道较浅，施工时阻断交通时间长、噪声和震动对环境影响大。

(2)矿山法

矿山法采用矿洞开挖的方式施工，又分为全断面法、台阶法、分步开挖法。由于矿山法在施工过程中需要大量钢管和木材作为临时支护，工人的劳动强度大，施工环境差，近年来已很少使用。

(3)新奥法

新奥法是采用爆破技术，进行全断面开挖施工，然后洞身初喷薄层混凝土、安装钢筋网、立钢拱架，钻锚杆孔、打入锚杆固定、复喷混凝土对围岩进行柔性支护，然后再进行最终衬砌。新奥法开凿隧道，地应力主要由围岩体本身承载，采用初次喷锚柔性支护的作用，是使围岩体自身的承载能力得到最大限度的发挥，第二次衬砌主要是起安全储备和装饰美化作用。

(4)盾构法

盾构法是暗挖法施工中的一种全机械化施工方法。它是用盾构机(如图 1-3-17 所示)在地下推进,通过盾构外壳和管片支承四周围岩防止发生坍塌。同时在开挖面前方用切削装置进行土体开挖,通过出土机械运出洞外,靠千斤顶在后部加压顶进,并拼装预制混凝土管片,形成隧道结构的一种机械化施工方法。盾构法具有机械化程度高、施工速度快、安全性好、对地面建筑和交通影响少等优点,在我国已经广泛用于铁路、地铁和公路的隧道建设。2008 年以前,我国使用的盾构机全部从国外进口,2002 年 10 月中铁隧道集团成立了盾构机研发项目组,2008 年 4 月 15 日我国第一台盾构机诞生,2019 年实现了盾构机出口,现在我国盾构机出口数量已经占据了世界出口总量的三分之二。

图 1-3-17 盾构机

(三)涵洞

铁路涵洞(如图 1-3-18 所示)是横穿铁路路堤,用于排水、泄洪或作为车辆、人行通道的建筑物。涵洞按修建材料的不同分为石涵、混凝土涵、钢筋混凝土涵;按其截面形状分为管涵、箱涵、盖板涵等。涵洞是路基的组成部分,应有足够的强度,以承载列车通过的负荷。

图 1-3-18 铁路涵洞

三、轨道

轨道是铺设在路基面上用以承载和引导机车车辆运行的工程结构。轨道由道床、轨枕、钢轨、联结零件和道岔等组成。

1. 轨道的类型

轨道可分为有砟轨道和无砟轨道。

(1)有砟轨道

有砟轨道(如图 1-3-19 所示)是将轨道铺设在路砟道床上形成的轨道结构,由路砟道床、轨枕、钢轨、联结零件和道岔等组成。有砟轨道线路有较好的弹性,减振、降噪和排水性能好,轨道超高和轨距、钢轨水平和高程调整简单,维修方便,造价低;但轨道的横向抗力较小,稳定性较差,道床受机车车辆作用容易造成不均匀下沉,维修工作量大,高速行车时道砟可能在空气动力作用下飞起,影响行车安全。我国普速铁路多采用有砟轨道。

图 1-3-19 有砟轨道

(2)无砟轨道

无砟轨道(如图 1-3-20、图 1-3-21 和图 1-3-22 所示)是采用轨枕板或整体轨道结构为轨下基础的轨道结构,由无砟道床、钢轨、连接零件及道岔等组成。无砟轨道能较好地保持轨道的平纵断面形状、稳定性好、平顺性高,适宜列车高速行驶,可极大地减轻轨道的维修工作量,在高速铁路建设上得到了广泛的应用。

图 1-3-20 CRTS Ⅰ型双块式无砟轨道

图 1-3-21　CRTS Ⅱ型板式无砟轨道

图 1-3-22　CRTS Ⅲ型板式无砟轨道

2. 轨道的组成

(1)道床

道床是设置在路基面上,用以铺设钢轨的部分,分为有砟道床和无砟道床。

(2)轨枕、钢轨及联结零件

为了均衡地传递列车的重量,轨枕以固定的距离均匀地铺设在铁路线路的道床上,两条钢轨以固定的轨距用扣件固定在轨枕上,形成轨道。轨距是钢轨头部踏面下 16 mm 范围内两股钢轨内侧之间的距离。1937 年国际铁路协会规定 1 435 mm 为国际通用的标准轨距,如图 1-3-23 所示。

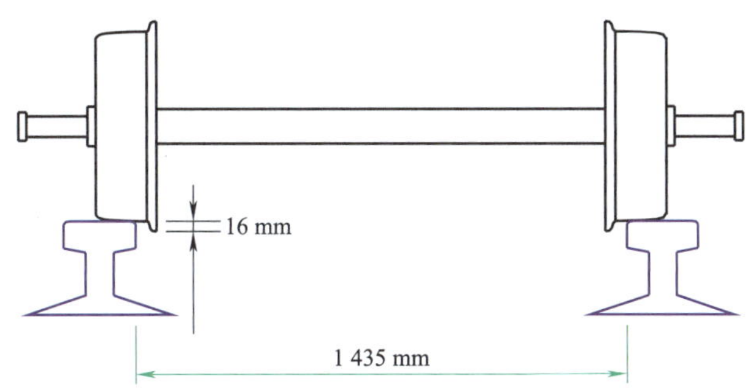

图 1-3-23 轨距

钢轨的作用是直接承受车轮的压力，将其分散传递给轨枕和道床，并引导车轮的运行方向。其类型主要有 43 kg/m、50 kg/m、60 kg/m 和 75 kg/m 几种。依据《设计规范》，高速、城际和客货共线Ⅰ级铁路正线应采用 60 kg/m 钢轨，客货共线Ⅱ级铁路正线可采用 60 kg/m 或 50 kg/m 钢轨，重载铁路应采用 60 kg/m 及以上钢轨。我国生产的标准长度的定尺轨有 12.5 m、25 m、50 m 和 100 m 四种。

联结零件分为接头联结零件和中间联结零件。钢轨接头联结零件主要由接头夹板、螺母弹性垫圈、平垫等组成；钢轨和轨枕的联结是通过中间联结零件实现的，称为扣件（如图 1-3-24 所示）。作用是固定钢轨、保持轨距，并阻止钢轨发生相对于轨枕的纵、横向位移，防止钢轨倾斜，提供适当的弹性将钢轨承受的载荷传递给轨枕或道床。

图 1-3-24 钢筋混凝土轨枕的弹性扣件

（3）道岔

道岔是连接铁路线路、或平面穿越交叉线路以及平行线路之间转线的设备。道岔按其结构分为单式道岔和复式道岔；按用途分为连接道岔、交叉道岔、渡线道岔和组合道岔。

①连接道岔

连接道岔用于线路之间的连接。车站的线路按用途划分为不同的车场，例如到发场、调车场、货场，相同用途的线路利用道岔连接起来形成车场。连接道岔又分为单开道岔、双开道岔和三开道岔。

a. 单开道岔。单开道岔用以连接直线线路和侧线，由转辙器、连接部分、辙叉和护轨组成，是使用最广泛的道岔。线路的开通利用转辙器控制尖轨的锁闭位置实现，在图 1-3-25 中道岔开通侧线。翼轨和辙岔心可以浇铸为整体，以提高其机械强度。

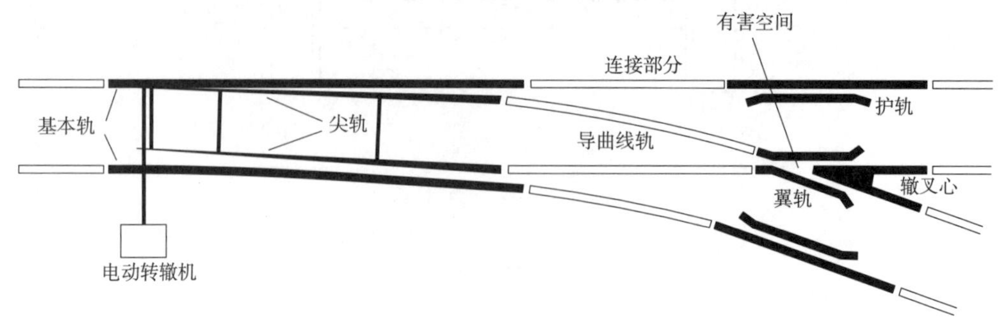

图 1-3-25　普通单开道岔的构成

当车轮通过辙叉时，翼轨与辙岔心之间有一段轨线不连续的部分，称为有害空间。为了防止车轮轮缘在有害空间失去引导而偏离正确的轨道导致脱轨，设置了护轨来控制列车的运行方向。有害空间的另一个危害是造成轮轨冲击，影响列车运行的平稳性，同时对车辆和线路均造成破坏。当列车高速运行时，引起的冲击力更大，因而在提速的既有线和高速铁路上，都采用了可动心轨道岔，以消除辙叉的有害空间，如图 1-3-26 所示。

图 1-3-26　可动心轨提速道岔

在使用频繁、关系重大的作业线路，例如到达场、出发场、到发场、驼峰调车场、编发线，道岔由车站联锁系统或驼峰自动集中系统控制，利用电动转辙机实现道岔的转换；在使用频率低的次要线路，也可用人工搬道的方式转换道岔。

道岔号数 N 用辙叉角 α 的余切值表示，如图 1-3-27 所示的辙叉，$\triangle ABC$ 为直角三角形，$\angle B$ 为直角，则：

$$N=\cot\alpha=\frac{AB}{BC}$$

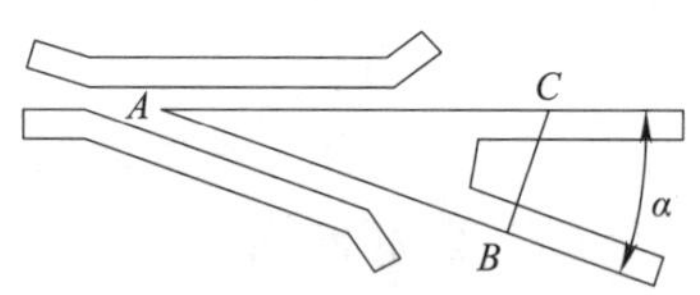

图 1-3-27　辙叉角

当道岔开通侧线时，列车要经过导曲线轨，而导曲线轨是无法设置超高的，因而列车通过时会产生离心力，从而加剧轮轨磨耗、降低旅客的舒适度。导曲线的半径取决于辙叉角:辙叉角越小,则道岔号数越大,导曲线半径也越大,从而列车侧线通过道岔时就越平稳,允许的侧线过岔速度也越高。所以列车运行速度高,应采用大号码道岔。然而道岔号数越大,道岔全长就越长,铺设占地就越多,因此应当根据线路的用途选用连接的道岔号数。目前,我国普速铁路多使用 9 号、12 号和 18 号道岔,高速铁路采用 18 号及以上的大号码道岔。

单开道岔分为左开道岔和右开道岔,如图 1-3-28 所示。

图 1-3-28 左开、右开道岔

b. 双开道岔。双开道岔又称为对称道岔,由主线向两侧分为两条线路,道岔各部分均按辙叉角平分线对称排列,两条连接线路的曲线半径相同,且无主线和侧线之分,两侧线的运行条件相同,如图 1-3-29 所示。

图 1-3-29 双开道岔

c. 三开道岔。三开道岔相当于两组异侧顺接的单开道岔,由两组转辙机械操纵两套尖轨,如图 1-3-30 所示。

图 1-3-30　三开道岔

②交叉道岔

交叉道岔用于两条线路平面相交时，使列车由一条线路跨越另一条线路继续运行，如图 1-3-31 所示。列车经过交叉道岔后仍在原线路上运行，不能转到另一线路。交叉道岔由两组锐角辙叉和两组钝角辙叉组成。由于交叉道岔的中心呈现菱形，又称为菱形交叉道岔。

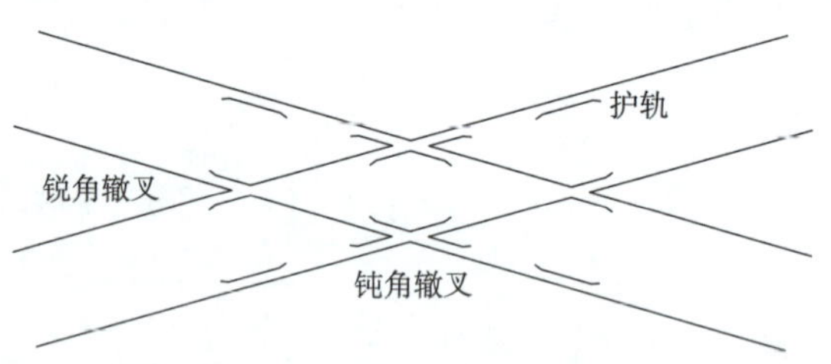

图 1-3-31　菱形交叉道岔

③渡线道岔

渡线道岔是引导机车车辆从一条线路转到另一平行线路的设备，分为单渡线道岔和交叉渡线道岔两种。单渡线道岔由联动的两副类型、号数相同的单开道岔及两道岔间的直线段组成，如图 1-3-32 所示。

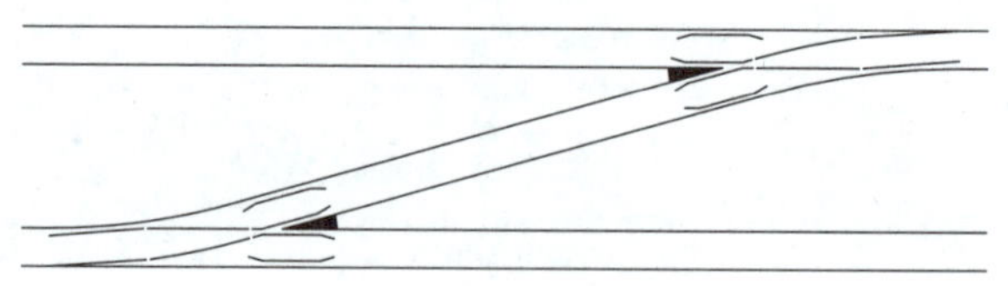

图 1-3-32　渡线道岔

交叉渡线是由分为两组的四副类型、号数相同的单开道岔和一组菱形交叉，以及连接钢轨组成。同一渡线上的两个道岔为一组联动道岔，如图 1-3-33 所示。

图 1-3-33 交叉渡线道岔

④组合道岔

具有多种功能的道岔称为组合道岔。交分道岔(如图 1-3-34 所示)由四副单开道岔和一副菱形交叉道岔组成,用于越过与之平面交叉的另一条线路或由一条路转到与之相交的另一条线路。交分道岔既具有连接道岔的功能,也具有交叉道岔的功能,为组合道岔。

图 1-3-34 交分道岔

单开道岔和双开道岔仅具有一副辙叉和一副尖轨，功能单一，称为单式道岔；三开道岔、渡线道岔、交叉渡线道岔、菱形交叉道岔和交分道岔，具有两幅及以上辙叉和尖轨，整个结构不能分割、作为一个整体使用，具有较多功能，称为复式道岔。

3. 无缝线路

无缝线路是指将钢轨焊接起来的线路，称焊接长轨线路，又因长轨中存在巨大的温度力，故也称温度应力式无缝线路。按焊接长轨条长度不同无缝线路分为普通无缝线路和跨区间无缝线路。前者的焊接钢轨长度一般为 1～2 km，在两长轨条之间设置 2～4 根标准轨，用普通钢轨接头形式与长轨条连起来，形成缓冲区，它虽然减少了钢轨接头，但缓冲区内仍然存在钢轨接头。跨区间无缝线路为焊接长轨条贯穿整个区段，并与车站道岔焊接，桥上铺设无缝线路，自动闭塞地段采用强度高的绝缘接头，取消了介于长轨条与它们之间缓冲区，消灭了钢轨接头，彻底实现了线路的无缝化。

上述两种无缝线路的长轨条两端存在具有一定伸缩量的伸缩区，长度一般为 50～100 m，中间部分为无伸缩的、温度力最大的固定区。与上述两种无缝线路不同的是放散温度应力式无缝线路，它又分为自动放散和定期放散两种。前者是在焊接长轨条两端设置伸缩调节器自动释放钢轨中的温度力，它主要用在高速铁路和桥梁上的线路。后者是把钢轨内部的温度力每年调整放散 1～2 次，放散时，松开焊接长轨条上的全部零件，使它自由伸缩，放散内部的温度力，在一定的轨温条件下把扣件全部扣紧而锁定。它主要适用年轨温差较大的寒冷地区。但由于放散温度应力比较繁杂，故很少采用。

四、线路标志

线路标志是根据行车和线路养护维修的需要，设置在线路旁，用于表示铁路线路里程，平、纵断面要素和铁路桥、隧建筑物的位置、长度，以及各级管理机构管界的标志，包括公里标、半公里标，曲线标、圆曲线和缓和曲线的始终点标，坡度标，桥梁标、隧道标，以及铁路局、工务段、线路车间、线路工区和供电段的界标。按《铁路技术管理规程》(简称《技规》)规定，线路标志应设在按计算公里方向线路左侧距线路中心线不小于 3.1 m 处，双线铁路须另设线路标志时，应设在列车运行方向左侧。

1. 公里标、半公里标

公里标、半公里标分别表示从线路起点开始的整公里、半公里处，如图 1-3-35 所示。

图 1-3-35　公里标和半公里标

2. 曲线标、圆曲线和缓和曲线的始终点标

曲线标设在曲线中点处，标明曲线长度、缓和曲线长度、曲线半径、外轨超高和加宽数值，侧面标明曲线中心里程，如图 1-3-36 所示。

图 1-3-36 曲线标

圆曲线和缓和曲线始终点标设在直缓、缓圆、圆缓和缓直各点处，如图 1-3-37 所示。

图 1-3-37 圆曲线、缓和曲线始终点标

3. 坡度标

坡度标设在线路变坡点，其两侧各标明所向方向的坡度及其长度，表示坡道方向的箭头统一规范为指向线路中心方向，如图 1-3-38 所示。

图 1-3-38 坡度标

4. 桥梁标

桥梁标设在桥梁两端桥头处，标明桥梁编号、中心里程和长度，如图 1-3-39 所示。

图 1-3-39 桥梁标

5. 隧道标

隧道标标注在隧道两端洞门端墙上，标明隧道号或名称，中心里程和长度，如图 1-3-40 所示。

6. 铁路局、工务段、线路车间、线路工区和供电段的界标，设在该单位管辖地段的分界处，两侧标明所向单位的名称，如图 1-3-41 所示。

图 1-3-40 隧道标

图 1-3-41 单位管辖地段界标

第四节 铁路限界

铁路限界包括铁路建筑限界和机车车辆限界，是为保证列车不致与铁路周边建筑物或运输设备发生冲突所分别规定的铁路周边建筑物、设备和机车车辆不得超越的轮廓尺寸线。铁路限界以线路中心线和轨面为基准，是一个与线路中心线垂直的横断面。

一、铁路建筑限界

铁路建筑限界规定保证机车车辆安全运行所必需的横断面最小尺寸，是确保机车车辆和装载的货物在运行时不与线路上的设备和建筑物发生剐蹭、碰撞，能够安全通过的空间。为确保列车运行安全，规定除与机车车辆有直接相互作用的设备（如车辆减速器、接触网等）外，一切建筑物、设备，均不得侵入铁路的建筑限界，与机车车辆有直接相互作用的设备，在使用中不得超过规定的侵入范围。由于列车运行速度越高，列车受到的冲击力和产生的振动幅度也越大，因而我国铁路对于设计速度 $v \leqslant 160$ km/h 和 $v > 160$ km/h 的线路规定了不同的建筑限界，包括基本建筑限界、内燃牵引区段隧道建筑限界、电力牵引区段隧道建筑限界、内燃牵引区段桥梁建筑限界和电力牵引区段桥梁建筑限界，以及双层集装箱运输装载限界和铁路建筑限界。图 1-4-1 为 $v > 160$ km/h 客货共线铁路建筑限界。

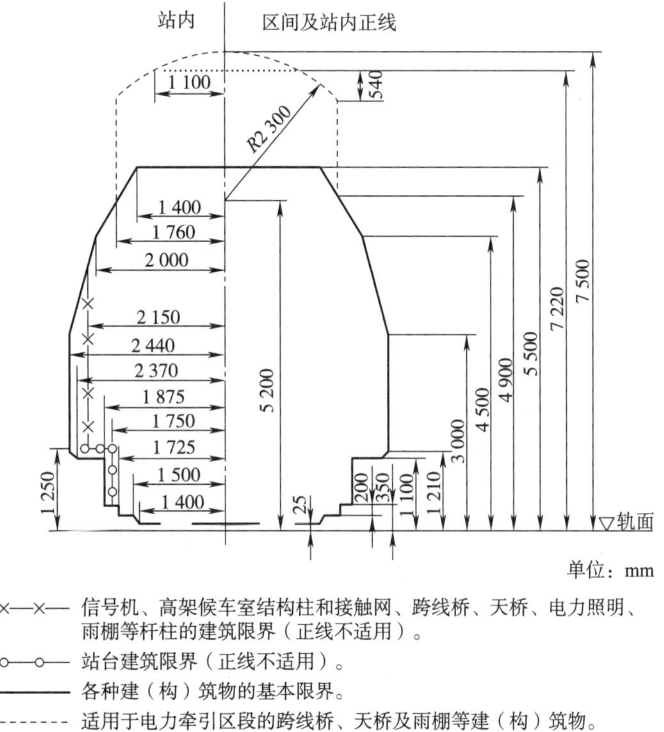

图 1-4-1 $v > 160$ km/h 客货共线铁路基本建筑限界

二、机车车辆限界

机车车辆限界规定机车车辆横断面的最大极限，机车车辆无论空重均不得超出机车车辆限界，客货共线铁路机车车辆上部限界如图 1-4-2 所示。

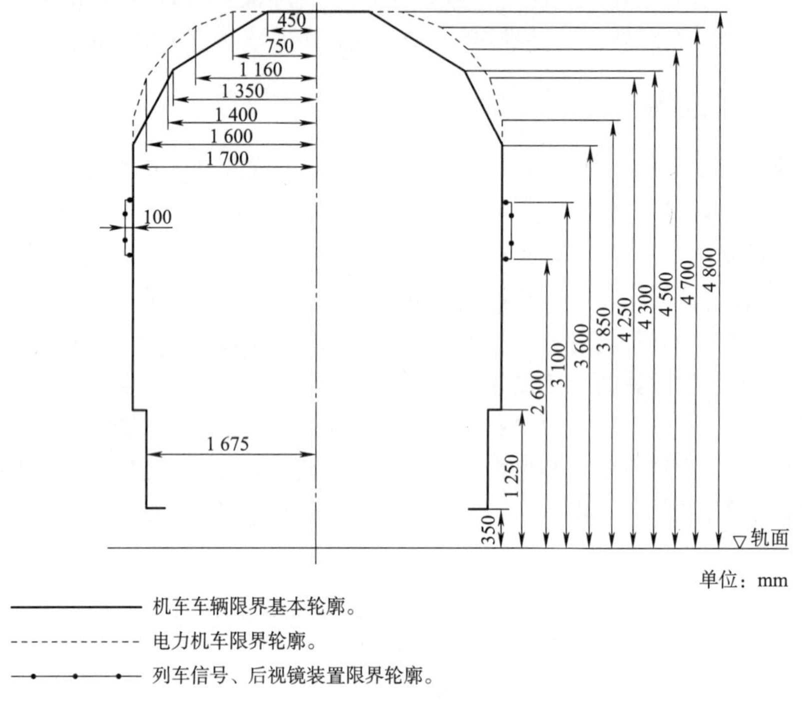

图 1-4-2　机车车辆上部限界图

第五节　城市轨道交通线路

城市轨道交通的线路一般为双线，依据不同条件可以建在地下、地面或高架，通常线路一端设车辆段，另一端设停车场。车辆段和停车场是电客车停留、清洗、整备和检修的基地，列车白天在正线往返担当旅客输送任务，夜间结束运营以后回段(场)，经清洗、整备和检修，第二天清晨再出段(场)到正线执行任务。车场内线路较多，设有独立的联锁系统，不纳入正线信号系统的控制。车场与正线之间设有一段约 180 m 的过渡区段(称为转换轨)，列车在段内按人工驾驶模式(Restricted Manual mode，RM)由司机操纵，出段后在转换轨由人工驾驶模式转换为自动驾驶模式(Automatic Train Operation mode，ATO)。

城市轨道交通的线路根据其在运营中的作用分为正线、辅助线和车场线；轨距 1 435 mm；正线和辅助线采用 60 kg/m 钢轨；车场内，试车线采用 60 kg/m 钢轨，其余均采用 50 kg/m 钢轨；正线采用 60 kg/m 9 号道岔，车场内采用 50 kg/m 7 号道岔，与试车线接轨的道岔采用 60 kg/m 9 号道岔。9 号道岔侧向通过最高速度 30 km/h，7 号道岔 25 km/h。

地铁车站与区间以端门为界：车站两端门内方为站内；相邻车站的相邻端门间为区间

（如图 1-5-1 所示），端门外方与车站站台相连的延伸走廊及其护栏内侧归属车站管理。

图 1-5-1　从两个视角看地铁车站端门

一、正线

正线是贯穿区间和车站，供列车区间运行和到站停车、旅客乘降的线路。城市轨道交通系统采用右侧行车制。地铁线路为全封闭线路，与其他交通线路相交时，均采用立体交叉。修建在地下时，通常进站线路设计为上坡，出站线路设计为下坡，以便于列车进站停车，出站加速。

二、辅助线

辅助线是为列车提供折返、停放、检查、转线及出入段作业的线路，包括折返线、存车线、渡线、出入段线和联络线等。

1. 折返线

折返线是设在线路两端的终点站和小交路列车折返站，供列车从一条正线转换到另一条正线的线路。折返线的布置分为站前折返（如图 1-5-2 所示）和站后折返（如图 1-5-3 所示）两种方式。

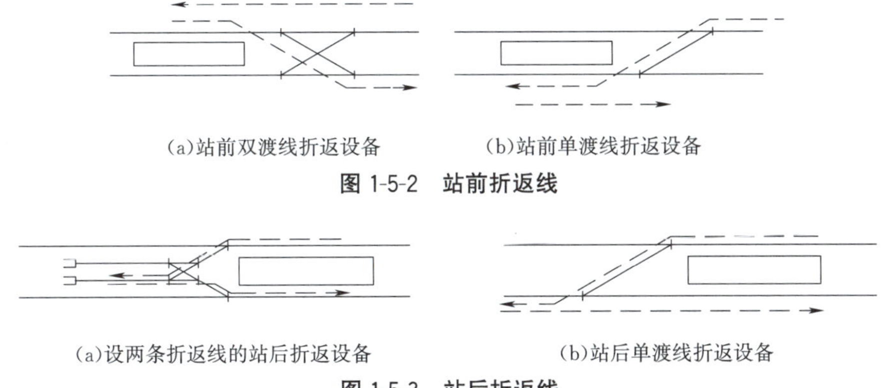

（a）站前双渡线折返设备　（b）站前单渡线折返设备

图 1-5-2　站前折返线

（a）设两条折返线的站后折返设备　（b）站后单渡线折返设备

图 1-5-3　站后折返线

与单渡线相比，站前折返双渡线，作业比较灵活，具有较高的通过能力。站后折返可以设一条或两条折返线，同样设双折返线可以显著降低折返时间，又可作为存车线供故障停放、检修和夜间停车使用。

2. 存车线

与大铁路不同，地铁车站不设到发线，只有一条上行正线和一条下行正线。当列车发生故障不能继续载客时，为了不影响后续列车运行，应立即到站清客并腾空正线。存车线是车站上为临时停放故障列车而设置的线路。一般每间隔3～5个车站设置一条。

3. 渡线

渡线是供列车从一条正线转到另一条正线的设备，包括单渡线和交叉渡线，如图 1-5-4 所示。

图 1-5-4　渡线

4. 出、入段线

出入段线与段外转换轨相连是地铁列车出、入车辆段或停车场的线路。

5. 联络线

联络线是城市轨道交通不同线路之间的连接线路，用于使列车从一条线路转到另一条线路。由于城市轨道交通的不同线路不在同一平面上，因而联络线一般坡度较大、曲线半径较小。

三、车场线

为停放和整备、检修电客车和工程车，通常在城市轨道交通线路的两端分别设置车辆段和停车场。车场内的线路按用途分为运用线和检修线。

1. 运用线

运用线是供运用电客车停留，进行清洗、整备和列检作业的线路，包括洗车线、停车列检线、周月检线、试车线、牵出线、工程车运用线等线路；

(1)洗车线

洗车线是设于停车库与入段线之间，用于入段电客车外表面清洗的线路。

(2)停车列检线和周月检线

停车列检线供电客车停放和进行日检作业，是配置数量最多的线路；周月检线用于进行电客车双周检和月检。停车列检线和周月检线一般设在电客车运用库内。

(3)试车线

试车线设在车辆段内、具备正线运营条件，用于完成定修、架修和大修修程的电客车在投入运营之前进行试车检验，以保证运营安全。

(4)牵出线

牵出线是用于电客车转库或转线的调车线路。

(5)工程车运用线

工程车运用线指供工程车停留和检修的线路。在城市轨道交通系统电客车用于载运旅客，工程车用于设备维护和调车作业。

2. 检修线

检修线是设在电客车检修库内，专门用于检修列车的线路，包括静调线、定修线、临修线、架大修线、不落轮旋修线、吹扫线和工程车维修线等。

(1)静调线

静调线是用于电客车静态调试的线路。

(2)定修线和临修线

定修线和临修线是供电客车进行定修和临修的线路。电客车定修指对电客车依据规定的检修周期进行的修程；临修是指对未到定修时间发生故障的电客车进行的针对性的修理。

(3)架大修线

架大修线是设在架大修库内，对电客车进行架修和大修的线路。

(4)不落轮旋修线

不落轮旋修线用于在不拆解转向架的条件下，对电客车车轮进行圆周磨削校正。

(5)吹扫线

吹扫线用于对电客车的车底设备进行吹扫，清除设备上的集尘，并对吹扫造成的污浊空气抽吸过滤，达标排放。

(6)工程车维修线

工程车维修线是用于工程车检修的线路。

第六节　铁路线路设备的修理和检测

由于列车不间断地运行以及自然界和人为的作用，往往使铁路线路发生各种变形或损坏。为了确保铁路线路始终处于良好技术状态以及延长线路各部分的使用寿命，必须加强对线路的养护维修和监测，保证线路设备经常处于完好状态。

一、线路设备的修理

线路设备的修理分为线路设备维修和大修。

1. 线路设备维修

线路设备维修的基本任务是保持线路设备完整和质量均衡，使列车能以规定速度安全、平稳和不间断的运行，并尽量延长线路设备使用寿命。线路设备维修应贯彻“预防为主，防治结合、修养并重”的原则，按线路设备技术状态的变化规律和程度，相应地进行综合维修、经常保养和临时补修，有效地预防和整治线路病害，有计划地补偿线路损耗。

线路维修包括综合维修、经常维修和临时补修。

(1)综合维修

综合维修是指根据线路变化规律和特点，以全面改善轨道弹性、调整轨道几何尺寸和更换失效零件为重点，以大型养路机械为主要作业手段，按周期、有计划地对线路进行的综合性维修，以恢复线路完好技术状态。

综合维修基本作业包括根据线路、道岔状态起道、拨道和改道，全面捣固，调整线路、道岔各部尺寸，拨正曲线，清筛不洁道床，整治道床翻浆冒泥，补充道砟，整理道床，更换和修理轨枕,调整轨缝,整治线路爬行,锁定线路、道岔,矫直、焊补、打磨钢轨,综合整治接头病害,整治路肩,疏通排水设备等。

起道是矫正线路的纵断面,将钢轨和轨枕向上抬至必要高度;拨道是矫正线路的平面,将钢轨和轨枕一起横移至规定位置;改道是改正轨距;捣固是将钢轨底部轨枕下的道砟捣压密实。

(2)经常保养

经常保养指根据线路变化情况,以养路机械为主要作业手段,对全线进行有计划、有重点的经常性养护,以保证线路质量处于均衡状态。经常保养的内容包括根据轨道几何尺寸超过经常保养容许偏差管理值的状态,成段整修线路,整治道床翻浆冒泥,更换和修理轨枕,调整轨缝、锁定线路,焊补打磨钢轨,整治接头病害,整修扣件、螺栓涂油,无缝线路应力放散或调整,更换伤损钢轨,断轨焊复等。

(3)临时补修

临时补修指以小型养路机械为主要作业手段,对轨道几何尺寸超过临时补修容许偏差管理值与其他不良处所进行的临时性整修,以保证行车安全和平稳。

线路、道岔临时补修主要内容包括整修几何尺寸超过临时补修容许偏差管理值的处所,更换折断、重伤钢轨与桥上、隧道轻伤钢轨,更换达到更换标准的伤损夹板,更换折断的接头连接螺栓,调整严重不良轨缝,疏通严重淤塞的排水设备,处理严重冲刷的路肩和道床等。

2. 线路设备大修

线路设备大修的基本任务是根据运输需要与线路设备损耗规律,有计划、按周期地对线路设备进行更新和修理,恢复和提高线路设备强度,增强轨道承载能力。线路大修应贯彻"运营条件匹配,轨道结构等强,修理周期合理,线路质量均衡"的原则,坚持全面规划、适度超前、区段配套的方针,并应采用无缝线路。

线路设备大修分为以下8类:

(1)线路大修

线路上的钢轨疲劳伤损,轨型不符合要求,不能满足铁路运输需要时,必须进行线路大修。线路大修分为普通线路换轨大修和铺设无缝线路。

线路大修的主要内容包括清筛道床、补充道砟、改善道床断面,整治基床翻浆冒泥和超过15 mm的冻害,更换石灰岩道砟为一级道砟,校正线路纵断面和平面,更换失效轨枕,有计划地将木枕更换为混凝土枕,全面更换新钢轨,整修路肩及排水设施,整修道口等。

铺设无缝线路还包括焊接、铺设新钢轨、更换连接零件、桥上钢轨伸缩调节器、铺设胶接绝缘钢轨并按设计锁定轨温锁定线路,埋设位移观测桩等。

(2)成段更换再用轨

再用轨是磨耗程度较轻,在线路大修时撤换下来,经过整修、打磨尚可在次要线路使用的钢轨。成段更换再用轨大修时主要进行更换失效轨枕,焊接和铺设再用轨,更换连接零件等项作业。

(3)成组更换道岔和岔枕

铺设新道岔和轨枕,铺设无缝道岔时焊接钢轨、铺设胶接绝缘钢轨、按设计锁定轨温锁定道岔,埋设位移观测标等。

(4)成段更换混凝土枕

全面更换混凝土枕与扣件,螺栓涂油等。

(5)道口大修

整修道口平台,更换道口铺面、护轨,整修线路与排水设备等。

(6)隔离栅栏大修

更换隔离栅网,更换或整修隔离栅栏立柱等。

(7)其他大修

以上未涵盖的线路设备大修项目列入“其他大修”。

(8)线路中修

在线路大修周期内,道床严重板结或脏污,其弹性不能满足铁路运输需要时,应进行线路中修。石灰岩道砟应结合中修有计划地更换为一级道砟。在无路基病害、一级道砟、道床污染较轻、使用大型养路机械按周期修理的区段,通过有计划地进行边坡清筛,应取消线路中修。

线路中修的主要内容包括清筛道床、补充道砟、改善道床断面,整治基床翻浆冒泥,校正线路纵断面和平面,更换失效轨枕,普通线路和无缝线路缓冲区抽换轻伤有发展的钢轨,更换失效的连接零件,螺栓涂油,整修补充防爬设备,更换新钢轨,整修路肩及排水设施,整修道口等。

二、线路检测与修理作业的机械化和现代化

1. 线路检测作业的现代化

为保障行车安全,必须及时发现线路损伤、故障和环境隐患。曾经,身穿黄色背心、夜间手拿两头发出黄色灯光的巡道灯,肩负道钉锤,昼夜不停、风雨无阻地在道心行走的巡道工是维护铁路线路安全的哨兵。这项工作充满艰辛、危险性大,依靠人沿线行走、眼看发现问题,效率低且不能保证线路问题漏检,例如线路的平整度、轨距的精确度等是看不出来的。随着列车运行速度和开行密度的提高,人工巡道已经成为历史,但巡道工人认真负责的工作态度和不畏艰难的思想境界不应忘记。

现在,铁路工务部门的工作条件有了很大改善,各种高速、精确的检测车代替了人工检测,例如高速综合检测列车、钢轨探伤车、工务巡检车和隧道检查车等,可以在高速运行中测定轨距、水平、方向、轨道超高、线路摇摆测量、车辆振动加速度、噪声强度、钢轨损伤、扣件状态、隧道限界等,并能记录和及时处理检测数据。当发现钢轨损伤等问题时,能在现场自动喷射涂料,在轨道上留下标志。

2. 线路作业的机械化

为适应列车运行要求及减少维修工作的目的,在线路维修作业中各国都在努力研制各种养路器械,采用了一系列现代技术和设备。

(1)多头捣固机

目前,在线路维修作业中已采用了多头捣固机和捣固拨道机,具有捣固、拨道两种功能,并组装成专用车辆在线路上作业。多头捣固机的捣固头由 16 个增加为 64 个,并设有机械装置,用以测定道砟夯实程度和轨道位置。

(2)清筛机械

在有砟轨道上,采用清筛机械以代替人力,每小时可以清筛 325～400 m 长的道床。道砟清筛车如图 1-6-1 所示。

图 1-6-1 道砟清筛车

(3)轨排运送机

轨排运送机安装在大修列车上,它能够拆铺结构复杂的道岔,并直接铺设和回收 120 m 以上的焊接长钢轨。每换 120 m 轨排需要 100 min 左右,施工时用起重机逐节拆除旧轨排,平整道床后再逐节铺放新轨排,以捣固机捣固并对轨道进行整理。

复习思考题

1. 铁路选线设计中怎样确定线路的基本走向?

2. 我国铁路分为哪些等级? 线路的技术标准依据什么确定? 客货共线铁路按其客货运量分为几个等级?

3. 铁路线路最小曲线半径对于列车运营条件有什么影响?

4. 什么是曲线外轨超高、欠超高和过超高,在设计铁路线路时依据哪些因素确定?

5. 铁路桥梁按其结构怎样分类?

6. 轨道的组成及作用是什么?

7. 道岔号数如何表示? 道岔号数大小对行车有什么影响?

8. 线路标志有哪些? 各种标志的含义是什么?

9. 简述铁路限界的种类及意义。

10. 线路的经常维护和大修的内容有哪些?

第二章　轨道交通牵引供电系统

从电力系统接收电能，完成电力传输、变电，为电力机车、动车组提供电力的系统称为牵引供电系统。由于电力牵引具有能源利用效率高、功率大，列车起动、加速和停车性能好，不排放废气、不会造成空气污染，可以采用再生制动、节约能源，易于实现全面自动化和信息化等优点，得到了越来越广泛的应用。据国家发改委 2022 年 3 月 1 日发布的国铁集团 2021 年统计公报，到 2021 年底，我国铁路营业里程 15 万 km，电气化率达到 73.3%。近年来，新建铁路线路和地铁线路毫无例外地都采用电力牵引。

学习目标

◎ **素质目标**

培养积极探索，追求卓越的学习态度，明确电力牵引的优越性，学会以不断进取、改革创新的精神认识问题。

◎ **知识目标**

(1)了解铁路牵引供电系统的组成。

(2)理解自动过分相装置的工作过程。

(3)了解外部电源向铁路牵引变电所的供电方式。

(4)掌握牵引变电所向接触网的供电方式。

(5)掌握城市轨道交通的供电方式。

(6)了解杂散电流的危害及处理方法。

◎ **能力目标**

(1)能说明电气化铁路供电线路产生电磁干扰的原因及减轻电磁干扰措施的原理。

(2)认识杂散电流的危害，能列举防治杂散电流危害的具体措施。

第一节　铁路牵引供电系统的组成

电气化铁路的牵引供电系统从国家电网获取电能，由牵引变电所、接触网两部分组成。电力可以由火电、水电、核电、风电、潮汐、地热、太阳能等多种发电装置产生，为减少输电过程中的能耗，发电厂发出的车流须升压变为 220 kV 的三相交流电，通过国家电网的高压输电线路输送到城市的区域变电所，降压为 110 kV 后向设在铁路沿线的铁路牵引变电所供电，牵引变电所经过降压和变相，生成 25 kV 单相工频交流电，由馈电线传输到电气化铁路接触网上，经电力机车或动车组受电弓传导到电力牵引系统产生牵引动力，如图 2-1-1 所示。

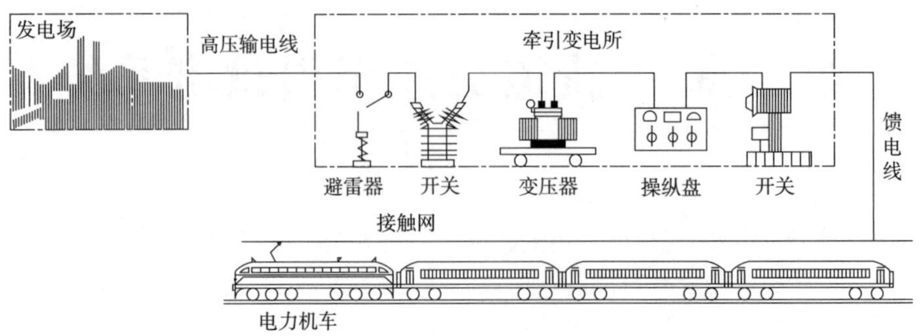

图 2-1-1 电气化铁路牵引供电系统组成示意图

一条电气化铁路沿线需要设置多个牵引变电所，各牵引变电所之间将接触网分成两个供电分区(又称供电臂)。两个相邻供电臂的电流相位是不同的。为防止相间短路，必须在相邻供电臂之间建立分相区，分相区一般长 190 m，其中无电区 100 m，如图 2-1-2 所示。电流从牵引变电所发出，经馈电线向接触网供电，电力机车利用受电弓取电，经机车高压电路向牵引电动机供电，电流最后经车轮、钢轨和回流线返回牵引变电所。

列车在通过分相区时，通过自动过分相装置，断开主断路器，列车失去电力后，依靠运动惯性通过分相区进入下一供电臂，自动合上主断路器，恢复供电。

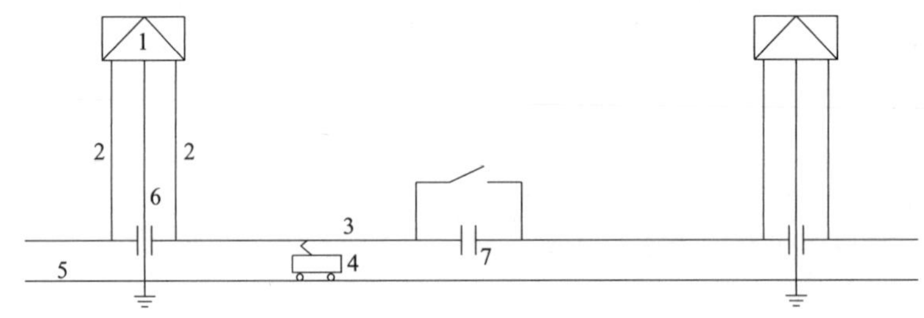

图 2-1-2 牵引供电系统结构图

1—变电所；2—馈电线；3—供电臂接触导线；4—电力机车；5—钢轨；6—回流线；7—分相区

一、牵引变电所

牵引变电所的任务是将国家电网高压输电线输送来的 110 kV 或 220 kV 的三相交流电转变为 25 kV 的单相工频(50 Hz)交流电，传送到邻近区间正线和车站列车到发线的接触网上，为列车提供牵引电源。

1. 牵引变电所的设备

牵引变电所的主要设备有主变压器、电压互感器、电流互感器、高压断路器、各种高压隔离开关、避雷器以及信号显示等设备。为使牵引变电所内各种电气设备正常运行，确保安全可靠供电，牵引变电所内还装有各种控制、检测仪表和继电保护装置等。

2. 外部电源向牵引供电系统的供电方式

外部电源向牵引变电所供电有单电源供电、双电源供电和多电源混合供电三种方式。

(1)单电源双回路输电线路供电方式

牵引变电所电源进线来自一个区域变电所，如图 2-1-3 所示。这种供电方式可靠性和灵活性较差。

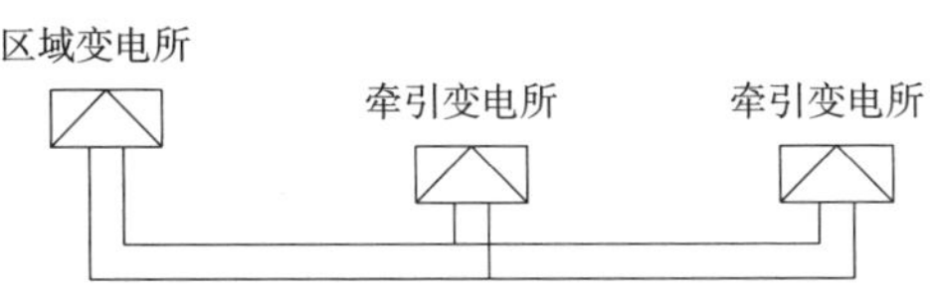

图 2-1-3 单电源双回路供电方式

(2)双电源双回路供电方式

双电源双回路供电方式牵引变电所电源进线来自两个地区变电所，因而系统的可靠性较高，如图 2-1-4 所示。

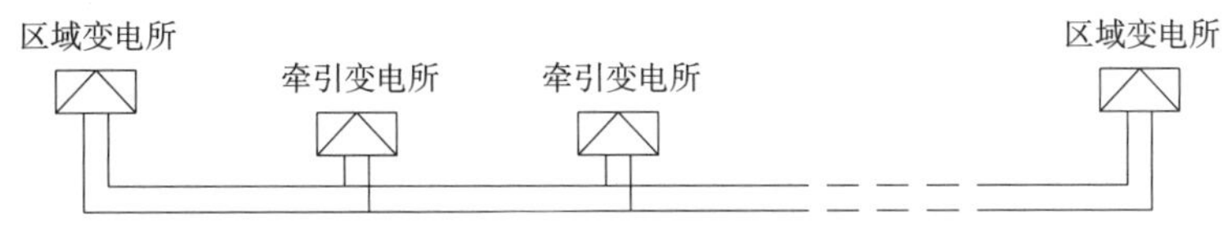

图 2-1-4 双电源双回路供电方式

(3)多电源混合供电方式

多电源混合供电包括多电源环网供电、双回路供电和辐射供电等供电方式。

二、接触网

接触网是架设在铁路线路上方，向电力机车或动车组不间断地提供电能的设备。世界各国铁路的牵引接触网均采用标称电压值为 25 kV、长期最高工作电压为 27.5 kV、短时(5 min)最高工作电压为 29 kV、最低工作电压为 19 kV 的工频、单相交流电。这样规定是因为供电电压高于 19 kV 即可保证动车组运行，但是并不能保证动车组发挥其最大功率，实践表明达到 22.5 kV 动车组才能发挥最佳性能。

1. 接触网的构成

接触网主要由接触悬挂装置、支持装置、支柱和基础三部分组成，如图 2-1-5 所示。

(1)接触悬挂装置

接触悬挂装置包括接触导线、承力索、吊弦和坠砣补偿器等。其中接触导线是与电力机车受电弓直接接触处于滑动摩擦授流的导线。

(2)支持装置

支持装置用以支持接触悬挂，并将负荷传给支柱或其他建筑物。根据接触网所在区间、站场和大型建筑物而有所不同，支持装置包括腕臂、拉杆、绝缘子、定位器和定位管等。其中定位器和定位管的作用是保证接触线与受电弓的相对位置在规定范围内。

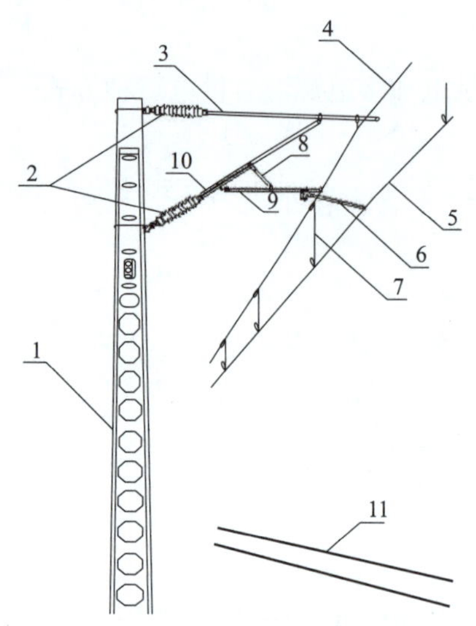

图 2-1-5　接触网的组成

1—支柱；2—棒式绝缘子；3—平腕臂；4—承力索；5—接触导线；6—定位器；7—吊弦；8—定位管支撑；9—定位管；10—单耳腕臂；11—钢轨

(3)支柱和基础

支柱和基础用以安装支持装置和悬吊接触悬挂并承受其载荷。此外，供电系统需要的供电线、加强线，因供电方式不同而设置的回流线、正馈线、保护线等附加导线均安装在支柱的不同高度位置上，为了供电安全与维护检修作业需要而设置的保护设备、电气设备等也安装在支柱上。

第二节　牵引供电系统的供电方式

电气化铁路牵引供电系统的供电方式分为直接供电、吸流变压器供电、自耦变压器供电等多种供电方式。

一、直接供电方式(TR)

1. 不带回流线的直接供电方式

直接供电方式是指牵引变电所通过接触网直接向电力机车供电，回流经钢轨及大地直接返回牵引变电所的供电方式，如图 2-2-1 所示。这种供电方式的电路构成及结构简单，施工及运营维修都较方便，因此造价也低。但由于接触网在空中产生的强大磁场得不到平衡，对邻近的广播、通信干扰较大，钢轨电位比其他供电方式高。

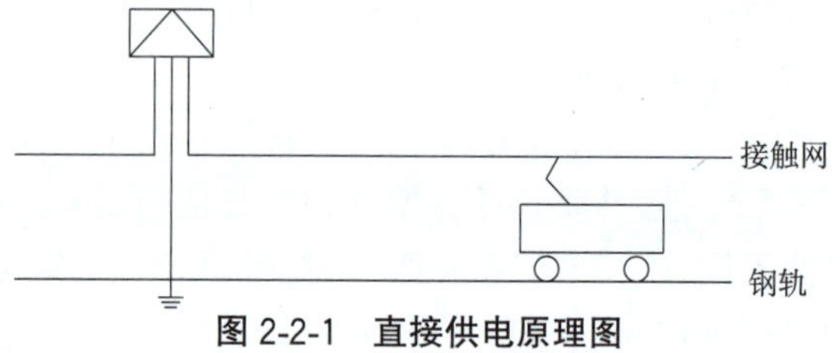

图 2-2-1　直接供电原理图

2. 带回流线的直接供电方式

带回流线的直接供电方式是在不带回流线直接供电方式的结构上增设与轨道并联的架空回流线，并且每隔一段距离设立一条称为“吸上线”的连接钢轨与回流线的导线，如图 2-2-2 所示。增加回流线后，原来流经轨道、大地的回流，一部分改由经吸上线至架空回流线流回牵引变电所，其方向与接触网中馈线电流相反，回流线与接触网距离较近，相当于对邻近通信线路增加了屏蔽保护，钢轨电位也有所降低，对通信线的干扰得到较好抑制，同时降低牵引网阻抗，供电臂可以延长 30%以上。

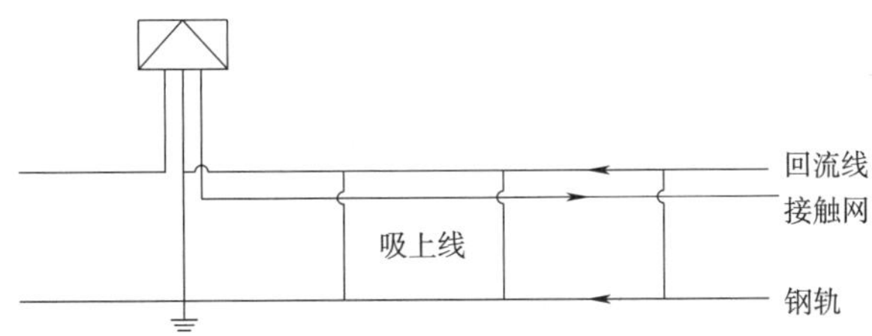

图 2-2-2 带回流线的直接供电原理图

二、自耦变压器供电方式(Auto-Transformer，AT)

自耦变压器供电方式的工作原理如图 2-2-3 所示。牵引变电所中，牵引变压器将 110 kV三相交流电降压、变相为 55 kV，自耦变压器每隔 10～15 km 设一个，与接触导线、钢轨和正馈线并联在一起，其中点抽头与钢轨相接，形成两条牵引电流回路。因而，接触导线与钢轨、正馈线与钢轨间的自耦变压器两半线圈上电压相等。在理想情况下，接触网与正馈线中流过的电流大小相等、方向相反，因此，在通信线中产生的感应影响相互抵消，有效地减弱对通信线路的电磁干扰。

这种供电方式的牵引网阻抗很小，电压损失小，电能损耗低，供电能力大，牵引变电所间隔也增大，自耦变压器并联于接触网上，不需增设电分段，能适应高速、大功率机车的运行，已成为高速铁路牵引供电优先采用的供电方式。

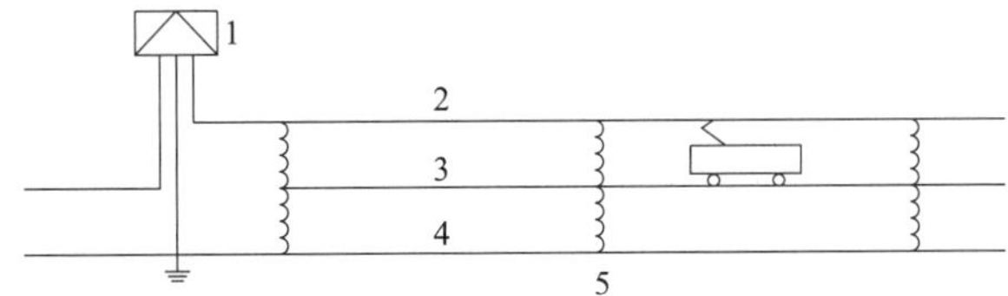

图 2-2-3 AT 供电方式原理图

1—牵引变电所；2—接触导线；3—钢轨；4—正馈线；5—自耦变压器

三、吸流变压器供电方式(Booster Transformer，BT)

吸流变压器供电方式是一种可显著降低接触网对平行接近架空通信线路干扰的供电方式。如图 2-2-4 所示，在接触网中每隔 1.5～4 km 串联接入一定数量的变比为 1∶1 的吸流变压器，其一次绕组串联接入接触网中，二次绕组则串联接在回流线中，在两相邻吸流变压器间，将回流线与钢轨作一次并联连接，在回流线的首、末两端分别与钢轨连通。借助吸流变压器一、二次绕组间的互感作用，将流经钢轨和大地的回流全部吸入回流线中，使接触网和回流线的电流达到平衡，减轻了对通信线路的电磁感应影响。

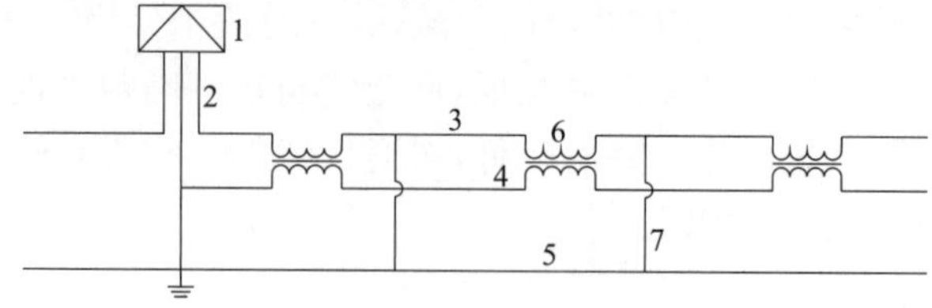

图 2-2-4 吸流变压器工作方式

1—牵引变电所；2—馈电线；3—回流线；4—接触网；5—钢轨；6—吸流变压器；7—吸上线

吸流变压器供电方式虽有良好的抗干扰效果，但接触线在机械上和电气上有断口，不利于列车高速运行，而且其供电距离短，供电质量较 AT 供电方式、直接供电方式、带回流线的直接供电方式差，牵引网能耗大。

第三节 城市轨道交通牵引供电系统

城市轨道交通牵引供电系统采用 1500V 或 750V 直流供电。由于城市轨道交通的重要性，其供电可靠性要求为一级负荷电力用户，由两路独立电源供电。当一路电源发生故障中断供电时，另一路电源能够承担城市轨道交通全部用电需要，以保证不间断供电。

一、城市轨道交通牵引供电系统的构成

城市轨道交通牵引供电系统从城市电网接受电流，其设备由主变电所、牵引变电所、馈电线和接触网组成，如图 2-3-1 所示。

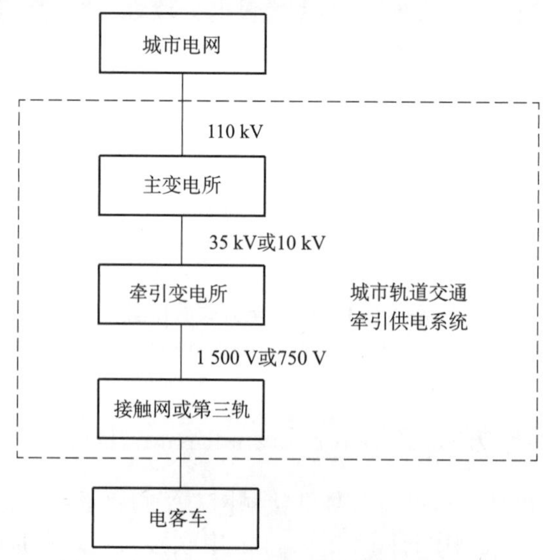

图 2-3-1 城市轨道交通牵引供电系统组成

1. 主变电所

主变电所把从城市区域变电所接收的 110 kV 高压电变为 35 kV 或 10 kV 中压电，经过三相输电线输送给本区域内的牵引变电站。

2. 牵引变电所

牵引变电所的功能是将城市区域变电所或主变电所获取的电压等级为 35 kV 或 10 kV 的电能，经降压与整理变换为可供列车牵引用的直流电 1 500 V 或 750 V，并以直流电的形式把电能经馈电线送至接触网。

牵引变电所主要由交流开关柜、整流变压器、整流器、直流开关柜、交直流屏和钢轨电位限制器等设备组成，主要设备是整流变压器和整流器。

3. 馈电线

馈电线是从牵引变电所向接触网或第三轨输送电能的线路。

4. 接触网或第三轨

接触网或第三轨沿轨道线路敷设，为电客车提供电能。接触网悬挂在轨道上方；第三轨一般布置在行车方向的左侧，岔道区等个别区段布置在右侧。

二、我国城市轨道交通的供电制式

供电制式是指供电系统采用的电流和电压制式。我国各城市轨道交通采用直流 750 V 或 1 500 V 的供电制式。

1. 接触网供电方式

接触网供电方式是指在线路上方架设接触导线，电客车利用列车顶部伸出的受电弓从接触导线取电的供电方式。为了能安全可靠地供电，在供电分区的末端设置有断路器和隔离开关的分区亭，以便对接触网起到分断与保护作用，同时还可以通过分区亭内的开关设备将供电分区联合起来，如图 2-3-2 所示。

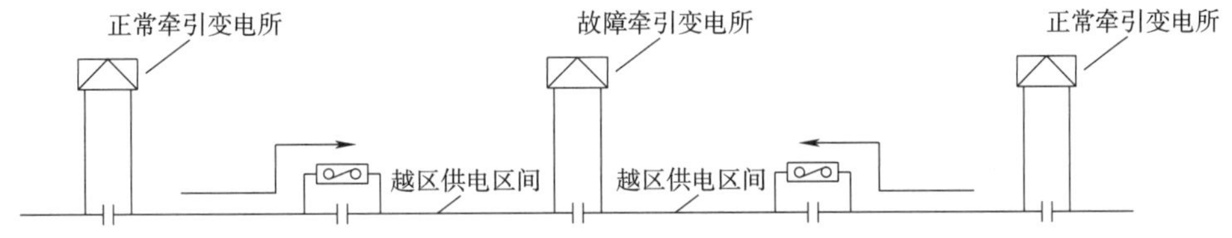

图 2-3-2　牵引变电所向接触网供电的原理

当某个牵引变电所发生故障或停电检修时，该变电所承担的供电任务通过分区亭开关闭合，由相邻的牵引变电所负责越区供电。在越区供电方式下，供电末端的接触网或第三轨的电压较低，电能损耗较大，因此要视情况适当减少同时处在该供电区段的列车数目。越区供电只是在特殊情况下短时采用的一种供电方式。

2. 第三轨供电方式

第三轨供电方式是指沿线路敷设与走行轨道平行的第三轨，电客车伸出的集电靴与其接触而取得电能。第三轨与受电靴的接触方式有上接触式、下接触式和侧接触式三种。

（1）上接触式

上接触式是第三轨面朝上固定安装在专用绝缘子上，由集电靴在第三轨上滑动取得电能，如图 2-3-3 所示。

（2）下接触式

下接触式为第三轨倒放，通过绝缘肩架、橡胶垫、扣板、收紧螺栓、支架等安装在底座上，电客车集电靴通过与第三轨的下底面接触获取电能，如图 2-3-4 所示。下接触式的优点是防护罩从上部通过橡胶垫直接固定在第三轨周围，对人员安全性好。

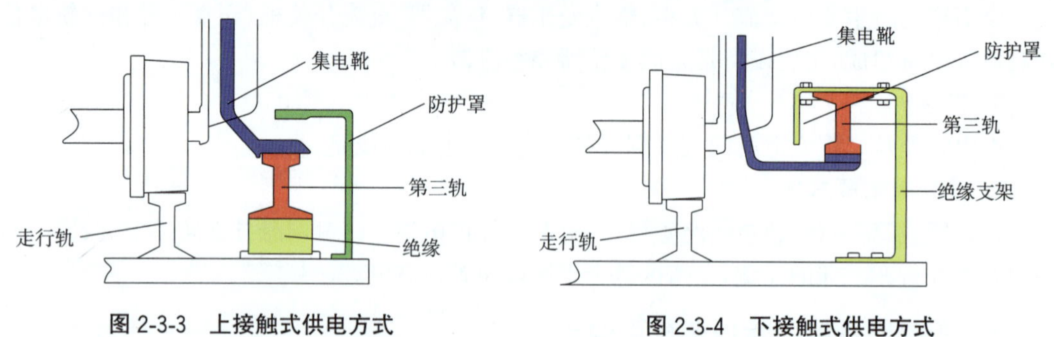

图 2-3-3　上接触式供电方式　　图 2-3-4　下接触式供电方式

（3）侧接触式

侧接触式就是第三轨轨头端面朝向走行轨，集电靴从侧面受流，如图 2-3-5 所示。跨座式独轨车辆就采用侧面接触形式。其受流器在转向架下部，第三轨装在轨道梁上。

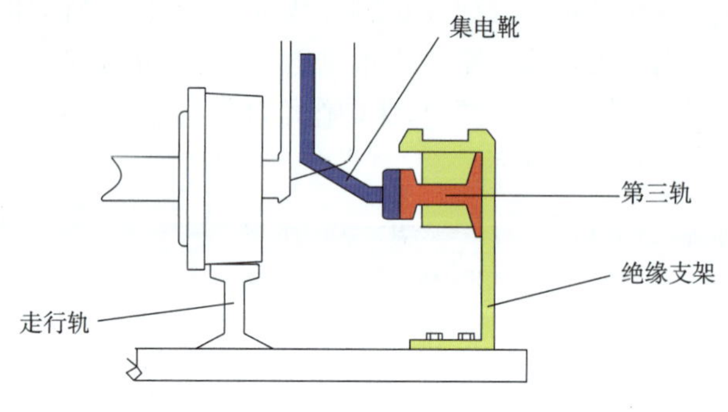

图 2-3-5　侧接触式供电方式

三、杂散电流的危害与检测、防护

杂散电流是指由钢轨流入大地的泄漏电流。由于杂散电流对于城轨交通的设施有一定危害，需要采用措施消除。

1. 杂散电流的产生及危害

在理想状况下，牵引电流应当由牵引变电所的正极出发，经接触导线或第三轨、电客车牵引传动系统、车轮、走行轨、回流线全部返回牵引变电所负极。由于走行轨与轨枕、道床之间的电阻并不是无穷大，即并不是完全绝缘的，总会有一部分牵引电流由走行轨流入大地，这部分电流即为杂散电流。走行轨中的牵引电流越大或对地绝缘程度越差，杂散电流也就相应越大。

如果在走行钢轨附近埋有地下金属管道、电缆和其他任何金属构件时，地下杂散电流中的相当一部分就由导电的金属件上流过。在电动列车所在处附近的杂散电流从钢轨流向金属体，使金属体对地电位形成阴极区。

在变电所附近，杂散电流从金属体流回轨道和变电所，金属体对地电位形成阳极区，在阳极区，杂散电流从金属体流出的地方将出现电解现象，这种电解现象导致金属体被腐蚀。地铁本身和附近的金属管道，各种地下电缆或金属构件在长期的电腐蚀下，将受到严重的损坏。若地下杂散电流流入电气接地装置又将引起过高的接地电位，使某些设备无法正常工作。所以杂散电流及其影响应当引起重视。

2. 杂散电流的检测与防护

杂散电流的防护以防为主，减小杂散电流的泄露量、设置杂散电流的收集装置；地铁附近的地下金属管线结构，应单独采取有效的防蚀措施。

(1)控制杂散电流的产生

减小走行轨的纵向电阻，在钢轨接缝间焊接铜导线、采用无缝线路，提高钢轨对地面的绝缘程度，采用绝缘扣件、绝缘垫等增加走行轨与道床之间的绝缘电阻；定期检查轨道绝缘、钢轨接触电阻和进行杂散电流监测。

(2)对金属物件采取防护措施

为了防止杂散电流对地下金属物件的损坏，地下金属物应尽量远离走行轨；隧道中的金属管线应以绝缘方式敷设。

复习思考题

1. 铁路牵引供电系统由哪几部分组成？
2. 在相邻供电臂之间为什么需要设置分相区？
3. 外部电源向牵引变电所的供电方式有几种？各有什么特点？
4. 牵引变电所向接触网供电的方式有几种？各有什么优点和缺点？
5. 城市轨道交通有几种供电方式？
6. 杂散电流是怎么产生的，有什么危害？如何防护？

第三章 轨道交通信号与通信设备

铁路信号是指示列车运行和调车作业的命令，或告知行车条件、提请安全注意及指示运输设备位置等信息的提示。铁路信号设备则是用以实现或告知列车运行或调车作业条件、确定和发出铁路信号、显示运输设备被列车或车辆占用状况或监控列车运行安全的行车设备，包括车站联锁设备、区间闭塞设备、驼峰信号设备、机车信号设备、列车调度指挥系统、调度集中设备、列车运行控制系统等。铁路信号设备是铁路信号的载体，但铁路信号不仅可以由铁路信号设备发出，还有其他方式，例如发出手信号、听觉信号等。轨道交通信号控制系统需要稳定、通畅的通信系统的支持才能正常运作。

地铁系统行车组织方法与铁路有较大差异，采用自动列车控制 ATC 系统执行联锁、闭塞和列车运行自动控制功能，车场线路采用计算机联锁保证作业安全。

学习目标

◎ 素质目标

(1)牢固树立安全意识，充分认识利用先进设备保证运输生产安全的重要性。

(2)紧跟科技进步和技术创新在铁路运输生产作业方式和安全保障方面带来的变化，培养学生创新意识。

◎ 知识目标

(1)了解铁路信号的作用和分类，理解铁路信号与铁路信号设备概念上的不同。

(2)掌握铁路联锁和闭塞设备的作用及工作原理。

(3)了解铁路运输调度指挥系统 TDCS、分散自律调度集中系统 CTC 在铁路行车组织中发挥的作用。

(4)熟悉列车运行控制系统 CTCS 的基本组成及工作原理，充分认识现代铁路信号控制系统与传统联锁、闭塞系统在保障列车运行安全上的不同。

(5)掌握地铁自动列车控制系统 ATC 的组成及各子系统的功能，地铁列车运行控制、车辆段和停车场行车联锁设备。

◎ 能力目标

(1)能说明铁路信号系统的基本组成及其对保障行车安全发挥的作用。

(2)能列举城市轨道交通 ATC 系统相对于铁路信号系统的特点。

第一节 铁路信号设备的作用与分类

一、铁路信号设备的作用

1. 保证行车安全

铁路信号设备采用技术手段消除不安全因素，避免人为因素的干扰，保证行车安全。例如，车站集中联锁设备利用轨道电路检查车站到发线是否被列车占用，从根本上消除车站向有车线接车的可能性，并防止敌对进路建立；区间闭塞设备指示列车区间运行条件，保证列车的安全运行间隔；列车运行控制系统则监控列车运行速度，防止因司机失去警惕或误操作造成列车超速运行和冒进信号，保证列车运行安全。

2. 提高区间和车站通过能力

铁路信号设备采用自动控制和信息技术，使行车工作自动化、信息化程度得以提高，从而提升铁路的通过能力。例如，三显示和四显示自动闭塞依据轨道电路判断闭塞分区的占用情况，自动办理列车闭塞，实现列车追踪运行，可极大提高区间通过能力；移动自动闭塞进一步缩短了列车的追踪间隔；自动化驼峰信号设备，采用驼峰自动集中排布车组溜放进路，利用自动测重、测速和测距设备的检测数据控制推峰速度及溜行车组的制动能高，可有效地提高车站的解体能力。

3. 监控区间和车站的列车和调车作业

铁路信号系统可以为铁路运营管理和调度指挥人员提供行车设备占用实况的显示，对于工作人员掌握运输生产情况，保证作业安全发挥了重要作用。

二、铁路信号的分类

铁路信号分为视觉信号和听觉信号两类。

（一）视觉信号

视觉信号是以物体的颜色、形状、位置、显示数量及灯光开闭状态等表达的信号，如信号机、信号表示器、信号标志、信号旗、信号灯、火炬等显示的信号都属于视觉信号。

视觉信号的基本颜色为红、黄、绿三色：红色表示停车，黄色为注意或减速运行，绿色指示列车按规定速度行驶；辅助颜色为蓝、月白和紫色：调车信号机蓝色禁止越过该信号机调车，月白色表示可以越过，道岔表示器的紫色灯光表示道岔开通直向。

视觉信号又分为固定信号、移动信号和手信号。

1. 固定信号

固定信号是设置在固定地点的铁路信号设备（包括信号机、信号表示器和信号标志）所显示的信号。

(1)信号机显示的信号

信号机按类型分为色灯信号机、臂板信号机和机车信号机；按用途分为进站、出站、进路、通过、预告、接近、遮断、驼峰、驼峰辅助、复示和调车等信号机。为了保证必要的显示距离，色灯信号机一般应采用高柱色灯信号机。不办理列车通过的出站、发车进路信号机，道岔区内的调车信号机及驼峰调车场内的线束调车信号机，自动闭塞区段隧道内的通过信号机可采用矮型信号机。

①色灯信号机

色灯信号机是利用灯光的颜色、数量及亮灯状态传递行车命令的信号机。下面给出几种色灯信号机显示的含义。

a. 进站信号机

进站信号机用以防护车站安全，指示列车能否由区间进入车站及进站的线路条件，设在距进站最外方道岔尖轨尖端不小于 50 m 的地点，显示距离不少于 1 000 m，由 5 个灯位组成，可显示 7 种状态，如图 3-1-1 所示。

图 3-1-1　进站色灯信号机

例如，在三显示自动闭塞、半自动闭塞和自动站间闭塞区段：进站信号机显示一个绿色灯光，表示准许列车按规定速度经正线通过车站，出站及进路信号机在开放状态；一个绿色灯光和一个黄色灯光，表示准许列车经道岔直向位置，进入站内越过次一架已经开放的信号机准备停车；一个黄色灯光，表示准许列车经道岔直向位置，进入站内正线准备停车；一个黄色闪光和一个黄色灯光，表示准许列车经 18 号及以上道岔侧向位置，进入站内越过次一架已经开放的信号机且该信号机防护的进路经道岔直向位置或 18 号及以上道岔侧向位置；两个黄色灯光，表示准许列车经道岔侧向位置进入站内准备停车；一个红色灯光，表示不准列车越过该信号机。

b. 出站信号机

出站信号机设置在车站每一发车线警冲标内方，用以防护区间的安全，指示列车是否可以由车站进入区间。在调车场的编发线上，必要时可设线群出站信号机。

在半自动闭塞或自动站间闭塞区段：出站信号机的一个绿色灯光，表示准许列车由车站出发，如图 3-1-2 所示；两个绿色灯光，表示准许列车由车站出发，开往次要线路；一个红色灯光，不准列车越过该信号机。

在自动闭塞区段，车站进站信号机和出站信号机之间也是一个闭塞分区，称为车站闭塞分区。因此出站信号机的显示不仅表示是否允许列车出站，而且表示前方空闲的闭塞分区数。例如:在三显示自动闭塞区段,一个绿色灯光准许列车由车站出发、表示运行前方至少有两个闭塞分区空闲;而在四显示自动闭塞区段,出站信号机的一个绿色灯光则表示准许列车由车站出发、运行前方至少有三个闭塞分区空闲。

图 3-1-2 半自动闭塞或自动站间闭塞区段出站信号机

c. 进路信号机

进路信号机,包括接车进路信号机和出站进路信号机,用于指示是否允许列车从一个车场运行到另一个车场。

d. 通过信号机

通过信号机用于防护非自动闭塞区段的所间区间或自动闭塞区段的闭塞分区,如图 3-1-3 所示。

图 3-1-3 通过色灯信号机

e. 调车信号机

调车信号机用于防护调车进路,如图 3-1-4 所示:一个月白色灯光表示准许列车越过该信号机调车；一个月白色闪光灯光用于集中联锁平面溜放调车区，准许溜放调车；一个蓝色灯光，不准越过该信号机。

图 3-1-4　调车信号机

f. 驼峰信号机

驼峰信号机是编组站用于驼峰调车指示调车机车推送车列解体作业的色灯信号机，如图 3-1-5 所示。

图 3-1-5　驼峰信号机

g. 遮断信号机

遮断信号机设置在有人看守道口、桥隧建筑物及可能危及行车安全的坍方落石等防护地点不小于 50 m 处，平时灭灯不起防护作用，当遇有危及行车安全的情况时，显示一个红色灯光，表示不准许列车越过该信号机，如图 3-1-6 所示。为区别于其他信号机，遮断信号机采用方形背板，信号机柱上涂有黑白斜线。

②臂板信号机

臂板信号机利用在信号机柱上装设不同颜色和数量的长方形和鱼尾形臂板的位置和不同颜色的灯光显示指挥行车命令，如图 3-1-7 所示。臂板信号机的开闭由人工操纵、作业效率低，不利于实现行车自动化，我国国铁线路已不再使用。

图 3-1-6　遮断信号机

图 3-1-7　显示正线通过信号的进站臂板信号机

③机车信号机

机车信号机是安装在司机室内，指示列车前方运行条件的信号机，如图 3-1-8 所示。图中右侧为机车信号机，左边表示从司机窗看到的地面信号机，机车信号机复示地面信号机的显示。

图 3-1-8　机车信号机

(2)信号表示器显示的信号

信号表示器属于信号装置，装设在固定地点，因而应列入固定信号设备。信号表示器表示有关行车设备的位置或状态，为行车人员作业提供参照，包括道岔、脱轨、进路、发车、发车线路、调车及车挡表示器。

①道岔表示器

道岔表示器用于表示道岔开通的方向，装设在非集中操纵的接发车进路上的手动道岔旁，以便于扳道组和调车组人员确认进路。道岔表示器由底座、黄色鱼尾板、灯柱和表示灯组成。开通直向时，鱼尾板与线路平行，昼间无显示、夜间紫色灯光，如图 3-1-9 所示；开通侧向时，鱼尾板与线路垂直，因而昼间沿线路方向可以看到黄色鱼尾板、夜间黄色灯光，如

图 3-1-10 所示。

图 3-1-9　道岔开通直向时道岔表示器的显示

图 3-1-10　道岔开通侧向时道岔表示器的显示

在集中联锁调车区，如驼峰调车场尾部牵出线调车区，进行连续溜放的分歧道岔也应设道岔表示器，以便调车长及时掌握道岔转换、开通情况，控制车组的溜放速度。这种道岔表示器平时无显示，当进行溜放作业时，紫色灯光表示开通直向，黄色灯光表示开通侧向，如图 3-1-11所示。

图 3-1-11　集中联锁调车场道岔表示器

②脱轨表示器

脱轨器用于保护车站到发线上正在进行到达、中转或出发作业的车列及其作业人员安全，在作业完成之前，禁止任何机车车辆越过脱轨器设置地点，如有机车车辆进入，在经过脱轨器时即自行脱轨。脱轨表示器显示带白边的红色长方牌及红色灯光表示线路在遮断状态，禁止机车车辆越过；带白边的绿色圆牌及月白色灯光表示脱轨器已离开轨道，线路在开通状态，机车车辆可以越过，如图 3-1-12 所示。

图 3-1-12　脱轨表示器显示表示的线路遮断或开通状态

③进路表示器

进路表示器设于出站信号机、发车进路信号机、出站兼发车进路信号机、驼峰辅助信号机，用以区分进路方向。进路表示器在其主体信号机开放时点亮，用于区别进路开通方向或双线反方向发车，不构成独立信号显示。

图 3-1-13 为出站信号机有两个发车方向时，表示左侧线路发车和右侧线路发车的进路表示器显示。进路表示器指示的出站方向可以多达 2～7 个。

图 3-1-13　进路表示器

④发车线路表示器

发车线路表示器（如图 3-1-14 所示）在线群出站信号机开放后显示一个白色灯光，表示准许该线路上的列车发车。

⑤调车表示器

调车表示器（如图 3-1-15 所示）的显示方式：向调车区方向显示一个白色灯光，表示准许机车车辆自调车区向牵出线运行；向牵出线方向显示一个白色灯光，表示准许机车车辆自牵出线向调车区运行；向牵出线方向显示两个白色灯光，表示准许机车车辆自牵出线向调车区溜放。

图 3-1-14 发车线路表示器

图 3-1-15 调车表示器

⑥车挡表示器

车挡表示器(如图 3-1-16 所示)设置在尽头线终端的车挡上,昼间一个红色方牌,夜间一个红色灯光,如图 3-1-16 所示,用于警示调车人员注意调车车列调速。为了防止车辆调速不当撞上车挡造成车辆损伤,车挡上在车钩高度可以安装缓冲装置。

(3)信号标志表示的信号

信号标志是对机车车辆起指示作用的标志,包括警冲标、站界标、预告标、引导员接车地点标、司机鸣笛标、作业标、减速地点标、补机终止推进标、机车停车位置标等。

①警冲标

警冲标设在两会合线路线间距离 4 m 处的中间,用于防止机车车辆在过岔时与邻线停留的机车车辆发生侧面冲突,如图 3-1-17 所示。在站线停留时,机车车辆必须停留在警冲标内方。

图 3-1-16 车挡表示器

图 3-1-17 警冲标

②站界标

站界标设在双线区间列车运行方向左侧最外方顺向道岔外不少于 50 m 处，或邻线进站信号机相对处，作为车站和区间的分界，如图 3-1-18 所示。

③预告标

预告标用以预告列车接近车站或线路所，以 3 块为一组，分别设在自动站间闭塞或半自动闭塞区段进站信号机外方 900 m、1 000 m 及 1 100 m 处，如图 3-1-19 所示。在设有预告信号机及自动闭塞的区段，均不设预告标。

④司机鸣笛标

司机鸣笛标设在道口、大桥、隧道及视线不良地点的前方 500～1 000 m 处，在非限鸣区域，司机见此标志须长声鸣笛；在限鸣区域内，司机见此标志应开启灯显示警设备，除遇危及行车安全等情况外，限制鸣笛，如图 3-1-20 所示。

2. 移动信号

移动信号是铁路线路发生故障及站内或区间施工期间，在禁止列车驶入或要求慢行的地段临时设置、可以随时撤除的移动式信号牌、信号灯、响墩或火炬等信号装置表示的信号。

图 3-1-18　站界标

图 3-1-19　预告标(单位:m)

图 3-1-20　司机鸣笛标

(1)停车信号

停车信号设置在故障或线路施工地点前后,以阻止列车驶入防护地点,昼间柱上一个表面有反光材料的红色方牌,夜间柱上一个红色灯光,如图 3-1-21 所示。

图 3-1-21　停车信号牌和停车信号灯

为了保证以正常速度行驶的列车能够在防护地点前安全停车,还须有专人在规定的地点向驶来列车显示停车手信号,移动停车信号牌(信号灯)和防护人员的设置方法如图 3-1-22 所示。

显示停车手信号的防护人员与施工地点之间的距离随列车运行速度而异,应不小于该线路最高速列车的紧急制动距离,见表 3-1-1。

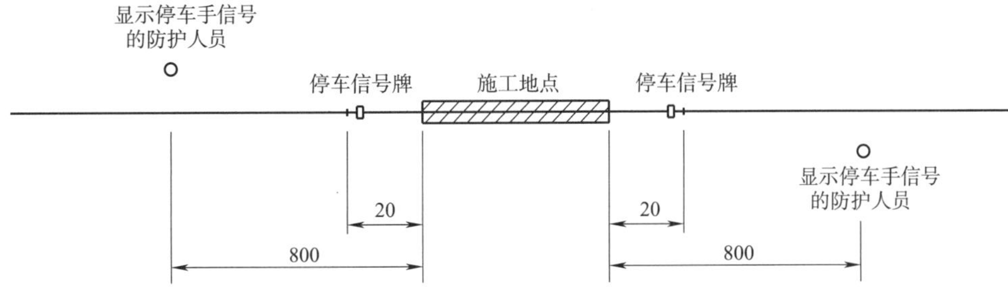

图 3-1-22 移动停车信号的防护办法(单位:m)

表 3-1-1 列车紧急制动距离限值表

列车类型	最高运行速度(km/h)	紧急制定距离限值(m)
旅客列车 (动车组列车除外)	120	800
	140	1 100
	160	1 400
特快货物班列	160	1 400
快速货物班列	120	1 100
货物列车(轴重<25 t)	90	800
	120	1 400
货物列车(轴重≥25 t)	100	1 400

双线区间一条线路施工时,另一正线应在施工地点两侧 800 m 处线路外方设作业标,如图 3-1-23 所示。作业标表示前方有施工作业,提示司机注意瞭望并长声鸣笛警示施工人员。

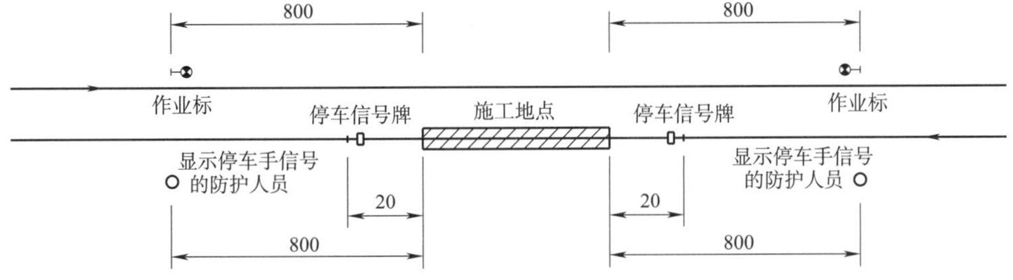

图 3-1-23 双线区间线路施工另一线使用作业标的防护办法(单位:m)

(2)减速信号

减速信号是在线路故障排除后或线路施工前、后,因线路状态低于正常运行速度的要求,而需要列车限速运行的慢行地段,由在施工线路左侧临时设置的减速信号牌(上面的数字为减速路段的限速数值)、减速地点标和减速防护地段终端信号牌发出的指示列车按限定速度通过限速区段的移动信号。减速信号牌、减速地点标(其正面表示列车限速通过地段的始点,背面表示终点)和减速防护地段终端信号牌分别如图 3-1-24、图 3-1-25、图 3-1-26 所示。在有速度高于 120 km/h 的列车开行的路段,还应设有带"T"字的移动减速信号牌(如图 3-1-24 左所示)。

图 3-1-24 带“T”字的移动减速信号牌和限速 45 km/h 的减速信号牌

图 3-1-25 减速地点标

图 3-1-26 减速防护地段终端信号牌

以单线区间为例，在区间线路上，根据线路速度等级，使用移动减速信号的办法如图 3-1-27 所示。图中 A 为不同线路允许速度的列车紧急制动距离。列车通过限速运行地段时，司机先看到线路左侧的 T 字减速信号牌，知道前方有限速运行路段，做好减速准备；接着看到减速信号牌的限速数值，采取制动措施，在到达减速地点标时把列车速度降低到限定速度以下；通过限速地段；看到线路右侧的减速地点标背面，此时列车还未整列驶出限速区段；继续限速运行，看到线路右侧减速信号牌背面的绿色圆牌，至机车越过该减速信号牌，即可按正常速度运行。

双线区间在一条线上施工，减速信号的设置办法如图 3-1-28 所示。此时，在施工正线左侧须设置背面面向来车方向的减速地点标，表示限速地段的终点，再设置减速防护终端信号牌，告诉司机限速地段已通过，可以恢复正常运行速度。在未施工的另一正线，设置作业标，提请司机注意，并警示施工人员邻线来车，注意安全。

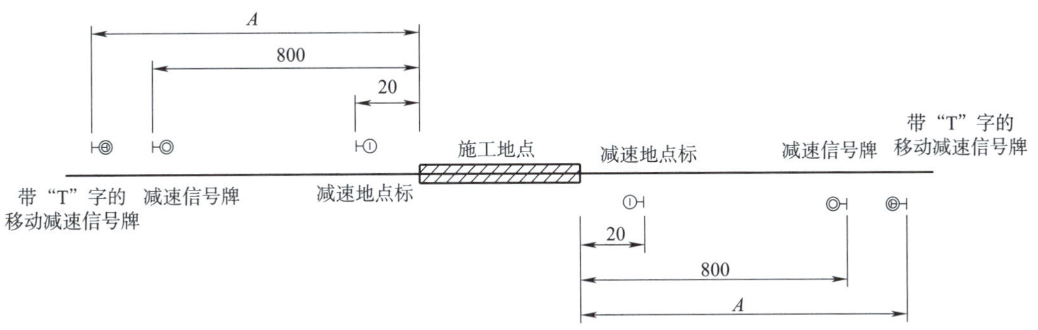

图 3-1-27 单线区间线路施工使用移动减速信号的防护办法(单位:m)

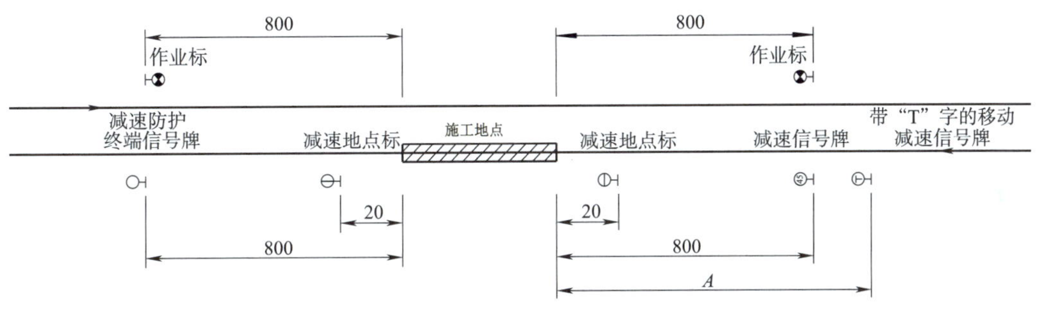

图 3-1-28 双线区间一条线路施工使用移动减速信号的防护办法(单位:m)

(3)作业标

作业标用于告知司机注意前方有施工作业地点,司机须长声鸣笛,其式样如图 3-1-29 所示。在区间线路上进行不影响行车的作业,不需要以停车信号或减速信号防护,但应在作业地点两端500～1 000 m 处列车运行方向左侧(双线在线路外侧)的路肩上设置作业标,如图 3-1-30 所示。列车接近作业标时,司机须长声鸣笛,并注意瞭望。设立作业标的目的是引起司机注意、使施工人员及机具能及时撤出线路、下道避车。作业标设置地点依据撤出施工机具和人员下道所需时间确定,所需时间较长,则设置地点应距施工地点较远。

图 3-1-29 作业标

3. 手信号

手信号是行车有关人员手持信号旗、信号灯、灯显装置或徒手显示的信号。手信号主要用于指示列车运行条件、指挥调车作业、在人工扳道条件下调车组与扳道员联系进路开通、列检组与司机联系制动机实验等信号。手信号的显示方式按《技规》规定执行,例如指示停车的手信号为昼间展开的红色信号旗,无红色信号旗时两臂高举头上急剧摇动;夜间红色灯光,无红色灯光时用白色灯光上下急剧摇动,如图 3-1-31 所示;调车手信号中,连挂信号为昼间两臂高举头上,使拢起的手信号旗杆成水平末端相接,夜间红、绿色灯光(无绿色灯光的人员,用白色灯光)交互显示数次;列检组在车站到达场、出发场或到发场办理列车到达、出发或无改编中转作业进行列车自动制动机试验时,昼间检查锤高举头上,夜间白色灯光高举,意为要求司机施加制动;昼间检查锤在下部左右摇动,夜间白色灯光在下部左右摇动,要求司机缓解;昼间检查锤做圆形转动,夜间白色灯光做圆形转动,表示实验结束。

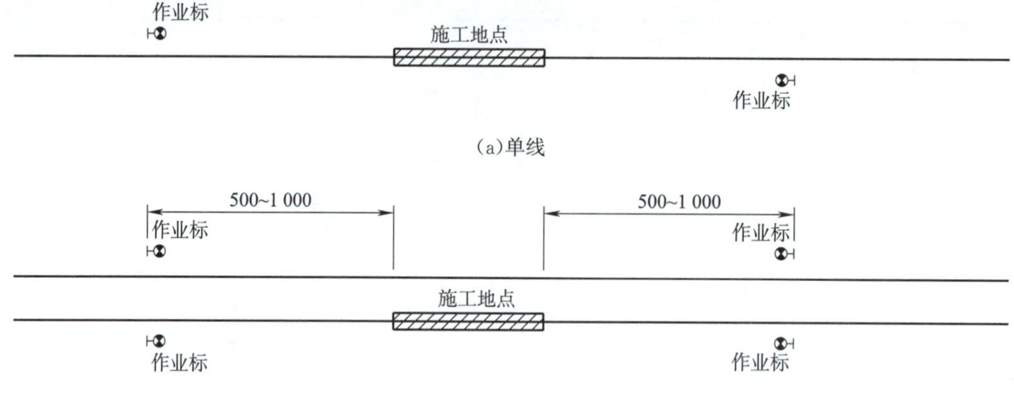

图 3-1-30　在区间线路上进行不影响行车的作业时的防护办法(单位:m)

图 3-1-31　停车手信号

（二）听觉信号

听觉信号是机车、动车组及自轮运转特种设备鸣笛发出的长短和间隔不一的声响和号角、口笛、响墩发出的声响表示的要求紧急停车、提请注意、作业联系等信号。《技规》规定：听觉信号，长声为 3 s，短声为 1 s，音响间隔为 1 s，重复鸣示时须间隔 5 s 以上。

例如，机车和自轮运转特种设备鸣笛一长声表示列车起动或机车车辆前进，或接近鸣笛标、道口、桥梁、隧道、行人、施工地点或天气不良，电力机车在检修和整备中准备降弓或升弓；二长声表示列车、机车车辆、单机开始退行；连续短声表示司机发现（或接到通知）邻线发生障碍，要求邻线列车紧急停车。列车运行监控系统发出的语音提示也属于听觉信号。

号角和口笛主要用于车站调车作业中调车组与司机、扳道员之间的作业联系，例如调车组与扳道员之间要道还道时，一短声表示开通一道，二短声表示开通二道……调车组在指挥调机连挂停留车辆时，司机鸣笛三短声、二短声和一短声分别为看到领车人员十、五、三车信号的回示信号。

响墩（如图 3-1-32 所示）用于防护在区间被迫停车的列车或必须分部运行列车遗留的车列，设置方法如图 3-1-33 所示。列车在区间被迫停车是指，因线路中断、接触网停电、动车组（电力机车）停在分相无电区、制动失效及其他机车车辆故障等原因，导致列车不能继续运行。列车在区间被迫停车后，已请求救援时，从救援列车开来方向（不明时，从列车前后两个方向）距离列车不小于 300 m 处防护；一切电话中断后发出的列车，应于停车后，立即从列车后方按线路最大速度等级规定的列车紧急制动距离位置处防护；对于邻线上妨碍行车地点，应从两个方向按线路最大速度等级规定的列车制动距离位置防护，如确知列车开来方向，仅对来车方向防护。响墩的设置方法，每组三枚，其中两枚扣在来车方向的左侧钢轨上，一枚扣在右侧钢轨上，彼此间隔 20 m。当列车从响墩上压过时，发出三声爆鸣，提醒司机前方有危险，必须立即停车。夜间在防护地点点燃红色火炬。

图 3-1-32 响墩（右为自带磁性响墩）

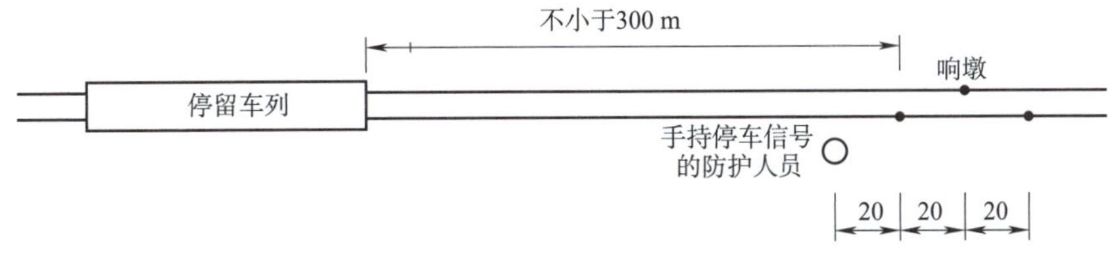

图 3-1-33 已请求救援列车的响墩防护（单位：m）

第二节　车站联锁和驼峰信号设备

铁路线路以技术站划分为区段，车站进站信号机和站界标又把区段内的线路划分为车站和区间。在单线区段，车站和区间以上、下行方向进站信号机为界，进站信号机内方为车站管辖范围，外方为区间，如图 3-2-1 所示；在双线区段，车站和区间上、下行方向各以进站信号机和站界标为界，如图 3-2-2 所示。

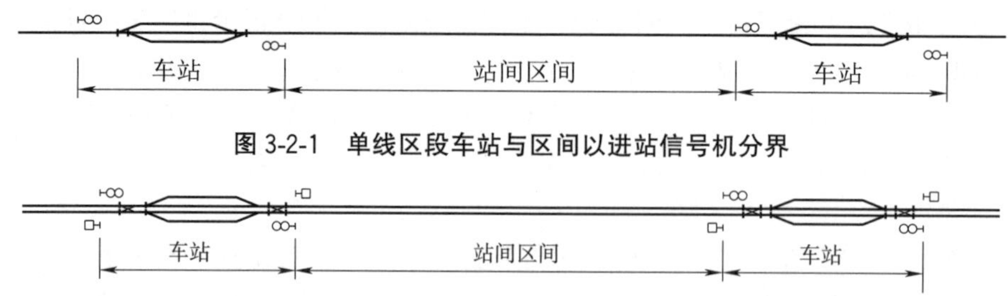

图 3-2-1　单线区段车站与区间以进站信号机分界

图 3-2-2　双线区段车站与区间上、下行分别以各方向进站信号机和站界标划分

在非自动闭塞区段，为了提高区段通过能力，在限制区间增设线路所，用通过信号机把一个较长的站间区间划分为两个所间区间，使同一时刻在同一方向的线路上可以有两列列车以所间区间为间隔运行，从而提高区段通过能力。线路所是路网上无配线的分界点，车站与线路所之间的区间称为所间区间，如图 3-2-3 所示。

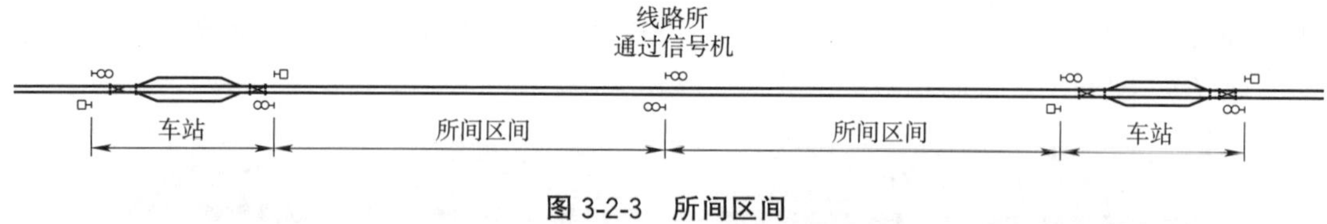

图 3-2-3　所间区间

车站内的列车运行和调车作业安全主要由车站联锁设备防护；列车在区间的运行安全由闭塞设备防护。在设立了驼峰调车设备的技术站，设立驼峰信号系统，指挥驼峰机车溜放作业、排布车组溜放进路、对溜行车组施加间隔制动和目的制动。

一、车站联锁设备

1. 列车进路和调车进路

列车到达车站、从车站出发或通过车站在站内的径路称为列车进路，包括接车进路、发车进路和通过进路。接车进路是从进站信号机至接车线的出站信号机之间的一段径路，在未设出站信号机的线路为进站信号机至接车线末端计算该线路有效长的警冲标之间的一段径路；发车进路是由列车前端至相对方向进站信号机（单线区段）或站界标（双线区段）之间的一段径路；通过进路是该列车通过线两端进站信号机（单线区段）或进站信号机至站界标（双线区段）之间的一段径路，如图 3-2-4 和图 3-2-5 所示。调车车列，包括调车机车、调机带动调车车组或溜放车组，以及动车组，在站内的径路则称为调车进路。

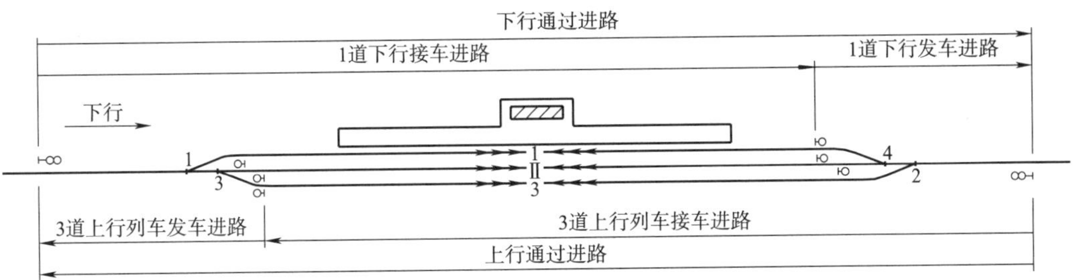

图 3-2-4　单线铁路车站列车进路

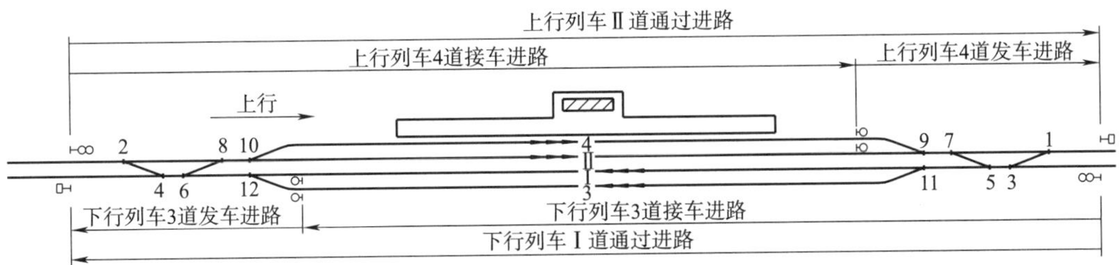

图 3-2-5　双线铁路车站列车进路

进路的建立是通过道岔位置转换排列的，每一条进路的始端都由一架信号机防护，只有当防护该进路的信号机开放时，列车或调车车列才能进入该进路。同时存在的两条进路之间包括平行进路和敌对进路两种关系。平行进路是指同时存在时不会发生冲突的两条进路，例如图 3-2-5 中的Ⅱ道上行列车通过进路和Ⅰ道下行列车通过进路；敌对进路则相反，是指两条进路有重叠或交叉的部分，因而如果同时存在会造成列车或调车车列正面、侧面或追尾冲突，例如图 3-2-4 中 1 道下行列车接车进路和 1 道上行列车接车进路、1 道上行列车接车进路和Ⅱ道下行列车通过进路。

进路上的全部道岔都处于正确位置且锁闭，进路监控设备显示进路排通的黄色光带形成，防护该进路的信号机开放，称该进路已经建立。

为保证站内行车安全，在建立任一进路时必须满足“该进路的所有敌对进路均未建立，该进路建立后，其所有的敌对进路均不能建立”的进路间逻辑关系称为联锁。用以实现车站进路之间联锁关系的设备称为联锁设备。车站行车室值班员在排布进路时，是通过在继电联锁控制台上或计算机联锁系统的计算机控制屏幕上按压（点击）进路的始端按钮和终端按钮操作的；在采用分散自律调度集中的区段，列车进路由车站自律机依据列车调度指挥系统（TDCS）发出的列车运行调整计划自动排布。

2. 车站联锁设备的作用

联锁设备是防止站内列车或调车冲突、保障站内行车安全的重要信号设备，其作用是：

（1）在无敌对进路开通的条件下，按操作人员指令排布列车或调车进路。

（2）进路排通以后，锁闭进路上的全部道岔。

（3）开放防护该进路的信号机。

（4）在已建立的进路解锁前，控制与该进路敌对的所有进路均处于不能办理的状态。

(5)在进路被占用以后，关闭防护该进路的信号机；进路经过的道岔区段出清以后，解锁出清的道岔。

3. 联锁设备的分类

联锁设备分为非集中联锁和集中联锁两大类。

非集中联锁是指在铁路车站中，道岔、信号机之间在排布进路时的相互制约关系在它们所在的位置分散实现，是集中控制程度较低的一种联锁方式。道岔由扳道员在现场道岔近旁人工扳动。当采用臂板信号机时，转换显示的信号握柄可以设于扳道房内就地操纵，也可以设于车站值班员室内集中操纵；当采用色灯信号机时，值班员通过控制台上的信号按钮集中操纵。联锁机具可以是机械锁、电锁器或继电器逻辑电路，它们分散地设置在道岔转换握柄、信号转换握柄或控制台和继电器室内。非集中联锁轨道区段是否有车占用，由作业人员观察确认。由于非集中联锁依靠人工操作，没有轨道电路，不能充分保证行车安全，在我国铁路上已经淘汰。

集中联锁包括继电联锁和计算机联锁两种。

(1)继电联锁

继电联锁又称电气集中联锁，是用继电器实现道岔、进路和信号机之间联锁关系，以电气方式集中控制和监督列车运行的联锁设备。

①继电联锁的主要设备及工作原理

继电联锁的室内设备有 6502 控制台、继电器组合架等，室外设备包括进、出站色灯信号机、调车信号机，道岔区段、到发线轨道电路和电动转辙机，其结构如图 3-2-6 所示，继电联锁控制台如图 3-2-7 所示。

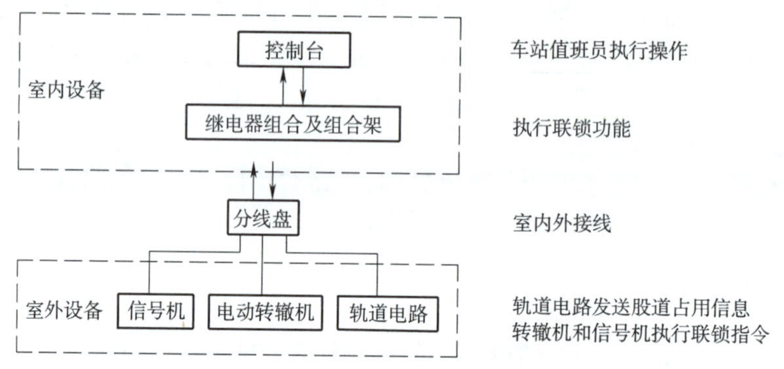

图 3-2-6　电气集中联锁设备结构图

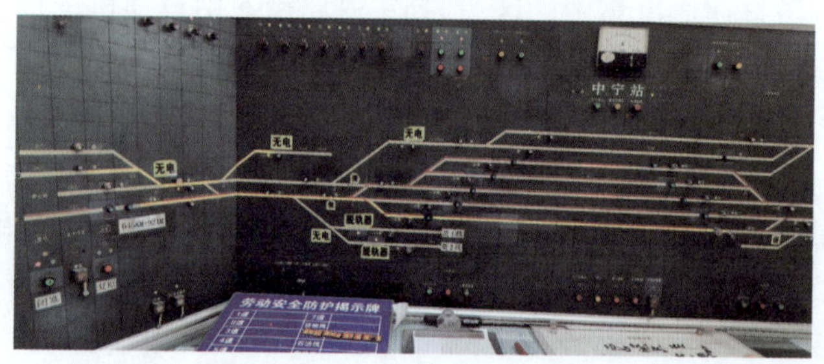

图 3-2-7　6502 控制台

轨道电路用于检查道岔区段或接发列车线路的占用情况，其原理如图 3-2-8 所示。当轨道区段的线路上无列车占用时，轨道继电器励磁，接通绿灯电路；有列车占用时，轮对短路了轨道电路，使轨道继电器失磁，衔铁落下，断开绿灯电路、接通红灯电路。电动转辙机如图 3-2-9 所示。

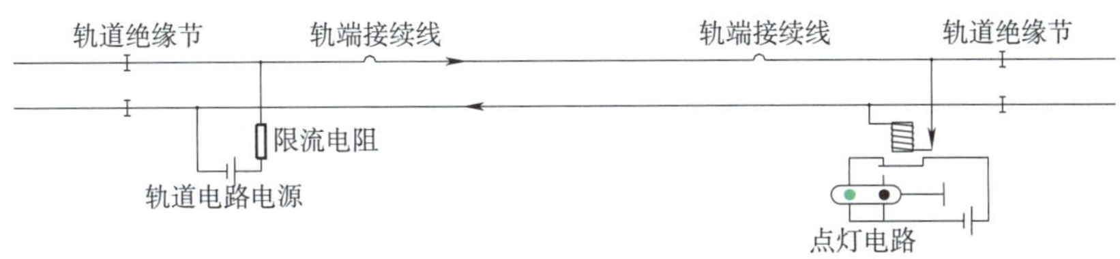

(a)轨道电路区段无车占用

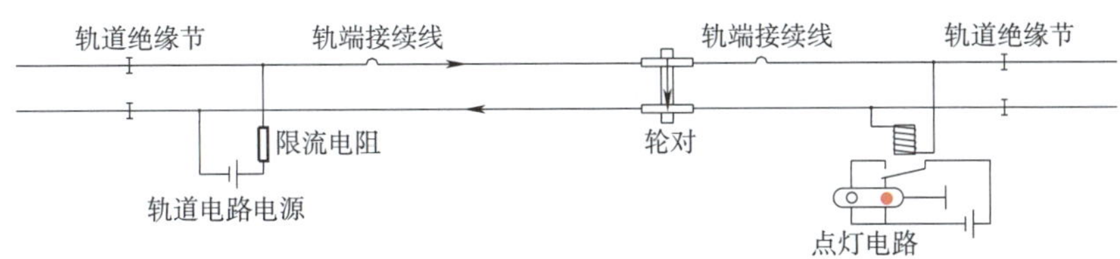

(b)轨道电路区段有车占用

图 3-2-8 轨道电路原理示意图

图 3-2-9 电动转辙机

在继电联锁车站一般设信号楼，6502 控制台安装于顶层的车站行车室，信号楼的1 层和 2 层为机械室，设置继电器组合架。车站值班员领导接发列车工作，指挥内勤助理值班员在控制台上排布进路。

②电气集中联锁办理进路的作业过程

在继电联锁控制台上，进出站信号机和调车信号机旁设置有进路排布按钮，办理列车接车进路或通过进路时只要按压进路始端按钮、终端按钮，联锁系统经判断符合进路排布条件时，即自动操纵电动转辙机转动道岔至正确位置并锁闭，控制台上黄色光带生成，表明进路已经排通，防护该进路的信号机已经开放；列车占用进路后，黄光带变为红光带，表示线路已被列车占用，道岔区段解锁。列车出发进路排通以后，控制台上显示出发进路的黄光带，列车出发越过出站信号机后变为红光带，列车整列出站，红光带熄灭，表示线路已经出空，占用的道岔已解锁。

继电联锁在办理接车进路时，利用轨道电路检查线路的占用情况，可以有效防止办理向有车线接车，从而保证行车安全；可以依据行车人员在控制台上的操作自动排布进路、开放信号，道岔区段分段解锁，提高了道岔设备利用效率。继电联锁技术成熟、设备性能稳定，得到广泛使用。但电气集中联锁需要采用大量继电器控制进路的判别、执行和解锁，设备占用空间多、维修困难；现场改扩建时，设备更新工作量大；不能与信息系统接口，作业自动化程度难以提高，已逐步淘汰、被计算机联锁代替。

(2)计算机联锁

计算机联锁是利用微型计算机和其他电子设备，对车站值班员的操作命令和进路占用情况进行逻辑判断，实现对信号机、道岔进行集中控制的车站联锁设备。

①计算机联锁的主要设备及工作原理

计算机联锁系统由硬件设备和软件设备构成。硬件设备包括上位机(监控、界面机)、联锁机、安全继电输入输出接口柜、计算机联锁专用电源屏以及现场信号机、转辙机、轨道电路等室外设备。软件系统是实现进路、信号机和道岔相互制约的核心部分，由两部分组成：一是参与联锁运算的车站数据库；二是进行联锁逻辑运算，完成联锁功能的应用程序。车站数据库包括车站联锁表、按钮进路表、车站显示数据等；应用程序由多个程序模块组成，如系统管理程序模块、信息采集及信息处理程序模块、操作命令输入及分析程序模块、选路及转岔程序模块、信号开放程序模块、解锁程序模块和站场彩色监视器显示程序模块等。

②计算机联锁的优点

计算机联锁利用计算机软件的逻辑判断发出的指令代替继电器的动作，因而设备动作速度快，可以采用双机热备、三取二、二乘二取二等多种冗余配置，可靠性、安全性高，便于系统维护，省却了大量继电器，设备占地面积小、节省基建费用，便于信息化自动化控制。

今后，车站联锁将向全电子化计算机联锁发展，进一步提高车站联锁系统的自动化、信息化水平。

二、驼峰信号设备

技术站，特别是编组站，是路网的心脏，其主要任务是解、编列车。驼峰使车辆能够利用在推送坡上获得的重力势能自动溜向调车场线路，极大地提高了车列的解体效率。自动化驼峰的信号设备包括驼峰信号机、调车信号机、驼峰道岔自动集中、溜放车组的速度控制设备等，其驼峰信号机和驼峰调车信号机的设置如图 3-2-10 所示。

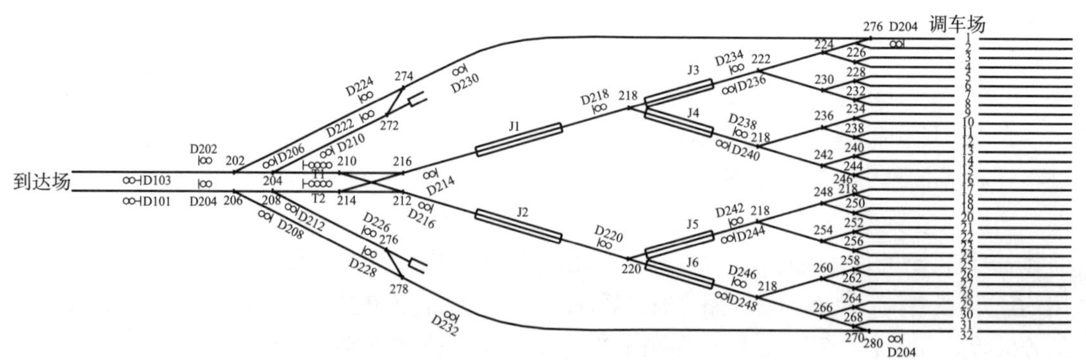

图 3-2-10　驼峰调车场信号机设置

1. 驼峰信号机和调车信号机

驼峰调车场的推送进路是调车机车将车列从到达场或牵出线推向峰顶摘钩解体的进路。驼峰机车推送车列解体的作业过程是按照驼峰信号机的显示进行的。

(1)驼峰信号机

驼峰信号机(如图 3-2-11 所示)设在峰顶推送线左侧,用以指示驼峰调车机车的解体溜放作业,显示下列信号:一个绿色灯光,表示准许机车车辆按规定速度向驼峰推进;一个绿色闪光灯光,指示机车车辆加速向驼峰推进;一个黄色闪光灯光,指示机车车辆减速向驼峰推进;一个红色灯光,表示不准机车车辆越过该信号机或指示机车车辆停止作业;一个红色闪光灯光,指示机车车辆自驼峰退回;一个月白色灯光,指示机车到峰下;一个月白色闪光灯光,指示机车车辆去禁溜线或迂回线。

图 3-2-11 驼峰信号机

(2)调车信号机

为了指示调车机车在推送线、迂回线、禁溜线和峰下线路之间作业,还需要设置峰上调车信号机和峰下调车信号机。

2. 驼峰溜放进路控制系统

车组溜放进路控制一般采用驼峰道岔自动集中控制系统。该系统接收并储存解体调车区长发送的解体调车作业计划,依据轨道电路传输的作业进度,依次输出作业计划,自动控制道岔的转换,为溜放车组排列溜放进路。

3. 溜放车组的速度控制系统

在驼峰溜放过程中,连结员在峰顶按照解体调车作业计划提钩(如图 3-2-12 所示),脱钩的溜行车组在加速坡获得较大加速度溜向调车场(如图 3-2-13 所示)。峰下道岔区设有两组车辆缓行器(如图 3-2-14 所示),对溜行车组施加间隔制动,使前后溜行车组间拉开距离,为分歧道岔的转换提供时间。

图 3-2-12 峰顶提钩溜放车组

图 3-2-13　溜行车组依靠推峰获得的重力势能溜向调车场集结线路

图 3-2-14　车辆缓行器

为了提高驼峰作业效率，溜行车组应尽量与停留在线路上的车辆连挂，以减少或消除调车场“天窗”。为此对溜行车组施加的制动称为“目的制动”。目的制动可利用在调车场内设置第三制动定位车辆缓行器及连续设置减速顶（如图 3-2-15 所示）实现。

图 3-2-15　减速顶

第三节 区间闭塞设备

为防止列车发生冲突或尾追事故，使在区间内运行的列车间始终保持一定安全间隔所采取的列车隔离方法称为行车闭塞法。实现行车闭塞法的专用信号设备称为闭塞设备。车站利用闭塞设备为列车取得进入区间凭证的作业过程称为办理闭塞。

我国普速铁路采用半自动闭塞、自动站间闭塞和自动闭塞，高速铁路采用自动闭塞和自动站间闭塞作为基本闭塞法；当基本闭塞法不能使用时，采用电话闭塞法组织行车。

一、半自动闭塞

半自动闭塞是我国单线铁路广泛采用的闭塞方式。在半自动闭塞设备条件下，列车以站间区间（或所间区间）为间隔运行，办理闭塞需要人工参与；列车出发压上出站方向轨道电路以后，出站信号机自动关闭，自动通知发车站和接车站列车已经发出；列车压上进站方向轨道电路以后，自动通知接车站接车；列车停稳或驶出车站后，人工复原闭塞机，完成本次发、接列车作业。

采用半自动闭塞时，出站信号机、进站信号机受到闭塞机和车站联锁设备的双重控制：只有在发车站闭塞机的发车表示灯显示绿灯的条件下，才可能在车站联锁设备的控制下开放出站信号机；同样，只有在发车站得到接车站同意闭塞的许可、列车已进入区间，接车站才可能开放进站信号机。因而，半自动闭塞可以保证在同一区间内同一时刻只能有一列列车运行，能有效防止对向列车冲突和同向列车追尾，从而保证列车运行安全。

1. 半自动闭塞设备

半自动闭塞系统主要包括闭塞机（区间两端车站各一台）、出站信号机、在进站信号机外方设置的一段轨道电路和进站信号机等，如图 3-3-1、图 3-3-2 和图 3-3-3 所示。

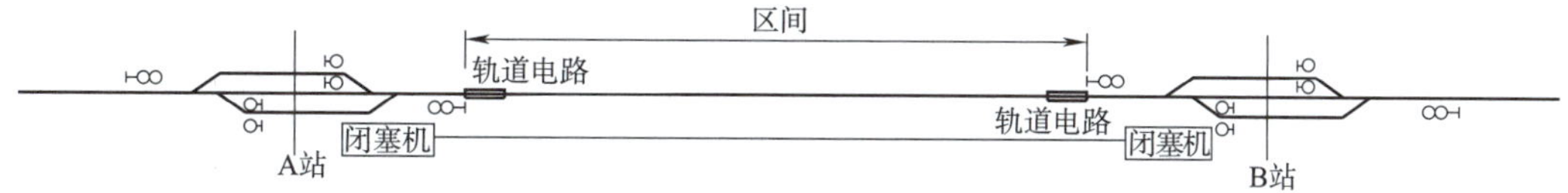

图 3-3-1 半自动闭塞设备

图 3-3-2 办理闭塞和列车进路的按钮设在同一控制台上

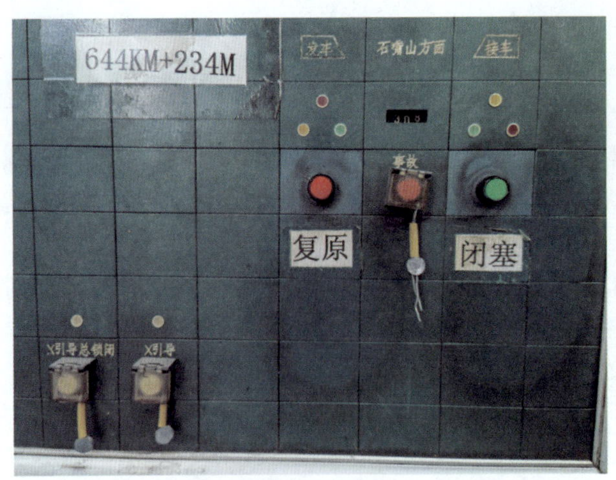

图 3-3-3　闭塞机按钮(设置位置见图 3-3-2 右下侧)

2. 半自动闭塞的办理流程

以单线半自动闭塞集中联锁区段 A 站向 B 站发车为例：

(1)A 站请求闭塞

A 站值班员使用闭塞电话向 B 站请求闭塞，点击(按)闭塞按钮，A 站闭塞铃声响、发车箭头(表示灯)亮黄灯；B 站闭塞铃声响、接车箭头(表示灯)也亮黄灯。B 站值班员同意接车时，按压 B 站闭塞按钮，B 站接车箭头(表示灯)由黄变绿；A 站闭塞铃声响、发车箭头(表示灯)也由黄变绿。

(2)A 站为出发列车准备出站进路开放出站信号

A 站值班员看到发车箭头(表示灯)变绿，即可利用车站联锁设备办理发车进路，开放出站信号机。列车从 A 站出发，计算机报点系统自动向列车调度员报点。

(3)A 站出发列车驶入 A—B 区间

列车从 A 站出发压上出站方向轨道电路后，出站信号机关闭，A 站闭塞机发车箭头(表示灯)由绿变红；相应地，B 站闭塞铃声响、接车箭头(表示灯)也由绿灯变为红灯。此时区间两端站均不能再向该区间发车。

B 站值班员接到列车出发通知后，为列车办理接车进路，开放进站停车或通过信号。如列车通过 B 站，B 站应先办理好向 C 站发车的闭塞手续。

(4)B 站接车

列车即将到站，压上 B 站进站方向轨道电路时，B 站接车表示灯和发车表示灯均亮红灯，表示列车到达，B 站外勤助理值班员出来接车。

(5)B 站值班员办理闭塞机复原

B 站值班员确认列车完整到达停妥或通过车站后，按压(或拔出)闭塞按钮，B 站接车和发车表示灯灭灯，A 站闭塞机铃响，发车表示灯灭灯，闭塞机复原。

只有在闭塞机复原(即区间空闲)的条件下，两站才可以为下一趟列车办理闭塞，这样就保证了在同一时刻、同一区间内只能有一趟列车运行。利用半自动闭塞设备办理闭塞，需要人工的参与，列车占用区间的监测是自动的，所以称为半自动闭塞。

3. 半自动闭塞设备的特点及适用条件

半自动闭塞使在区段内运行的列车之间以站间区间或所间区间为间隔运行，可以有效防止列车在区间发生冲突；但办理闭塞过程需要人工干预，自动化程度较低，还由于区间内只在出站和进站方向铺设了一段轨道电路，不能对整个区段的线路状况进行监控。这种闭塞方式适用于单线区段和运量不大的双线区段。

二、自动站间闭塞

自动站间闭塞在半自动闭塞的基础上增设了计轴器（如图 3-3-4 所示）或长轨道电路，用于监测区间是否空闲。当列车进入区间时，计轴设备设置在区间发车端的计轴磁头记录进入区间列车的轴数；列车驶出区间时，接车端的计轴器记录离开区间的轴数。当记录的进入区间轴数和离开区间轴数一致时，即可确认列车已整列到达、区间空闲，自动站间闭塞系统自动开通区间；不一致时，即判定区间仍被占用，不能解除闭塞。区间长轨道电路包括上、下行接近区段轨道电路和区段中间轨道电路，三部分轨道电路都空闲时，车站可以排列进路、开放出站信号，自动完成闭塞。

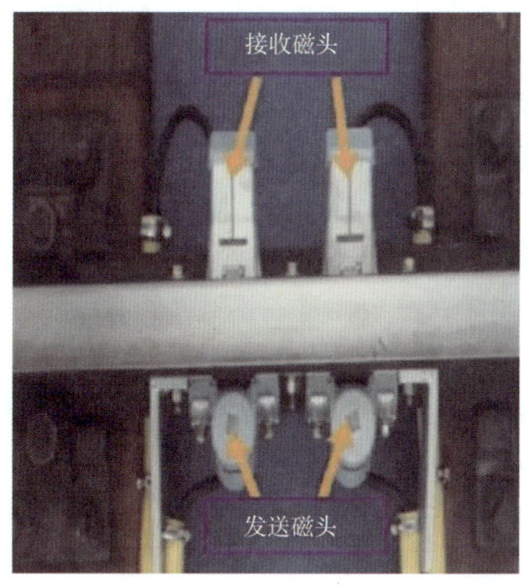

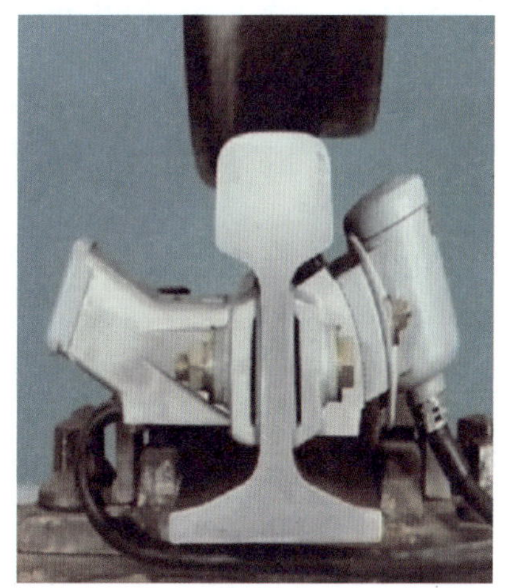

图 3-3-4　计轴器

1. 自动站间闭塞的特点

与半自动闭塞相比，采用自动站间闭塞时，列车同样是以站间或所间区间为间隔运行，但系统自动检查区间空闲，发车站在办理列车出发进路时，系统即自动构成站间闭塞，列车整列到达接车站后，闭塞自动解除。

2. 自动站间闭塞的适用条件

自动站间闭塞自动化程度和作业效率高于半自动闭塞，适用于单线区段和运量不大的双线区段。

三、自动闭塞

自动闭塞由运行中的列车自动完成闭塞任务，一般在双线区段采用，又分为固定自动闭塞和移动自动闭塞。在自动闭塞区段，同一方向追踪运行的两个列车之间的最小间隔时间称为追踪列车间隔时间，简称追踪间隔时间。

1. 固定自动闭塞

在固定自动闭塞区段，区间内按列车制动距离设置若干通过色灯信号机，把区间划分为闭塞分区。闭塞分区是车站出站信号机与前方通过信号机柱中心线间、或同方向相邻两通过信号机的中心线间，或通过信号机与进站信号机柱中心线间的一段线路。车站进站信号机和出站信号机中心线间的站内线路称为车站闭塞分区。每个闭塞分区内均设有轨道电路，由通过色灯信号机防护。当列车驶入闭塞分区、车轮压上该闭塞分区的轨道电路时，轨道继电器失磁，引起点灯电路的开闭动作，接通红灯电路、点亮红灯，并引起后方闭塞分区点灯电路的相应动作，依次点亮黄灯、绿灯(黄绿)……

在自动闭塞区段，由于在一个站间区间可以同时有多列列车以闭塞分区为间隔运行，从而提高了区间通过能力。固定自动闭塞有三显示自动闭塞和四显示自动闭塞两种。

(1)三显示自动闭塞

三显示自动闭塞通过色灯信号机有红、黄、绿三种显示，其含义为：一个绿色灯光，准许列车按规定速度运行，表示运行前方至少有两个闭塞分区空闲；一个黄色灯光，要求列车注意运行，表示运行前方有一个闭塞分区空闲；一个红色灯光，列车应在该信号机前停车。三显示自动闭塞分区的长度应保证列车在越过显示黄灯的通过信号机时开始减速能够运行至显示红灯的次一信号机前停车，因此每个闭塞分区的长度均应大于列车制动距离，一般不小于 1 200 m。

为了使列车始终能以正常速度运行，而不至在运行过程中因看到黄灯不得不减速或看到红灯而制动停车，应保证列车在绿灯下运行，因而在三显示条件下，列车追踪间隔按间隔三个闭塞分区计算(如图 3-3-5 所示)，再按列车从车站出发条件、前行列车到站停车条件和前后两列车不停车通过车站条件检验，确定列车在本区段的追踪间隔。三显示自动闭塞适用于列车运行速度在 120 km/h 以下的普速铁路区段。

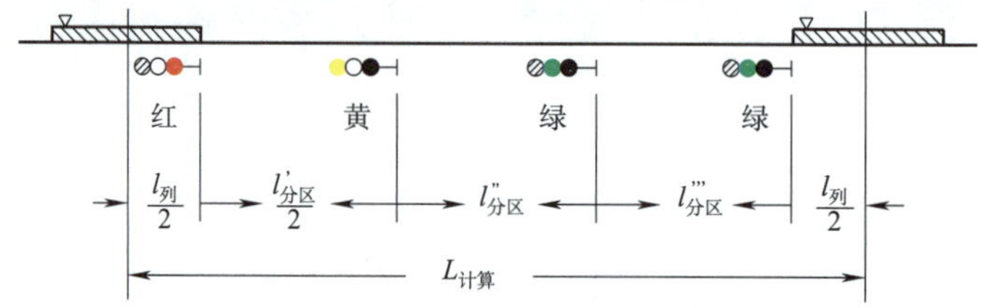

图 3-3-5　列车在绿灯下追踪运行

(2)四显示自动闭塞

我国既有铁路自 1997 年 4 月 1 日至 2006 年 4 月 18 日共进行了 6 次大提速技术改造，主要干线旅客列车的最高时速达到 160～200 km/h。列车运行速度的提高延长了制动距离：当列车速度为 120 km/h 时，紧急制动距离为 800 m；140 km/h 时，紧急制动距离为 1 100 m；160 km/h 时，紧急制动距离为 1 400 m；200 km/h 时，紧急制动距离为 2 000 m。三显示闭塞分区的长度不能满足快速列车的制动需要。要继续使用三显示自动闭塞，就必须对信号系统进行彻底改建，把闭塞分区的长度延长到 2 000 m 或更长，这样做满足了快速列车的安全制动需要，但改建投资大，降低了区段通过能力，在改建期间会较大地影响运输生产，且延长闭塞分区长度只是部分列车的需要，大多数列车仍可以在一个闭塞分区内安全停车。四显示自动闭塞可以经济、便捷地解决这一问题。

四显示自动闭塞系统在三显示的基础上增加了绿黄信号，采用绿(运行信号)、绿黄(警惕信号)、黄(减速信号)、红(停车信号)四种信号指示列车运行条件，如图 3-3-6 所示。

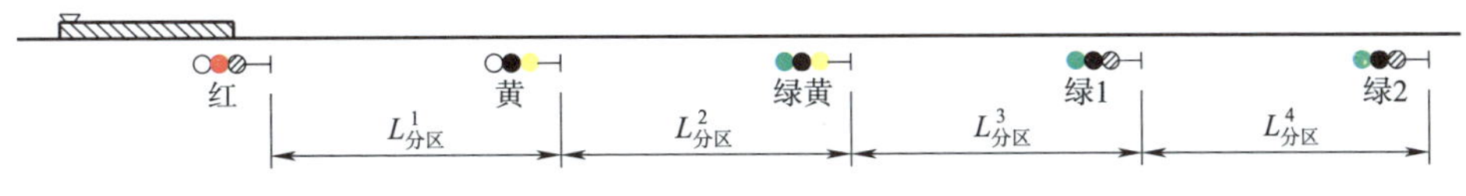

图 3-3-6　四显示自动闭塞系统

四显示自动闭塞系统要求制动距离超过一个闭塞分区长度的速度较高的列车在全速通过绿 1 信号机后以常用制动的方式开始减速，以规定的速度通过黄绿灯和黄灯信号，并保证列车能够在红灯信号机前停车。能在一个闭塞分区内停车的普速列车遇绿黄灯信号时不减速，仍按三显示自动闭塞绿灯的要求运行。

四显示自动闭塞通过信号机四种显示的含义为：

一个绿色灯光，表示准许列车按规定速度运行，运行前方至少有 3 个闭塞分区空闲；一个绿色灯光和一个黄色灯光，表示准许列车按规定速度运行，要求注意准备减速，运行前方有 2 个闭塞分区空闲；一个黄色灯光，表示要求列车注意运行，按限速要求越过该信号机，运行前方有一个闭塞分区空闲；一个红色灯光，表示列车应在该信号机前停车。

固定自动闭塞以通过色灯信号机把站间区间划分为若干闭塞分区，因而闭塞分区的起点和终点是固定的，所以称为固定自动闭塞。在固定自动闭塞区段，同一站间区间的一条正线上可以同时被两列及以上同向列车占用，比半自动闭塞和自动站间闭塞较大地提高了区间通过能力；由于不需要人工办理闭塞手续，提高了行车组织的自动化程度，也减轻了车站值班员的劳动强度。

我国青藏铁路格拉段采用虚拟自动闭塞。虚拟自动闭塞不设区间通过色灯信号机，但在存储于地面闭塞中心的数据库中将区间划分为若干闭塞分区，依靠无线通信系统确定列车的实际位置并通过地—车信息传输系统报告地面闭塞中心，由地面闭塞中心按照固定自动闭塞的方式确定虚拟通过色灯信号机的显示发送给机车主体信号，以此控制列车运行。因此，虚拟自动闭塞也属于固定自动闭塞。

在客运专线上，当列车速度进一步提高、制动距离超过两个闭塞分区的长度时，采用列车运行控制系统，实施分级速度控制或目标速度-距离控制模式，使追踪运行的前、后两列车保持安全间隔。

2. 移动自动闭塞

移动自动闭塞是以前行列车尾部或车站进、出站信号机为目标点，利用无线通信和自动控制技术，依据地面线路参数、列车运行速度及车站进路条件，计算列车运行速度控制模式曲线，据以监控列车运行的自动闭塞系统。当列车运行速度达到 300 km/h 及以上时，大约每 10 s 就要经过一个通过色灯信号机，极易引起视觉疲劳，所以区间内的通过色灯信号机已失去设置的意义;列车的制动距离大约在 4 000 m 以上,人工驾驶难以保证行车安全。因而在移动自动闭塞区段:区间内不设通过色灯信号机,以机车信号为主体信号;列车的追踪目标点为不断移动的前行列车的尾部或车站进站、出站信号机;配备列车运行控制系统自动防止列车超速运行和冒进信号。

双线自动闭塞区段一般具备正方向自动闭塞、反方向自动站间闭塞的功能。双线自动闭塞可以实现较大的行车密度和运行速度,适用于行车密度很大的双线区段。

四、电话闭塞

电话闭塞是当基本闭塞法不能使用时根据列车调度员的命令所采用的临时代用闭塞法。使用电话闭塞法行车时,没有闭塞设备的安全保障,依靠区间两端车站值班员之间的电话联系办理闭塞行车。

1. 电话闭塞法的适用条件

《技规》规定,遇下列情况,应停止使用基本闭塞法,改用电话闭塞:

(1)基本闭塞设备发生故障导致基本闭塞法不能使用、自动闭塞区间内两架及以上通过信号机故障或灯光熄灭时。

(2)无双向闭塞设备的双线区间反方向发车或改按单线行车时。

(3)发出由区间返回的列车,或发出挂有由区间返回后部补机的列车时。

(4)自动站间闭塞、半自动闭塞区间,由未设出站信号机的线路上发车,或超长列车头部越过出站信号机并压上轨道电路发车时。

(5)在夜间或遇降雾、暴风雨雪,为消除线路故障或执行特殊任务,开行轻型车辆时。

自动站间闭塞设备故障,半自动闭塞设备良好时,可根据调度命令改按半自动闭塞法行车。

当发生上述情况,车站值班员认为需要停止使用基本闭塞法、改用电话闭塞法行车时,应认真核对、确认,并及时报告列车调度员,按列车调度员的命令办理。

为了减少突发事件对列车运行的影响,遇列车调度员电话不通时,闭塞法的变更或恢复,由该区间两端的车站值班员确认区间空闲后,直接以电话记录办理。列车调度电话恢复正常时,两端站车站值班员应及时向列车调度员报告。

2. 电话闭塞法行车时列车占用区间的行车凭证

使用电话闭塞法行车时,不论单线、双线均按站(所)间区间办理,列车占用区间的行车凭证是路票。当挂有由区间返回的后部补机时,另发给补机司机路票副页(格式与路票相同,仅在右上方加盖副字戳记)。

路票为预先印好区间两端站名和编号的硬卡片,如图 3-3-7 所示。填发路票时,车站须填写邻站同意接车的电话记录号码和列车车次,并加盖车站印章。双线反方向行车使用路票时,应在路票上加盖“反方向行车”章;两线、多线区间使用路票时,应在路票上加盖“××线行车”章。

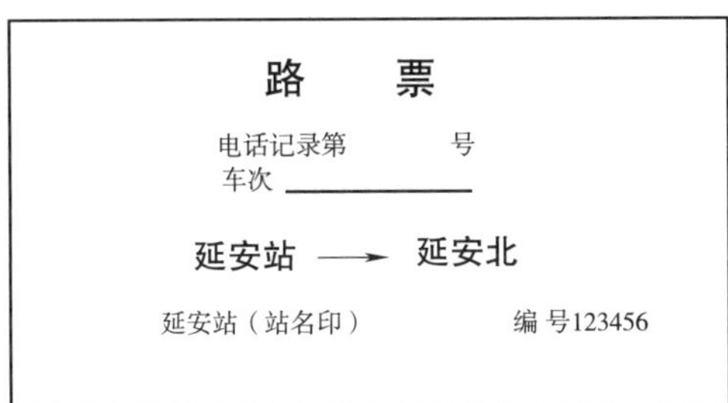
路票
电话记录第　　号
车次
延安站 ——→ 延安北
延安站（站名印）　　编号123456

图 3-3-7　路票

注：1. 路票为预先印好区间(即站名)和编号的硬卡片，(规格 75 mm×88 mm)

2. 加盖㊖字戳记者，为路票副页。

单线或双线反方向发车(正方向首列发车)时，根据行车日志查明区间已空闲，并取得接车站承认的电话记录号码，在发车进路准备妥当后，方可填发路票；双线正方向发车(首列除外)时，根据收到的前次发出的列车到达的电话记录号码，在发车进路准备妥当后，即可填发路票。

路票应由车站值班员或指定的助理值班员填写。车站值班员将填写完毕的路票交给司机前，应再次确认，同时与助理值班员等作业人员相互核对检查，共同确认无误并加盖站名印后，方可交给司机或加入自动授受机。

3. 办理电话闭塞时，应记入电话记录登记簿的事项

电话闭塞是依靠区间两端站值班员人工判断区间空闲，以电话联络方式办理闭塞手续的。这种方法缺乏闭塞设备的安全保证，需要格外小心谨慎。为了便于确认区间占用情况和明确责任，在办理电话闭塞时，下列事项应发出电话记录号码，并记入行车日志：

(1)承认闭塞。

(2)列车到达，补机返回。

(3)取消闭塞。

(4)单线或双线反方向越出站界调车。

电话记录号码自每日 0 时起至 24 时止，按日循环编号，编号办法由铁路局规定。例如，向本站下行方向邻站发出电话记录号码用连续单数(1、3、5、7…)；向上行方向邻站用连续双数(2、4、6、8…)。电话记录号码不得使用重号。收发电话记录，应由车站值班员亲自办理、登记签名。

4. 检查进路空闲和准备进路

采用电话闭塞法行车时：如车站联锁设备正常，应利用车站联锁设备检查进路的空闲状态，排布、锁闭和监控列车进路；在无联锁设备或联锁设备失效的线路，指定胜任人员担任扳道员和引导员人工办理和确认进路。

(1)检查接车线路空闲

昼间由车站外勤助理值班员与两端扳道员(长)现场目视检查，分别向车站值班员汇报；夜间由车站外勤助理值班员与两端扳道员(长)站在接车线路中心以手信号灯(白色灯光显示股道号码信号，然后在下部左右大幅度摇动)对道检查，检查完成后分别向值班员汇报；天

气不良或接车线为曲线时，由车站助理值班员与两端扳道员（长）相对方向检查，确认空闲后分别汇报。

（2）准备列车进路

扳道员按照车站值班员指示准备进路，并将进路上无联锁的对向道岔及邻线上的防护道岔加锁。

（3）进路确认

车站应设专职进路检查员，确认接发列车进路正确，检查进路上规定加锁道岔加锁正确后，向值班员汇报。

因列车停靠位置受地形、地物影响，助理值班员发车前执行与扳道员（长）对道制度有困难时，可直接在室内听取进路检查员关于“进路确认好（了）”的汇报后，方可向司机递交行车凭证发车。

5. 电话闭塞法行车的作业程序

发车站在办理闭塞前，应先确认区间已空闲，再用电话向接车站请求闭塞，在接到接车站发出的同意接车的电话记录并登记于行车日志以后，才算确定了区间闭塞。发车站也只有在收到接车站发来的列车到达的电话记录并登记后，方能确定区间已空闲。

（1）单线或双线反方向行车时

①发车站以电话请求闭塞。

②接车站同意接车时，拟出承认闭塞的电话记录号码，向发车站答复，并将闭塞时间记入行车日志，同时在闭塞电话附近揭挂“区间闭塞”表示牌。

③发车站将接车站承认闭塞的电话记录号码和时间记入行车日志，同时在闭塞电话附近揭挂“区间闭塞”表示牌。

④据电话记录号码填写路票。经检查列车出发进路空闲、正确，路票填写无误后加盖站名印章，交给司机。列车出发后，通知接车站并向列车调度员报点，将开车时刻记入行车日志。

⑤接车站采用引导接车方法接车，在列车全部到达后，拟出列车到达的电话记录号码，通知发车站，将收到的路票划“×”注销，并将表示牌翻为“区间开通”，但接入挂有由区间返回的后部补机的列车时，接车站在收到发车站后部补机已返回的电话记录后才能将表示牌翻为“区间开通”。

⑥发车站将接车站发来的列车到达电话记录号码登记后，将表示牌翻为“区间开通”，据以明确区间空闲。同样，当发出挂有由区间返回的后部补机的列车时，发车站必须在收到接车站列车到达的电话记录号码和后部补机返回后才能将表示牌翻为“区间开通”。

（2）双线正方向行车时

发出的第一列车须取得接车站承认，以接车站承认闭塞的电话记录号码填写路票；其后的列车出发时，发车站只要收到前次发出的列车到达邻站的记录，确认区间已经空闲，即可向区间发出列车，不需要取得接车站的同意，按收到前次发出的列车到达邻站的电话记录号码填记路票。

6. 恢复基本闭塞

当基本闭塞设备修复、销记或可以使用时，车站值班员应立即报告列车调度员，取得列车调度员的命令，及时恢复基本闭塞法行车。

第四节 铁路列车调度指挥系统和分散自律调度集中系统

一、列车调度指挥系统

列车调度指挥系统(Train operation Dispatching Command System,TDCS)是一个覆盖全路的铁路运输调度指挥系统。该系统从20世纪90年代初开始开发,2003年11月兰州铁路局率先建成覆盖全局的调度管理信息系统(Dispatching Management Information System,DMIS),开通了青藏线西哈段DMIS加CTC调度集中,在西宁铁路分局实现了铁路运输管理信息系统(Transportation Management Information System ,TMIS)与DMIS结合,建成运输综合调度指挥管理系统。2008年底,我国建成了覆盖铁道部、18个铁路局的TDCS系统,实现了列车运行阶段计划自动编制、实时监控、动态调整、绘制实绩运行图,调度命令自动下达,实现局间分界站交接列车数、列车运行正点率、早晚点原因分析及重点列车跟踪等功能。

TDCS建立了国铁集团调度指挥中心、铁路局集团公司调度所和车站基层调度指挥网三层网络体系结构,其整体结构如图3-4-1所示。

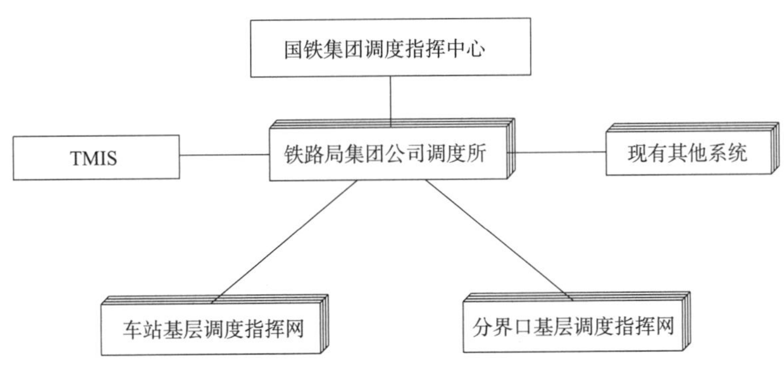

图3-4-1 TDCS系统结构图

国铁集团调度指挥中心TDCS以调度指挥中心大楼为主体,构成一个为调度指挥服务的局域网,通过专线通道、数据网链路、路由器与18个铁路局集团公司调度指挥中心远程连接,进行数据交换,国铁集团调度指挥中心能获得各局间分界站、重要铁路枢纽及主要干线运输状况。

铁路局集团公司调度指挥中心建有铁路局集团公司调度指挥中心局域网,通过专线通道、数据网链路、路由器与国铁集团、相邻铁路局集团公司调度指挥中心远程连接,进行数据交换,铁路局集团公司可以在TDCS基础上,发展调度集中CTC,实现列车进路的自动控制。

最下层的TDCS基层网是车站行车调度指挥系统。

全路TDCS系统的建成和随之建成的铁路信息传输网为实施CTC系统提供了重要基础。

二、调度集中

调度集中(Centralized Traffic Control,CTC)是将调度区段内车站联锁和区间闭塞功能合为一体,由列车调度员实施集中控制,直接指挥和统一管埋调度区段列车运行的遥信、遥控系统。“遥信”是指车站进路的排布及占用状况、区间占用状态通过信息传输网自动传输至控制中心,为调度员提供实时列车运行监督条件;“遥控”是指列车调度员在控制中心可以直接进行区段内各站接发列车进路的远程控制。

1963 年我国铁路第一个 CTC 系统在 91 km 的宝成线宝鸡—凤州单线区段上开通使用。系统的监控界面包含该调度区段内各站接发列车线路和区间线路,从该界面列车调度员可以一目了然地看到调度区段内各次列车的运行状况,车站到发线和区间的占用状况及车次,由列车调度员直接排布各站列车进路。由于我国铁路区段各中间站均有摘挂列车的调车作业,传统的调度集中系统只负责列车的集中指挥与控制,只要车站进行调车作业就要将进路控制权下放到车站,在使用过程中需要频繁地在调度所和车站之间转移进路控制权,因而没有得到广泛应用。

2003 年,铁道部制定了《分散自律调度集中系统技术条件(暂行)》,并组织技术攻关,开发属于中国铁路的分散自律 CTC 调度集中系统。2003 年底具有我国自主知识产权的分散自律调度集中系统在青藏线西宁—哈尔盖段首先使用,2007 年在我国铁路第六次大提速中得到推广。现在,分散自律调度集中已经成为我国铁路客运专线的标配信号系统。

1. 系统组成

分散自律调度集中系统在网络环境下工作,其网络包括 CTC 中心局域网、车站局域网和系统广域网。

(1)铁路局集团公司 CTC 中心子系统

CTC 中心一般设在铁路局集团公司调度所,控制中心的设备包括服务器、工作站及网络通信设备等。服务器采用具有强大的处理能力,稳定性、可靠性、安全性和可扩展性优越的高性能计算机,可以在网络应用中多用户多任务环境下不间断运行。工作站采用高档微机,通常配有高分辨率大屏幕显示器和海量内、外存储器。

CTC 中心的各类服务器分工明确,包括数据库服务器、通信前置服务器、GSM-R 接口服务器、CTC/TDCS 接口服务器和应用服务器;工作站包括设在 CTC 中心的网管工作站、系统维护工作站,及设在调度台的列调工作站、助调工作站、综合维修调度工作站和值班主任工作站。

(2)车站子系统

车站子系统主要由分设在信号机械室和车站运转室的车站自律机和车务终端组成。车站子系统以两台交换机构成双局域网平台,两台自律机、两台车务终端、一台综合维修终端,车站设备通过路由器与 CTC 中心实现远程信息交换和共享。

2. 分散自律调度集中系统的功能

CTC 可以实现以下基本功能:车次号追踪及早晚点显示,列车到发点自动采集及实绩运行图自动铺画,调度命令与阶段计划下达,列车速报、甩挂车作业及站存车信息上报,邻台间信息交换及分界口信息显示;车站行车日志自动生成;列车作业和调车作业实现分散自律控制。

3. 分散自律调度集中的车站作业模式

CTC 有分散自律控制模式和非常站控模式两种行车组织方法。CTC 区段的有人值守车站设车站值班员、内勤助理值班员和外勤助理值班员、调车区长；无人站设综合维修人员，还可以在无人站附近设置应急行车人员，负责几个站在非常站控模式和各种非正常情况时的行车组织工作。

(1)分散自律控制模式

在分散自律控制模式下车站接发列车工作以列车运行调整计划自动控制为基本方式，由车站自律机依据 CTC 中心发出的列车运行调整计划，自动生成列车进路指令，通过合法性、时效性、完整性和无冲突性检查后，传送给车站联锁设备执行；列车调度员人工控制为辅助方式。

车站值班员可以通过车务终端监督列车运行，查询上一班及本班列车运行情况，本站及上下行方向各两站的列车运行计划。车务终端与列车在邻站开车、通过时，用语音向车站报点，列车接近时语音提示列车接近。车站值班员按《车站行车工作细则》(简称《站细》)规定及时通知助理值班员接车，对于在站办理客运业务的旅客列车通知客运人员立岗接车。

在无人值守车站，助理调度员通过助理工作站远程操控无人站的所有控制按钮，直接办理接发列车作业。

(2)非常站控模式

CTC 区段在正常情况下都应处于分散自律控制模式下，在下列特殊情况下应由分散自律模式转为非常站控模式，由车站利用联锁设备办理列车进路：

①CTC 设备故障。

②铁路固定设备维修、施工天窗需要转为非常站控模式。

③发生危及行车安全的情况。

④其他必须转为非常站控的特殊情况。

在各调度工作站、车务终端和车站联锁控制台上均设有 CTC 控制模式表示灯，已转为非常站控模式时显示红灯，处于分散自律模式绿灯，允许转回分散自律模式黄灯。在车站联锁控制台上设有带计数器铅封的按钮，输入密码(破封)按下按钮，即可由分散自律模式转为非常站控模式，系统同时向列车调度员报警。在调度集中设备正常、非常站控模式下的操作均已完成的条件下，允许转回分散自律表示灯黄灯点亮，可以操作非常站控按钮，转回分散自律控制模式。

无人站转为非常站控模式时，列车调度员须提前通知应急行车人员前往无人站，并发布调度命令，由指定的车站值班员进行模式转换的操作。

TDCS 和 CTC 系统在我国繁忙干线、客运专线、重载铁路以及青藏线得到广泛运用，使铁路运输调度指挥和运营管理的信息化、自动化程度和作业效率得以进一步提高。

第五节 CTCS 列车运行控制系统

列车运行控制系统是以技术设备监控列车运行间隔和速度，保证行车安全、提高运输能力的安全保障系统。系统的基本功能包括检测列车前方线路是否空闲、向司机指示列车合理的运行速度,自动实施超速报警、制动,记录列车运行实况等。

一、铁路列车运行安全控制技术的发展历程

列车运行安全是铁路与生俱来的重要课题。随着铁路运输的发展和科学技术的进步,列车运行控制系统经历了从地面人工信号、地面自动信号到列车运行监控系统和列车运行自动控制等几个发展阶段。

1. 地面人工信号阶段

铁路在车站和区间的运行安全分别由联锁设备和闭塞设备保障。在开始阶段,大量采用人工作业,缺乏安全设备的保障。例如,采用机械联锁和路签闭塞,人工判断线路是否空闲,人工扳道、人工开放列车进站、出站或通过臂板信号机,在车站值班员、扳道员失误的情况下,可能向有车线办理接车;利用路签机、路签人工办理闭塞,路签为列车占用区间的凭证,接车站值班员利用手摇发电机向发车站路签机送电后,发车站值班员才能从路签机中取出路签。路签由助理值班员交给司机,司机到达接车站后,将路签交给接车站车站值班员,车站值班员将其放回路签机后,双方车站才能取出下一个路签,以此保障列车以区间间隔运行。路签上标有区间名称和编号,可以折返使用,但不同区间的路签不能通用。列车通过车站时,司机把到达路签装入路签套,插入机车司机室车窗下的路签授受器,车站把下一区间的路签装入路签套,插入通过进路旁立柱上的路签授受器,列车通过时,车站路签授受器挂回装有交回路签的路签套,机车路签授受器接收下一区间的路签。这种作业方式效率低,安全性差。

2. 地面自动信号阶段

轨道电路、继电器、电动转辙机和色灯信号机的运用,使联锁和闭塞设备进入了地面自动信号的阶段。继电联锁、计算机联锁和自动闭塞系统的研制成功,使列车的运行安全得到了进一步的保证:系统能够自动判断车站接车线路的空闲状态,按照行车人员的指令自动排布进路、开放信号,并在适当时机自动解锁;依据列车在区间的位置,自动转换通过色灯信号机的显示,指示列车运行条件。在集中联锁和自动闭塞条件下,地面信号的显示可以准确地反映线路的占用状态和列车安全运行条件,按照地面信号的行车命令行车就可以保证列车运行安全。在这一阶段,列车由司机依据地面信号的指示驾驶,当司机失去警惕或误操作时,就可能酿成行车事故,而且地面信号受气候、地形条件以及列车运行速度持续提高的影响,难以实现全天候、连续地清晰显示。可以看出,以地面信号为主体信号和缺乏监督的列车运行控制方式明显存在安全隐患,也难以满足高速、高密度的运营需要。

3. 列车运行监控系统阶段

铁路运输生产的实践使人们认识到,为保证行车安全,必须采用技术设备对列车的运行状态和司机操作进行监控,从而诞生了列车运行监控系统。其发展的初始阶段使用的是机车信号和自动停车装置。机车信号利用车载设备接收地面设备传送的地面信号信息,在司机室内复示地面信号机显示,从而改善了司机的瞭望条件;自动停车装置在接收到地面停车信号以后触发报警,如司机在 7 s 内既未按压警惕按钮,又未采取制动措施,即自动实施紧急制动,使列车停车。这些设备对于安全运输生产发挥了重要作用。但如司机按压了警惕按

钮但未能正确地采取制动措施，自动停车装置就不会施加干预，从而还可能酿成事故，此外自动停车装置也不具备监控列车超速的功能。

20 世纪 60 年代开启的世界高速铁路时代，使列车最高运营速度提高到 200 km/h 以上，出现了不同速度等级的铁路线路，保证列车高速运行的安全，对铁路信号设备的性能是一个新的挑战。列车超速防护系统（Automatic Train Protection，ATP）逐步发展起来。列车运行超速防护系统由地面设备和车载设备组成。地面设备向车载设备发送线路参数、前方空闲闭塞分区数量、列车进路、临时限速等信息，车载设备依据接收的信息和自车速度传感器测出的运行速度，计算出列车运行速度控制模式曲线，监控列车运行，以列车运行速度与速度监控模式曲线的不同差值，做出向司机预警、自动采取常用制动或紧急制动等调速措施，以保证行车安全。

4. 列车运行自动控制阶段

当前，列车运行监控正向列车自动驾驶系统（Automatic Train Operation，ATO）的方向发展：高速列车实现无人驾驶，列车由 ATO 系统按照列车运行计划，自动起动、加速、惰行、制动，正点到站对标停车，开启和关闭车门，达到列车运行安全、正点、高效和节能的目的。

二、中国列车运行控制系统 CTCS

1997 年 4 月 1 日至 2007 年 4 月 18 日 10 年间，我国铁路连续进行了六次大提速技术改造，拉开了我国发展高速铁路的序幕。此后，高速铁路网在祖国大地迅速扩展，中国铁路进入了高速时代。列车运行速度的提高，要求必须采用列车超速防护系统确保行车安全。2003 年 10 月铁道部制定了《中国列车控制系统（CTCS）技术规范总则（暂行）》，并组织开发。中国列车运行控制系统（Chinese Train Control System，CTCS）分为 5 个运用等级，满足控制不同时速列车的要求。

1. CTCS-0 级

CTCS-0 级用于速度在 120 km/h 以下的既有铁路，列车运行以地面信号为主，由通用机车信号和列车运行监控记录装置构成。

2. CTCS-1 级

CTCS-1 级列车运行控制系统用于 160 km/h 以下的区段，由机车主体信号和加强型列车运行监控记录装置 LKJ2000 组成。为防止列车冒进信号和超速运行，LKJ 需要获取前方目标速度、线路参数和临时限速要求以及列车当前实际运行速度等信息，并据此进行牵引计算，得出列车速度控制模式曲线，对照列车实际速度做出发出减速警示信息、施加常用制动或紧急制动措施。

LKJ 依据机车信号确定前方目标点的列车速度限制，例如机车信号半红半黄，表示前方信号机处于关闭状态，列车应在信号机前停车；线路技术参数及临时限速信息是司机出乘接收牵引任务及相关调度命令时在 IC 卡上储存的，司机将 IC 卡插入 LKJ 屏幕显示器的卡座内，系统即可读取线路技术参数及列车运行各路段的限速值；列车自身速度由机车轴端安装的速度传感器测得。机车上安装了 LKJ2000 以后，列车的运行安全比只安装列车自动停车装置得到了进一步的保障。

3. CTCS-2 级

CTCS-2 级列车运行控制系统面向提速干线和高速新线，由地面设备和车载设备组成。其地面设备包括车站列控中心(station Train Control Center，TCC)、轨道电路、轨旁电子单元(Lineside Electronic Unit，LEU)和有源应答器、无源应答器。

列控中心从 TDCS/CTC 车站分机、轨道电路、联锁设备接收列车进路、临时限速等信息，向 LEU 发送，通过 LEU 传输给有源应答器。无源应答器存储线路参数、精确定位等信息。应答器被车载应答器传输模块(Balise Transmission Module，BTM)激活后开始工作，向列车发送固定和可变信息。列控中心收到 TDCS/CTC 车站分机前方临时限速信息时，经计算列车需要减速通过车站时，向车站联锁系统发出进站信号机降级显示指令。

CTCS-2 车载系统由车载安全计算机(Vital Computer，VC)、轨道信息接收单元(Specific Transmission Module，STM)及接收天线、应答器信息接收单元 BTM 及接收天线、AG43E 型速度传感器、继电器逻辑单元(Relay Logic Unit，RLU)、人机界面(Driver Machine Interface，DMI)和记录单元(Data Record Unit，DRU)七部分组成。VC 通过 STM 和 BTM 从轨道电路和地面应答器接收列车进路、线路参数和临时限速等外部信息，从车载速度传感器接受列车运行速度信息；经牵引计算，生成列车运行速度控制模式曲线，并与列车实际运行速度相对照，相应作出由司机正常驾驶、发出超速警示、通过继电器逻辑单元(RLU)向列车制动系统发出施加常用制动或紧急制动的指令，以保证列车不超速、不冒进信号，达到安全行驶的目的。RLU 又称为列车接口单元(Train Interface Unit，TIU)或制动接口单元，VC 发出的制动指令通过 RLU 控制列车制动系统的动作。DMI 以图形、文字、语音和声响向司机显示列车速度、线路状况等信息，司机可以进行相应的操作。DRU 记录列车运行的各种信息、司机操作，可用作事后分析的资料。

4. CTCS-3 级

CTCS-3 级适用于 300～350 km/h 的高速铁路，可以实现 3 min 追踪间隔。CTCS-3 地面设备由无线闭塞中心(Radio Block Center，RBC)、ZPW-2000 轨道电路、轨旁电子单元(LEU)、应答器和 GSM-R 通信接口设备等组成；车载设备由安全计算机(VC)、轨道电路信息传输模块(STM)、应答器信息传输模块(BTM)、记录单元(DRU)列车接口单元(TIU)和人机界面(DMI)等组成。

RBC 根据轨道电路、联锁设备提供的区间、进路信息生成行车许可，通过 GSM-R 将行车许可、线路参数、临时限速信息传输给 CTCS-3 车载系统。应答器向车载系统传输定位和等级转换等信息，也冗余传输线路参数和临时限速信息作为后备，应答器传输的信息与无线传输的信息保持一致。车载安全计算机根据地面设备提供的行车许可、线路参数、临时限速等信息和动车组参数，按照目标-距离连续速度控制模式生成速度控制模式曲线，监控列车安全运行。

5. CTCS-4 级

CTCS-4 级以前行列车尾部或进站、出站信号机为列车追踪运行的目标点，是完全基于 GSM-R 无线通信的移动自动闭塞系统。

中国列车运行控制 CTCS 系统的开发和运用，使列车运行安全得到了进一步保证。今后，CTCS 系统还会不断完善，为铁路运营信息化、自动化和智能化发挥更大作用。

第六节 城市轨道交通信号系统

城市轨道交通与铁路在站点设置和运营方式上有很大差异：站间距短，通常在 1～2 km；为方便乘客，列车站站皆停，起停车频繁；列车运行速度较低，一般为 30～50 km/h，在某些线路的站间距超过 4 km 的区间可达 80 km/h，最高不超过 120 km/h；车站一般不设站线，只有两条正线伸入车站，列车在正线停车供乘客乘降；停站时间很短，只有 30～50 s；列车在线路上往返担当旅客运输任务，运行到交路的终点站折返。

城市轨道交通系统电客车早晨出段，白天在正线往返担当载客任务，夜间回到车辆段或停车场检修、停留，因而其行车工作主要包括电客车的正线运行和车辆段(停车场)作业两部分。与之对应，城市轨道交通信号系统由列车运行自动控制系统 ATC 和车辆段联锁系统组成。

一、列车运行自动控制系统 ATC

列车运行自动控制系统(Automatic Train Control system，ATC)执行车站联锁、区间闭塞和列车运行防护的全部功能，由列车自动监控、列车自动防护和列车自动驾驶三个子系统组成。

1. 列车自动监控系统(Automatic Train Supervision system，ATS)

ATS 是 ATC 的核心，实现联锁、闭塞和调度功能。

(1)系统功能

①控制功能

列车出段时进行身份识别，赋予车次，追踪列车运行；办理列车进路；记录列车实绩运行图，对比计划运行图制订列车运行调整计划。

②监督功能

收集和记录列车运行状况，在控制中心(OCC)和车站站控室(SCR)终端屏幕上显示，帮助列车调度员和车站值班员实时掌握列车运行情况。

(2)系统构成

ATS 主要由控制中心设备、集中站设备和车辆段设备组成。

①控制中心 ATS 设备

控制中心 ATS 设备主要是中心计算机系统和主控制室等。为了保证系统的可靠性，主要设备均采用双机热备冗余结构。中心计算系统配置了控制主机、通信处理器、系统管理服务器和列车运行图服务器。

主控制室设有综合显示屏及调度员和调度长工作站。综合显示屏用于监视列车运行情况和系统设备状态。列车调度员工作站自动记录列车的运行实绩，根据列车的正晚点情况编制列车运行调整计划，工作站的显示屏以时间轴为分界，当前时间轴以左为实绩图，以右为列车运行调整计划。

②集中站 ATS 设备

地铁车站分为集中站和非集中站。集中站通常设有存车线或折返线，负责几个车站的列车进路办理；非集中站仅有两条正线供旅客乘降，其列车进路由集中站办理。集中站配备 ATS 分机，从 OCC 控制中心获取列车运行计划，办理列车进路，向 ATP 和 ATO 地面设备发送进路信息。

③车辆段 ATS 设备

车辆段 ATS 分机用于采集车辆段内停车库线路的列车占用情况及列车进出段信号机的显示，向 OCC 发送；与列车始发站间办理列车出入段。

2. 列车自动防护系统(Automatic Train Protection system，ATP)

ATP 用以向 ATO 发送速度码，防止列车追尾或冲突，控制列车运行速度不超过允许的最高速度。

(1)系统功能

ATP 通过车载设备接收轨旁设备发送的列车进路、前行列车位置、速度信息，从自车速度传感器获取当前列车速度信息，自动生成列车运行速度控制模式曲线，监控列车安全运行。ATP 主要功能包括：

①速度监督和超速防护

ATP 车载设备根据列车运行速度控制模式曲线与列车实际速度的差值，向司机发出减速语音警示、施加常用制动或紧急制动指令，保证列车正点运行。

②车门控制

ATP 通过对车门的控制，保证乘客安全：列车达到零速状态，且对标误差在 0.5 m 以内时，站台侧车门才能开启；列车停车时，对标误差大于 0.5 m，车门不能开启，但允许司机以 5 km/h移动，以精确停车；车门未关闭不允许列车起动；列车运行中，ATP 检测到车门没有处于关闭状态时，立即施行紧急制动。

③发车控制

当满足车门和站台门已关闭条件时，车载控制器才能允许列车起动。

④列车定位

利用信标，实现列车定位。

⑤人机交互功能

ATP 利用列车运行显示单元(Train Operation Display，TOD)作为人机界面，向司机显示列车实际速度、目标速度、最大允许速度以及报警功能。

(2)系统构成

ATP 的设备由轨旁设备和车载设备两部分组成。

①轨旁 ATP 设备

轨旁 ATP 设备包括信标和定位盘。信标用于为列车定位系统提供定位信息，分为 A 信标和 B 信标。A 信标为无源信标，用于对列车定位；B 信标为有源信标，用于向车载控制器发送信号机显示状态。定位盘安装在站台端部，用于指示列车精确对位停车。

②ATP 车载设备

ATP 车载设备包括车载控制器(Vehicle On Board Controller，VOBC)、地面信号接收器、速度传感器和列车运行显示单元。

3. 列车自动驾驶系统(Automatic Train Operation system，ATO)

(1)基本功能

ATO 的主要功能是自动驾驶、精确停车和车门管理。

①自动驾驶

ATO以ATP给出的最大允许速度为目标，采取最优策略自动控制列车的牵引和制动工况，达到平稳、正点运行和节能的目的；接收OCC调度命令，执行扣车和跳停。

②精确停车、车门控制

精准进站停车、控制站台屏蔽门、车门开启。

③自动折返

列车到达折返站，司机确认全部乘客已下车、车门关闭后，启动列车自动折返模式，列车自动经折返线进入出发站台。

(2)设备构成

ATO仅有车载设备，其外部信息的获取由ATP系统提供。ATO的车载设备包括ATO模块、ATO车载天线和人机界面。

二、车辆段计算机联锁系统

车辆段计算机联锁系统设有联锁设备和ATS车辆段分机，用以实现车辆段的进路控制，实现列车出入段进入正线运行的闭塞控制。

三、城市轨道交通行车闭塞方法

当信号系统具备CBTC(Communication Based Train Control，基于无线通信的列车运行控制系统)模式时，采用移动闭塞法行车；当信号系统不具备CBTC模式仅具备CBTC的后备模式(Backup Mode，BM)时，采用进路闭塞法行车；当集中站发生计算机联锁系统(Computer Based Interlocking，CBI)、数据传输系统(Data Communication System，DCS)故障(仅车地通信故障时除外)或全部计轴故障时，故障区段采用电话闭塞法组织行车。

1. 移动闭塞法

城市轨道交通系统的基本行车闭塞法是移动闭塞法。在这一模式下，列车追踪运行的目标点为前行列车的尾部、限制信号机或安全防护区段末端及安全余量，列车的正常驾驶模式是列车自动运行驾驶模式(ATO-CBTC)或基于无线通信的ATP监控下的人工驾驶模式(ATPM-CBTC)，凭车载信号的指示运行。

2. 进路闭塞法

当无线通信系统发生故障采用进路闭塞法行车时，列车以站间区间为间隔运行，一条正线上两架出站信号机间只允许一列车占用，列车凭出站信号机的显示运行。

当信号系统仅具备后备模式时，电客车按RM或不受限的工人驾驶模式(Unrestricted Manual，URM)模式运行。

3. 城市轨道交通电话闭塞法

(1)行车凭证

电话闭塞条件下，列车占用区间的凭证是路票，列车在车站的发车凭证为发车手信号。

(2)同方向列车的发车间隔

采用电话闭塞时，同方向列车的发车间隔为两站两区间。

(3)列车运行方式

在实行电话闭塞的区段,列车以切除 ATP 方式运行,至实施电话闭塞的终点站恢复 ATO/ATP 正常驾驶模式。

(4)列车运行速度限制

出入车场、车站、经过道岔区段限速 20 km/h。

第七节　轨道交通通信设备

轨道交通通信设备是铁路在组织运输生产和实施调度指挥过程中用于信息传输、处理和交换的专用技术设备。轨道交通运输生产的性质要求其通信系统必须适合铁路的特殊工作环境,安全可靠、方便通畅,并具备不间断的通信能力。

轨道交通通信系统按照传媒介质分为有线通信和无线通信;按信道中传输的信号分为语音通信和数字通信;按照数据传输方向分为单工通信和双工通信。

轨道交通专用通信是指专门用于组织轨道交通运输生产,实施调度指挥的专用通信设备,包括语音通信、数据通信、图形通信和其他通信设备。

一、铁路调度通信网络

铁路调度通信是铁路通信中最重要的组成部分。铁路调度通信的网络结构依据铁路运输调度体质,分为干线、局线、区段三个层级。

1. 国铁集团干线调度通信

干线调度通信是国铁集团为统一指挥各铁路局集团公司的运输生产,在国铁集团与各铁路局集团公司间建立的调度通信系统。国铁集团运输调度指挥中心设数字交换机,用数字中继通道与各局运输指挥中心的数字调度交换机相连,相邻铁路局集团公司间也互联互通,形成星形干线调度通信网。

2. 局线调度通信

局线调度通信网是铁路局集团公司为统一指挥管内各调度区段主要站段作业,在编组站、区段站和大站间建立的调度通信网。路局调度数字交换机用数字中继通道与各调度区段数字调度交换机相连,形成星形网络通信结构。

3. 区段调度通信

区段调度通信是铁路局集团公司各调度区段为指挥运输生产,在调度员与所辖区段的各中间站按专业部门设置的调度通信系统。

调度电话是为各工种调度员在调度区段实施运输调度指挥所设置的专用电话,例如行调电话只有与本调度区段列车运行有关的部门(如各站车站值班员室、车站调度员室、机务段运用车间派班室)才能接入系统,并且与本调度区段列车运行有关的所有部门应全部接入系统。列车调度员可以单呼某一车站,也可以群呼指定的一组车站,或全呼本调度区段全部车站的值班员。各站也可以方便地呼叫列车调度员。

二、铁路专用全球移动通信系统 GSM-R

铁路专用全球移动通信系统(Railway dedicated Global System for Mobile Communications,

GSM-R)是在全球移动通信系统的基础上开发的适合铁路特殊作业环境、能够在高速环境下工作的通信系统。GSM-R 可以作为列车运行自动控制系统的信息通道,完成车-地间的信息传输,使移动自动闭塞得以实现。

1. GSM-R 的系统构成

GSM-R 系统主要由网络子系统、基站子系统、运行与维护子系统和终端设备四部分组成。网络子系统主要实现用户呼叫的智能控制;基站子系统为终端设备和移动交换中心提供无线通信;运行与维护子系统用于系统维护人员对网络进行集中操作和维护;终端设备是用户使用的通信设备,如手机、无线电话机、调度移动电话。

2. GSM-R 的主要业务

(1)语音业务

通过 GSM-R,铁路调度通信业务实现了调度员与车站、机务段运用车间派班室、值乘司机间的点对点呼叫、紧急呼叫、组呼与全呼。

(2)数据业务

GSM-R 可传输报文、图片、视频,如调度命令、列控信息、列车信息等。

复习思考题

1. 什么是铁路信号,分为几类?什么是铁路信号设备?两者在概念上有什么区别?

2. 铁路视觉信号分为几类?铁路固定信号包括哪些?铁路移动信号在什么情况下设置?什么是手信号?表示哪些信息?

3. 什么是列车进路、平行进路和敌对进路?什么是联锁?联锁设备有什么作用?分为几类?各有什么特点?

4. 什么是闭塞?我国铁路采用的基本闭塞设备有几种?

5. 列车调度指挥 TDCS 系统和分散自律调度集中 CTC 系统的作用是什么?

6. 列车运行控制系统 CTCS 有什么作用?分为几级?简述 CTCS-2 系统的基本组成和工作原理。

7. 地铁列车自动控制系统由哪些子系统组成?各发挥什么功能?

8. 轨道交通组织常用通信设备有哪些?

第四章 轨道交通运载工具

为了快速、便捷、舒适、高效地为社会提供客货运输服务，轨道交通系统对于不同的服务对象采用了包括铁道车辆、机车、动车组、磁悬浮列车、摆式列车和城轨电客车等在内的多种形式的运载工具。

学习目标

◎ 素质目标

培养积极探索、追求卓越的学习态度，在全面了解轨道交通运载工具相关知识的基础上，树立积极探索、改进车辆结构和性能的意识。

◎ 知识目标

(1)掌握铁道车辆的分类及其基本构造。

(2)了解长大货物车的用途、特点和使用方法。

(3)了解机车种类及应用。

(4)了解磁悬浮列车和摆式列车的特点。

(5)掌握高速动车组和地铁电客车在构造上的特点及采用的制动方式。

◎ 能力目标

(1)能说明各类轨道交通运载工具的构造，各部件的作用及工作原理。

(2)能认识轨道交通运载工具的发展趋势。

第一节 铁道车辆

铁道车辆是不带动力、用于载运旅客和货物，或为铁路运营提供服务的车辆，分为客车、货车和特种用途车。

一、铁道车辆的分类

(一)客车

铁路客车包括运送旅客的车辆、为旅客服务的车辆以及特种用途客车。

1. 运送旅客的车辆

运送旅客的车辆主要有硬座车、软座车、硬卧车、软卧车和双层客车等，如图 4-1-1 所示。

图 4-1-1 铁路双层客车

2. 为旅客服务的车辆

为旅客服务的车辆主要有餐车(图 4-1-2)、行李车和空调发电车等。餐车设有厨房和餐室等,是为旅客提供餐饮服务的车辆;行李车用于装运旅客托运的行李和包裹;空调发电车设有发电装置,为列车空调、通风、照明等设备提供电力。

图 4-1-2 餐车

3. 特种用途客车

特种用途客车如运送邮件、办理沿途各站邮件交接的邮政车,供国家和铁路机关人员办公用的公务车、设有医护人员和医疗设备的医疗车等。

(二)货车

货车是运送货物的铁路车辆。为适应不同种类货物的运输需求,设计和制造了结构各不相同的货车。按用途,铁路货车分为通用货车和专用货车。

1. 通用货车

通用货车是用于装运普通货物的车辆,其适用货物种类广,在货车总数中所占比例大,包括棚车、敞车和平车。

(1)棚车

棚车具有车顶、侧墙、端墙和车门形成的封闭空间,主要用来运送日用百货、化工品、机械设备、仪器仪表、粮食等怕晒、怕湿货物,如图 4-1-3 所示。

图 4-1-3　铁路棚车

(2)敞车

敞车具有侧墙和端墙,顶部是敞开的,主要用于装运散堆装货物如煤炭、砂石,也可用于装运钢材、木料、建材、机械设备、集装箱等不怕湿的货物,还可苫盖篷布代替棚车装运粮食、百货等怕湿货物。敞车的适用货物种类最广、通用性最强,数量也最多,约占货车总数的 50%,如图 4-1-4 所示。

图 4-1-4　铁路 C64K 型敞车

我国铁路从 2013 年开始研制具有澡盆式的底部、载重 80 t、最高速度 100 km/h 的 C80 系列运煤敞车,主要用于大秦铁路的重载运输,如图 4-1-5 所示。

图 4-1-5　C_{80} 型铝合金运煤敞车

(3)平车

平车用来装运钢材、木料、机械设备、桥梁构件及汽车、坦克等可自轮运转的货物(如图 4-1-6 所示)。为了适应市场需求,提高车辆适应性和利用率,我国铁路设计制造了平集共用车(如图 4-1-7 所示)。

图 4-1-6　平车

图 4-1-7　平集共用车

2. 专用货车

专用货车是专门建造用以运送某种特定货物的货车，因而用途比较单一，例如罐车、冷藏车、集装箱车、汽车运输车、毒品车、矿石车、长大货物车、散装粮食车、散装水泥车等。

(1)罐车

罐车的车体通常为圆筒形卧式储罐，是用于装运各种液体、液化气体或粉末状货物的车辆，例如装运石油及其产品的粘油罐车（如图 4-1-8 所示）、轻油罐车（如图 4-1-9 所示）和滑油罐车、酸类罐车、压缩气体罐车等。

图 4-1-8　粘油罐车

图 4-1-9　轻油罐车

(2)冷藏车

冷藏车（如图 4-1-10 所示）是设有制冷设备，用于运送鱼、肉、鲜果、蔬菜等易腐货物的铁路专用车辆。机械冷藏车冷却温度低、能调节和保持车内温度和湿度，并能实现智能化远程监控，实时感知车内温度和湿度。冷藏车一般专列运行或成组编挂，一组中设有 1～2 辆不能装运货物，专为其他车辆供冷的机械车，车内设有柴油发电机组、制冷机组及电控装置，列车或车组有随车乘务组掌控压缩机等制冷设备的运用。

(3)集装箱车

集装箱车是专门用于运送集装箱的车辆，分为单层和双层集装箱车，如图 4-1-11 和图 4-1-12 所示。铁路双层集装箱车是一种采用特殊专用凹底结构，将集装箱双层叠装运输的新型车辆。

图 4-1-10　冷藏车

图 4-1-11　集装箱车

图 4-1-12　双层集装箱车

(4)汽车运输车

汽车运输车是专门运输小轿车的铁路车辆,如图 4-1-13、图 4-1-14 所示。

图 4-1-13 双层汽车运输车

图 4-1-14 汽车运输车装车情况

(5)毒品车

毒品车是专用于装运农药等有毒货物的棚车,如图 4-1-15 所示。

图 4-1-15 毒品车

(6)矿石车

矿石车(如图 4-1-16 所示)用于装载矿石等比重较大的散粒状货物,具有车体强度高、车辆载重大和自卸的特点。

图 4-1-16 载重 70 t 的 KZ_{70} 矿石车

(7)长大货物车

长大货物车是专门用于装运超限、超重和超长货物的车辆,包括凹底平车、长大平车、落下孔车、双联平车和钳夹车等五种。铁路长大货物车虽然数量不多,但其运输的货物多为国家重点工程项目的关键设备,意义重大,运输难度也大,使用长大货车运送特定长大货物往往需要经过精心设计和长时间的策划。

①凹底平车

凹底平车的转向架或转向架群设置在车辆两端,中部为装载货物的凹形底架,以降低车辆重心,其载重有 90 t、150 t、180 t、210 t 和 260 t 等多种,如图 4-1-17 所示。

图 4-1-17 凹底平车

②长大平车

长大平车(如图 4-1-18 所示)用于装运长、大笨重货物,最大载重可达 400 多吨。

③落下孔车

落下孔车(如图 4-1-19 所示)的底架中部开有一定长度和宽度的落孔,装货时货物落入孔内,载重完全由两侧强大的侧梁承担,适于运输宽度较窄而高度很大的货物。这种车适合装运发电机和汽轮机转子、轧钢机架、锻压机横梁等高、大、重的货物,如图 4-1-19 所示。

图 4-1-18　D23G 型载重 265 t 长大平车

图 4-1-19　D45 型载重 450 t 落下孔车

④双联平车

双联平车(如图 4-1-20 所示)无承载底架,由两个安装于车辆转向架群中央心盘上的可回转鞍座支撑货物。双联平车自重系数小,货物支撑点可根据货物长度调节,适合运输细长、超重、具有自承载能力的货物。目前我国载重最大的双联平车是 D30G 型载重 370 t 双联平车,全长 46.668 m。

图 4-1-20　双联平车

⑤钳夹车

钳夹车设有专门的钳夹装置,将货物夹装在两节车辆之间,使货物本身成为车辆一部分的长大货物车,如图 4-1-21 所示。装载货物后的钳夹车如图 4-1-22 所示。该类车主要用来装运大型发电机定子、轧钢机、核电站的压壳等超限、超重、超长货物。

图 4-1-21 DQ45 型载重 450 t 钳夹车（未装货的空车）

图 4-1-22 货物成为钳夹车的组成部分

轻自重、高强度、大吨位、高速度和适宜装运特定货物是铁道车辆的发展趋势。

（三）特种用途车

特种用途车不用于装运货物，是铁路办理自身业务使用的铁路车辆，在使用中可以是单辆车，或是由若干车辆组成的车列。特种用途车种类很多，如检衡车、除雪车、钢轨探伤车、发电车、轨道检查车、试验车等。

1. 检衡车

检衡车具有固定的标准质量，实际上是一种可在轨道上移动的大砝码。铁路车辆载重量日益增大，轨道衡的称重能力也应随之增大，为了在对轨道衡进行当量检定时能取得精确的检测结果，需要有多级质量的检衡车组配合使用，通常要求压点不宜超过 4 点，压点距在 1 m 左右。因此，现代检衡车多设有液压提升支腿，检测时将支腿放下，并通过液压装置抬升车辆，使其全部质量通过支腿压在轨道衡上。为此，车上设动力装置，除供抬升动力外兼供检衡时低速移动就位所需的动力。

2. 除雪车

除雪车用于扫除钢轨内外侧积雪，通常由机车单机推送，借助于前端的犁铧除雪器，将积雪推向线路的一侧或两侧。车辆的侧面还装有可张开的翼板，以增大除雪面。在单线线路上除雪时，用双斜犁铧和双侧翼板，把积雪抛向两侧；在双线线路上除雪时，用单斜犁铧和单侧翼板，把积雪抛向线路外侧。

3. 钢轨探伤车

钢轨探伤车(图 4-1-23)按检测原理可分为电磁钢轨探伤车和超声波钢轨探伤车两类。电磁钢轨探伤车根据非接触通磁法检测钢轨伤损，其最佳检测速度为 30～70 km/h，最高可达 100 km/h；超声波钢轨探伤车利用超声波进行钢轨伤损探测，能够探测钢轨的轨头和轨腰范围内的疲劳缺陷和焊接缺陷，有的还能检测擦伤、轨头压溃和波浪形磨耗以及轨底锈蚀和月牙掉块。这种车辆装有自动记录设备，能把钢轨伤损信号、里程信号和线路特征信号(桥梁、隧道、接头、轨枕类别等)等记录在纸带或胶片上，或在检测过程中向病害钢轨喷漆做出标记。根据记录可了解伤损所在的线路里程、分析确定伤损的大小和在钢轨内的位置。

图 4-1-23　钢轨探伤车

二、铁道车辆的基本构造

铁道车辆的基本结构大致相同，一般由车体、转向架、车钩缓冲装置和制动系统构成。

1. 车体

车辆供旅客乘坐或装载货物的部分称为车体。车体是铁道车辆的主体结构，其主要功能是运载旅客和货物，承载和传递载荷。

货车车体的主要组成部分包括底架、侧墙、端墙以及车顶等。底架是车体的基础，承受车体和所装货物的重量，并通过中心销及上、下心盘将重量传给走行部。在列车运行时，它还承受机车牵引力、制动力和列车运行中所引起的各种冲击力。货车底架由中梁、枕梁、横梁、侧梁、端梁等组成，其中中梁是底架的骨干，中梁两端安装车钩缓冲装置，是主要的承受垂向载荷和纵向作用力的装置。枕梁是底架和转向架摇枕衔接的结构，在枕梁下部安装上旁承和上心盘，将重量传给走行部。

客车车体采用薄壁筒形结构，由底架、侧墙、车顶、内外端墙、门窗等组成。为了满足旅客在旅行生活中的需要，车体内部设有坐卧设备、车电设备、通风设施、供水管道、盥洗及卫生设施和空调取暖设备等。

2. 转向架

转向架是车辆的走行部，通过摇枕上的中心销插入车体上心盘的插孔与车体连接。铁道车辆转向架分为货车转向架和客车转向架。

货车转向架(如图 4-1-24 所示)一般由摇枕、弹簧减振装置、侧架、轮对轴箱装置和基础制动装置等组成。

图 4-1-24 货车转向架

货车转向架构架是由一个摇枕和左右两个侧架组成的三大件结构。摇枕通过下心盘上的中心销插入车体上心盘的中心孔与车体连接，摇枕两端压在减振弹簧上，减振弹簧下端安装在侧架的弹簧承台上，两个轮对的轴箱插入侧架的轴箱导框，使转向架形成一个整体。车体的荷载通过中心销、上下心盘、摇枕、减振弹簧传递给侧架，再经侧架传递给车轴，最终由车轮传递给钢轨。

客车转向架如图 4-1-25 所示，采用两级悬挂装置，因而有更好的减振效果，以保证较高的旅客乘车舒适度。动车组和地铁电客车的二级悬挂一般采用空气弹簧(如图 4-1-26 所示)，有较好的减振效果。

图 4-1-25 客车转向架

3. 车钩缓冲装置

车钩缓冲装置作用是连接车辆，减缓列车的纵向冲击力，传递牵引力和制动力。车钩缓冲装置由车钩、缓冲器、钩尾框、前从板、后从板等组成，如图 4-1-27 所示。

图 4-1-26　客车转向架的空气弹簧

图 4-1-27　车钩缓冲装置示意图

车钩由钩头，钩身、钩尾三个部分组成。车钩前端粗大的部分称为钩头，在钩头内装有钩舌、钩舌销、锁提销、钩舌推铁和钩锁铁。车钩后部称为钩尾，在钩尾上开有垂直扁锁孔，以便与钩尾框联结。

缓冲器用来缓和列车在运行中由于机车牵引力的变化或在起动、制动及调车作业时车辆相互碰撞而引起的纵向冲击和振动。缓冲器有耗散车辆之间冲击和振动的功能，从而减轻对车体结构和装载货物的破坏作用。缓冲器的工作原理是借助于压缩弹性元件来缓和冲击作用力，同时在弹性元件变形过程中利用摩擦和阻尼吸收冲击能量。

4. 制动系统

阻止运行的车辆加速，使其减速或停止运动的操作称为制动；对已制动的车辆解除或减弱制动作用称为缓解。为施加和缓解制动而安装在列车上的一整套设备称为列车的制动系统。

我国货车车辆上安装的制动系统主要包括空气制动机、基础制动装置（如图 4-1-28 所示）和手制动装置。

（1）空气制动机

①空气制动机的基本构成

铁路货车上空气制动装置（以 GK 型制动机为例）主要包括：制动主管、折角塞门、制动支管、截断塞门、远心集尘器、三通阀、副风缸、降压风缸、空重车调整装置、制动缸、闸瓦。

制动主管：安装在车底架下面，贯通全车，是传递压缩空气的管路。

截断塞门：安装在车辆上连通副风缸和制动缸的制动支管上，用以开通或截断制动支管的空气通路。它平时总在开放位置。当车辆制动机发生故障或因装载货物，需要停止该车辆的制动作用时，可将它关闭，停止车辆的制动机的作用。

远心集尘器：利用离心力的作用，将压缩空气中的灰尘、水分、铁锈等杂质，沉淀于集尘器的下部，以免进入三通阀等机件。

三通阀：车辆制动机中最重要的部件，连接制动支管、副风缸和制动缸，用来控制压缩空气的通路，使制动机起制动或缓解的作用。

副风缸：贮存压缩空气的地方，制动是利用三通阀的作用将压缩空气送入制动缸起制动作用。

降压风缸：与制动缸相连，两者之间设有空重车调整装置，可满足空、重车不同制动压力的要求。

空重车调整装置：用于控制降压风缸与制动缸的通路，可以达到调整制动力的目的。它包括空重车转换手把和空重车转换塞门。

制动缸：当压缩空气进入制动缸后，推动制动缸活塞，将空气的压力变成机械推力，然后通过制动杠杆使闸瓦紧抱车轮起制动作用。

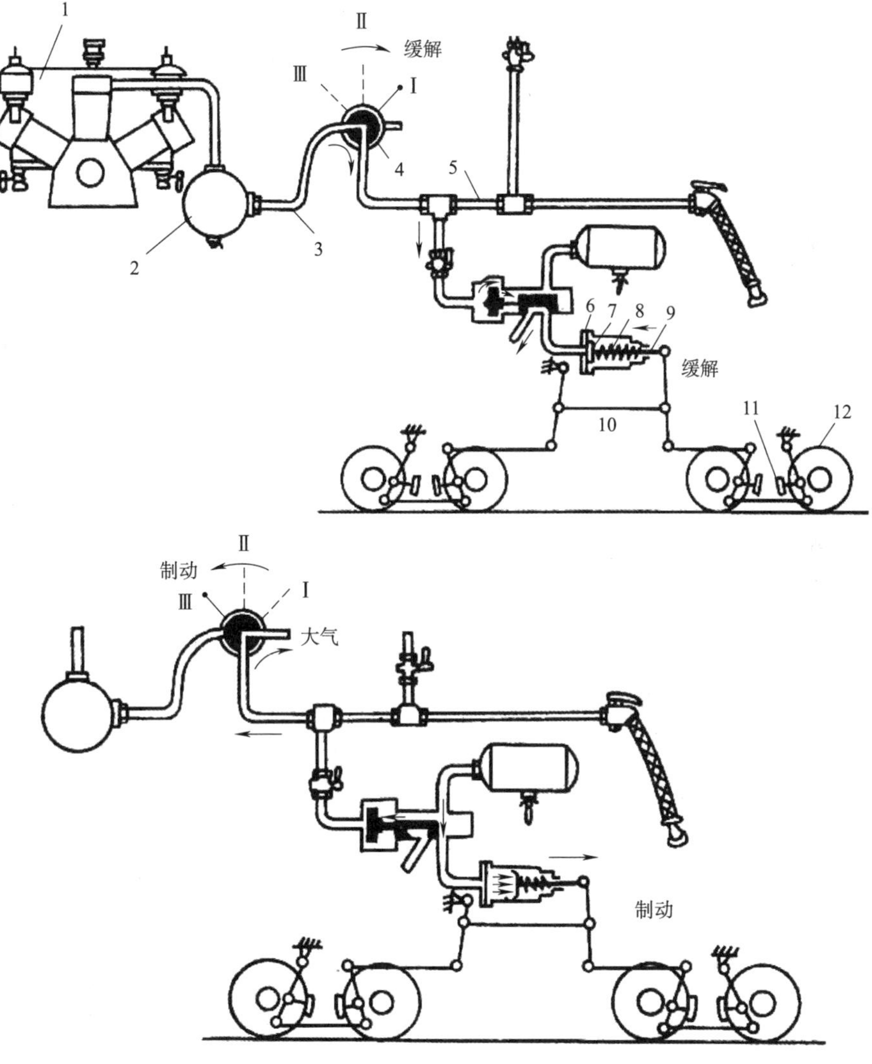

图 4-1-28 车辆制动系统

1—空气压缩机；2—总风缸；3—总风缸管；4—制动阀；5—制动主管；6—制动缸；7—制动缸活塞；8—制动缸缓解弹簧；9—制动缸活塞杆；10—基础制动装置；11—闸瓦；12—车轮

基础制动装置(如图 4-1-29 所示):基础制动装置是指车辆制动装置中,在制动缸活塞推杆之后至闸瓦以及其间一系列杠杆、拉杆、制动梁等传动部分(也包括闸瓦间隙自动调整器)所组成的装置。基础制动装置是制动系统组成部件之一,其作用是把充入制动缸的压力空气在活塞上产生的推动力增大若干倍以后均匀地传给各个闸瓦,使之压紧车轮而产生制动作用。

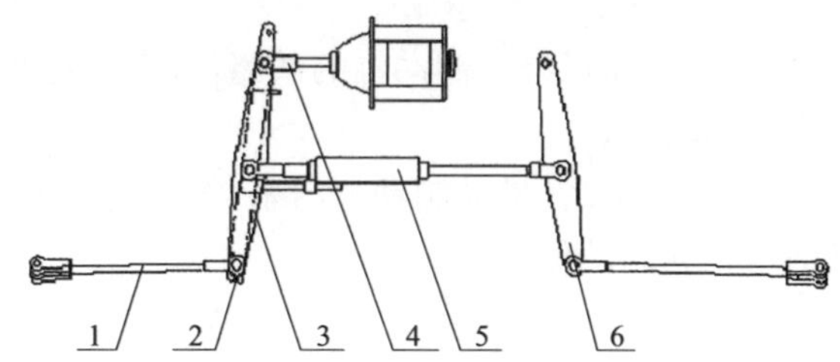

图 4-1-29　基础制动装置

1—拉杆;2—控制杠杆;3—前制动杠杆;4—推杆;5—闸调器;6—后制动杠杆

②空气制动机的工作原理

缓解原理:当司机将制动阀放在缓解位置时,总风缸的压缩空气进入制动主管,经制动支管进入三通阀,推动主动活塞连同滑阀向右移动,打开充气沟,使压缩空气经充气沟进入副风缸,直到副风缸内的空气压力和制动主管内的压力相等为止,同时使制动缸内的压缩空气经过滑阀下的排气口排出,制动缸活塞被弹簧的弹力推回原位,使闸瓦离开车轮而缓解。

制动原理:当司机将制动阀移到制动位时,制动主管内的压缩空气向大气排出一部分,这时副风缸内的空气压力相对大于制动主管内的压力,因而推动三通阀的主活塞向左移动,截断充气沟的通路,使副风缸内的压缩空气不能回流,同时带动滑阀左移,截断了通向大气的出口,使副风缸内的压缩空气进入制动缸,推动制动活塞向右移动,通过制动杆的传动,使闸瓦产生制动作用。

(2)手制动装置

为了定位车辆的部件需要对车辆两端编号:制动时车辆制动缸活塞伸出方向的车端为一位端,另一端为二位端。每辆车的一位端,都装有一套手制动机,可以通过人力来使车辆减速或停车。我国货车上多用链式人力制动机,其结构简单,操纵灵活,制动力强,如图 4-1-30 所示。

进行人力制动时,可将制动手轮按顺时针方向转动,使制动链绕在轴上,拉动制动杠杆,就如同空气制动机中制动缸活塞向外推动一样,使闸瓦紧压车轮而产生制动作用。

图 4-1-30　罐车一端的通过台和手制动装置

三、车辆标记和车辆技术经济参数

为了表示车辆的类型和特征,满足车辆运用、检修和统计的需要,铁路车辆应涂打各种标记,包括制造、产权、运用和检修四类标记。

(一)车辆标记

1. 制造标记

制造标记用以表示车辆的生产厂家和制造年月,其形式由各厂家自定;车辆的主要零部件,均有该零部件生产厂家的代号。

2. 产权标记

参加国际联运的客车须在车厢中部悬挂中国国徽,如图 4-1-31 所示;凡产权属于中国国家铁路集团有限公司的车辆均应在车辆侧墙或端墙涂打路徽、安装产权牌,国铁客车以及固定配属的货车,涂打所属局、段的简称;企业自备车在车辆侧墙涂打“×××企业自备车”字样。

图 4-1-31　国际列车的产权标记

3. 运用标记

运用标记标明车辆的类型、用途和基本参数。

(1)车种、车型和车号标记

客车车种基本代码用两个字母表示,如 YZ(硬座)、RW(软卧)等;双层客车在车种基本代码前加“S”表示“双”,如 SYW;多用途客车在基本代码后增加另一用途的代码,如餐座合造车 ZEC,如图 4-1-32 所示。车种代码表见表 4-1-1、表 4-1-2。货车车种基本代码用一个字母表示,如 P(棚车)、G(罐车);多用途车在基本代码后加另一用途代码,如平集共用车 NX;轻油罐车、粘油罐车和其他罐车的第二位字母表示油种,“Q”表示轻油、“N”表示粘油(原油)、“T”表示其他,见表 4-1-3。

图 4-1-32　二等座车/餐车合造车

表 4-1-1　铁路客车车种代码表

车　种	代　码	车　种	代　码
硬座车	YZ	双层硬卧车	SYW
软座车	RZ	双层餐车	SCA
硬卧车	YW	行李车	XL
软卧车	RW	邮政车	UZ
餐车	CA	公务车	GW
双层软座车	SRZ	试验车	SY
双层硬座车	SYZ	维修车	WX
双层软卧车	SRW	空调发电车	KD

表 4-1-2　动车组中车辆的车种代码表

车　种	代　码	车　种	代　码
商务车	SW	餐座合造车	ZEC
一等座车	ZY	带观光席的一等座车厢	ZYG
二等座车	ZE	带观光席的二等座车厢	ZEG
餐车	CA		

表 4-1-3　货车车种编码表

序号	货车车种	基本型号
1	棚车	P
2	敞车	C
3	平车	N
4	集平共用车	NX
5	轻油罐车	GQ
6	粘油罐车	GN
7	其他罐车	GT
8	冷藏车	B
9	集装箱车	X
10	矿石车	K
11	长大货物车	D
12	毒品车	W
13	汽车运输车	J
14	散装水泥车	U
15	散装粮食车	L
16	特种车	T
17	其他	

车型代码与车种代码连用，表示同一车种中不同时期制造的吨位和结构不同的车型，用2位数字表示吨位，吨位相同但结构有差异时其后还可再加大写拼音字母（如 C_{64K}、C_{70}、

C70B)加以区别。

每一辆货车都用 7 位数字表示的车号(如图 4-1-33 所示)作为标识,车号是唯一的,全路不存在相同车号的铁路车辆,因而车号可以作为铁路运营管理系统中车辆数据库的关键码。《铁路货车统计规则》附件一规定了不同车种货车的编号范围,例如棚车车号一般以 3 打头、车号范围 3100000～3769999。

图 4-1-33　国铁货车上的路徽、车种车型和车号标记

(2)标记载重、自重、容积、换长标记

车辆标记载重反映车辆的装运能力,是车辆的构造及强度所允许的最大装载重量,以 t 为单位;自重为车辆空载时的重量,即车辆自身的重量,以 t 为单位;容积表示货车内部可容纳货物的空间大小,以 m^3 为单位,并在括号内注明车内长×宽×高的尺寸;车辆换长,即车辆换算长度(车辆两端钩舌内侧间的距离除以11 m 的商),如图 4-1-34 所示。

图 4-1-34　车辆标记

注:左边车辆为 1 位端,有手制动机;右边车辆为 2 位端,无手制动机

车辆全长为车辆两端钩舌内侧间的距离，以 m 为单位。为了充分利用铁路区段的通过能力，列车编成站应保证始发列车达到列车编组计划和列车运行图规定的列车重量，空车列车应达到长度标准。列车的长度标准取决于区段内各中间站到发线的有效长。但是铁道车辆的吨位、轴重和长度不一，列车中车辆的实际编挂辆数并不能准确反映列车的实际长度，例如适合重载运输的 C_{80} 型敞车长度只有 12.1 m、标记载重 60 t 的 P_{62K} 棚车长 16.5 m，而一辆双层小汽车运输车 JSQ_6 长度为 26.4 m。因此表示列车长度需要一个统一的标准，我国铁路沿用原铁道部成立初期数量较多的 30 t 棚车的长度 11 m 作为计量车辆长度的标准，称为 1 个“换长”。车辆换长等于车辆全长除以 11 m，保留 1 位小数，尾数四舍五入。可以计算出 C_{80} 的换长为 1.1，P_{62K} 的换长为 1.5，JSQ_6 的换长为 2.4。

(3)定位标记

检车时如发现故障部件，需要指明部件的名称及其相对于车端的确切位置。车辆定位标记以阿拉伯数字 1、2 标记，涂打在车体两端下部，车辆的车钩、转向架、车轴、车轮等设备的编号均从 1 号位开始，例如：位于 1 位端的车钩为 1 号车钩、转向架为 1 号转向架，2 位端的车钩为 2 号车钩、转向架为 2 号转向架；车轴从 1 位端开始，依次为 1 号车轴、2 号车轴、3 号车轴和 4 号车轴；面向 1 位端，从 1 位端开始，左侧车轮依次为 1、3、5、7 号轮，右侧为 2、4、6、8 号轮。

(4)货车设备、用途标记

表示货车设备及用途的标记，如(MC)表示该车可以参加国际联运；(古)表示车内设有拴马环，可以用于运输大牲畜；(人)表示具有车窗、床托，需要时可以用于输送人员；(∧)表示该车禁止从驼峰溜放；(关)表示该车的活动墙板翻下时，超出机车车辆限界。

4. 检修标记

检修标记标注在货车侧墙上，注明本次检修单位和时间及下次检修到期时间，包括段修、厂修标记和辅修及轴检标记。段修、厂修标记(如图 4-1-35 所示)，第一行为段修标记，第二行为厂修标记，表明下次检修到期年月、本次检修年月及检修单位。辅修及轴检标记分别记载下次到期时间、本次检修时间及检修单位名称，如图 4-1-36 所示。

图 4-1-35　车辆定期检修标记

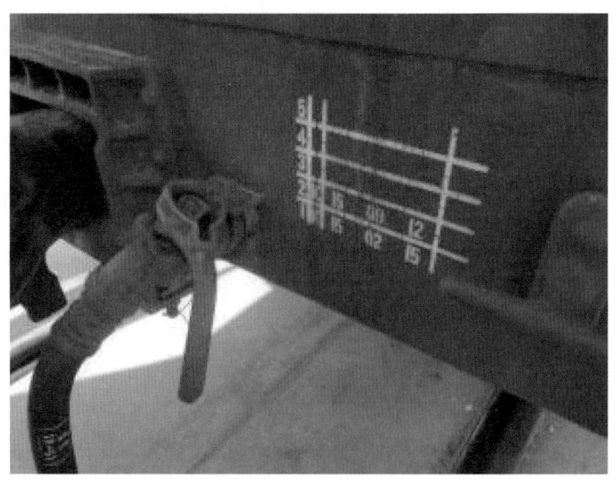

图 4-1-36 车辆辅修、轴检标记

（二）车辆技术经济参数

车辆技术经济参数表明车辆结构和运用特征。

1. 自重系数

车辆自重与标记载重的比值称为车辆的自重系数。自重系数越低，表明在相同列车牵引质量的条件下载运的货物越多。该项指标反映车辆的设计、材质和制造的综合水平。

2. 车辆轴重

车辆轴重是车辆自重与标记载重之和与车辆轴数之比，即每一轮对施加于轨道的最大重力。在车站到发线有效长不变和机车有足够大功率条件下，车辆轴重越大，列车的牵引总重越大；但要求线路和桥隧有足够的强度，即该项指标受轨道和桥梁结构强度的限制。

3. 单位容积

单位容积是车辆容积与标记载重的比值，即按照标记载重装载后，每吨货物平均可以占用的车内空间，单位为 m^3/t。在选择使用货车时，货物的比重的倒数尽量接近车辆的单位容积，可以使货车的载重力和容积都得到充分利用。

4. 每延米轨道载重

每延米轨道载重为车辆总重量与车辆全长之比，单位为 t/m，是车辆设计中与桥梁、线路强度密切相关的一个指标，应与线路和桥梁的承载能力相适应。

四、车辆检测的 5T 系统

为保证列车运行安全，自 20 世纪 90 年代起，我国铁路已经在全路建立起“地对车安全监控体系”。铁路车辆运行安全监控系统包括车辆轴温智能探测系统（THDS）、车辆运行状态地面监测系统（TPDS）、滚动轴承故障轨边声学诊断系统（TADS）、货车故障轨边的图像检测系统（TFDS）以及客车运行安全监控系统（TCDS），简称 5T 系统。其主要作用是对运行的车辆进行动态监测，联网运行，集成分析车辆运行可能产生的故障和安全隐患，实时向铁路局调度及车辆部门报警，以获得及时处理，必要时触发自动停车，保证列车运行安全。

1. 车辆轴温智能探测系统(Trace Hotbox Detection System,THDS)

THDS 也称为红外线轴温探测系统,是利用安装在轨边的温度探测装置,采用辐射测温技术,当列车通过时依次采集车辆轴承产生的红外线,实时检测、记录和传输运行状态下各轴承温度,向列车调度员及车辆部门发送。THDS 投入使用后,全路没有再发生过车辆燃轴、切轴事故。

2. 车辆运行状态地面监测系统(Truck performance detection system,TPDS)

TPDS 可以利用设在轨旁的测试系统,识别运行状态不良的车辆,检测到车轮踏面擦伤以及车辆超偏载情况。

3. 滚动轴承故障轨边声学诊断系统(Trackside Acoustic Detection System,TADS)

采用声学诊断技术和计算机网络技术,通过对运行中货车轴承噪声信号的采集和分析,识别轴承的工作状态,可提供有效的轴承内部早期故障诊断结果,在热轴之前发现故障。与 THDS 相结合,能更加有效地防止切轴和脱轨事故,提高轴承故障的防范水平,使列检对滚动轴承的检查,从人判为主逐步过渡到人机结合、机判为主的阶段。TADS 增强了轴承的预警能力,将防范关口前移,体现了“预防为主”的安全指导思想,确保行车安全。

4. 货车故障轨边图像检测系统(Trouble of moving Freight car Detection System,TFDS)

TFDS 采用高速摄像机对运行的列车进行图像采集,通过计算机分析、处理,以人机结合的方式判别出车辆转向架、制动装置、车钩缓冲装置等部件及其零配件有无缺损、断裂、丢失等故障,从而达到动态检测车辆质量的目的。

5. 客车运行安全监控系统(Train Coach running Diagnosis System,TCDS)

利用 TCDS 车载检测诊断系统对客车运行中的供电,车下电源、空调、轴温报警器、防滑器、制动系统、转向架等影响行车安全的部件进行实时监控,并将检测结果传输给路局车辆调度和车站客列检,实时掌握客车的运行安全状况,并在客车入库后指导故障检修,动态控制客车应用质量状态,切实保证客车运行安全。

有了 5T 系统,铁路局集团公司调度所行车调度员、车辆调度员就可以在调度室利用终端设备了解到列车中车辆的技术状态,及时发现异常、采取安全措施;技术站列车检修所(简称列检所)在列车到站前,就可了解到车辆可能的故障及位置,到站后可以进行快速、具有针对性的处理。5T 系统有力地保障了列车的运行安全。

五、车辆的日常维护和定期检修

铁路通用货车没有固定的配属,全路通用;专用和特种车辆(例如机械冷藏车、长大货物车)由于构造复杂,配属于固定的车辆段。车辆在运用中受到自然条件的影响,运行中的冲击和振动的动力作用等,各零部件会发生磨耗和损伤。为了保证车辆良好的技术性能和行车安全,需要对车辆进行日常维护和定期检修。车辆的日常维护和定期检修工作由车辆制造企业和各铁路局集团公司车辆段担当。车辆工厂负责车辆的厂修,使车辆在使用几年以后,经过厂修,各项技术指标应基本恢复新车的标准。车辆段是负责车辆检修工作的基层单位,一般设在编组站、区段站,分为客车车辆段、货车车辆段以及罐车、机械冷藏车车辆段,负责车辆的日常维护和定期检修工作。

1. 车辆的日常维护

日常维修又称运用维修，其基本任务是确保运用中的车辆具有良好的技术状态，及时发现并消除运用中发生的一切故障。车辆的日常检修由车辆段的派出单位列车检修所负责实施。列检所一般设置在办理列车始发、终到和中转作业的技术站和进行列车技术作业的中间站，例如邻接长大下坡道及列车需要停站凉闸的中间站，主要对车辆走行部和制动系统进行检修，以保证列车运行安全。发现车辆故障，一般进行不摘车修理，对于在列车停站期间不能修好的故障车，报告车站，经列车调度员指示，可实施摘车，送站修线修理。客车的日常维修分为库列检、客列检和列车包乘组的维修。

2. 车辆的定期检修

车辆定期检修是根据车辆各部件的磨耗规律，对不同部件规定不同的检修周期，不论技术状态如何，到期即进行检查、修理和更换，使车辆的运用性能在下一检修周期内保持良好的状态。车辆定期检修包括厂修、段修、辅修和轴检四级修程。

旅客列车定期检修分为A1修、A2修、A3修、A4修和A5修五个修程。其中A1修为辅修；A2修和A3修为段修，分别称为小段修和大段修；A4修和A5修为厂修，分别称为小厂修和大厂修。各级修程按照车辆的走行里程或自上次检修的时间间隔确定，车辆型号不同同级修的里程和时间间隔也不同。

(1)厂修指在车辆制造厂进行的定期检修，依据车辆种类一般为4～12年。厂修以后，车辆性能应达到或接近新车的水平。

(2)段修由车辆段承担，依据车辆种类一般为1～3年，全面拆解转向架、车钩缓冲装置和制动系统，进行探伤、清洗，更换损坏和磨耗过限的配件，车辆外部喷漆，重新组装。

(3)辅修和轴检主要是对制动装置和轴承进行检修，辅修周期一般为6个月，轴检一般3个月进行一次，由检车人员目视检查，或利用磁粉探伤、超声探伤检查。

第二节　铁道机车

铁道机车是铁路运输的牵引动力，依据其担当作业任务的性质，分为列车机车和调车机车。列车机车担当正线列车牵引任务；调车机车在车站担当调车任务。

一、机车分类

1. 按牵引动力分类

铁道机车按牵引动力分为蒸汽机车、内燃机车和电力机车。

(1)蒸汽机车

蒸汽机车带有煤水车和锅炉，利用蒸汽机，把煤燃烧产生的化学能转变为热能，使锅炉中的水变为高压蒸汽，推动活塞往返运动把蒸汽内能换变为机械能，从而带动列车运行。蒸汽机车曾经在铁路发展史上发挥过重要作用，但由于其热效率低(小于10%)、乘务人员作业条件差，已经逐渐退出了历史舞台。1988年12月25日，我国大同机车厂生产了最后一台前进型蒸汽机车(如图4-2-1所示)，从此结束了我国生产蒸汽机车的历史。

(2)内燃机车

内燃机车(如图 4-2-2 所示)是以内燃机(通常为柴油机)作为原动力,通过传动装置驱动车轮的机车。内燃机车热效率较高(约 30%),不需要接触网,运用比较灵活,车站调车工作一般均采用内燃机车。

图 4-2-1　前进型蒸汽机车

图 4-2-2　东风 4 型内燃机车

(3)电力机车

电力机车(如图 4-2-3 所示)是指从接触网或第三轨获取电能,再通过电动机驱动车辆行驶的机车。电力机车热效率高,牵引功率大,起停车性能好,不产生废气,因而在轨道交通系统中得到了广泛的应用。

图 4-2-3　SS_4 型电力机车

2. 按运用机车的运输种别分类

运用机车的运输种别根据列车车次、列车组成、工作地点和国铁集团、铁路局集团公司有关文件及命令的规定分为客运工作机车、行包专运工作机车、货运工作机车、路用工作机车、补机工作机车、专用调车工作机车和其他工作机车,为分别担当旅客列车、行包快运专列、货物列车、路用列车牵引任务、在补机区段内担任补机、固定在车站专门担任调车工作以及上述六种工作以外的运用机车。

3. 按运用机车的工作种别分类

依据其在牵引列车工作中发挥的作用划分为：

(1)本务机车，为牵引列车担任本务作业的机车。两台机车牵引列车及组合列车，第一台按本务，第二台按重联。

(2)重联机车，为图定或根据调度命令附挂于本务机车次位，在列车中担任辅助牵引的机车。

(3)有动力附挂机车，指根据调度命令附挂于列车回送的有动力机车。

(4)单机，是为均衡牵引区段两端的机车数而放行的机车。《技规》规定，单机也可以挂车，在坡度不超过12‰的区段，以10辆为限；超过12‰的区段，由铁路局集团公司规定；超过规定辆数时，按货运列车统计。

4. 按机车的运用状态分类

按机车运用状态分为运用机车和非运用机车。运用机车是参加各种运用工作的机车；非运用机车是指未参加运用工作的机车，包括短期备用、检修及国铁集团、铁路局集团公司批准的其他机车。

二、机车的性能和基本构造

(一)内燃机车

内燃机车是以内燃机为原动力的机车，按传动方式的不同分为电力传动内燃机车、液力传动内燃机车和机械传动内燃机车。电力传动内燃机车通过内燃机带动发电机发出电能，再利用电能驱动电动机，将动力传递到轮对；液力传动内燃机车使用液力传动装置把内燃机产生的动能传递给轮对，驱动列车运行；机械传动内燃机车则通过齿轮传动系统将内燃机发出的动力传递到轮对。比较起来：液力传动效率低、油耗大；机械传动具有技术局限性；而电力传动效率高、油耗低，调速、变向操纵方便，我国铁路主要采用电力传动内燃机车。内燃机车自带燃料，运用灵活，适用于非电气化铁路的列车牵引和车站调车工作。

内燃机车主要由柴油机、传动装置、走行部、车钩缓冲装置、制动装置等部分组成。电力传动内燃机车的传动装置包括主发电机、整流装置、牵引电动机，主发电机发出的电能，通过整流装置提供给牵引电动机，驱动列车运行。

(二)电力机车

电力机车具有功率大、过载能力强、速度快、整备作业时间短、维修量少、运营费用低、便于实现多机牵引、能采用再生制动以及节约能量等优点，使用电力机车牵引，可以提高列车运行速度和牵引定数，从而大幅度地提高铁路的运输能力和通过能力，在我国铁路得到广泛应用，城轨交通系统也无一例外地采用电力牵引。

电力机车按照供电电流的不同分为直流供电和交流供电两种供电制式。我国铁路采用25 kV、50 Hz单相工频交流电向机车供电，使用自主研制的交-直流韶山型电力机车和和谐型电力机车。交-直流韶山型电力机车是靠顶部升起的受电弓，从接触网上取电，经机车内的主变频器降压，再经整流装置将交流电转换为直流电，供给直流牵引电动机，经齿轮传动装置转换成机械能后,牵引列车运行。

电力机车主要由车体、走行部、车钩缓冲装置、制动装置和牵引传动装置等设备组成。机车走行部为两台三轴转向架,在每根车轴上都装有一台牵引电动机。

1. 电力机车的电气回路

电力机车上的电气设备分别装设在主电路、辅助电路和控制电路三条电气回路中。

(1)主电路

主电路中设置的电气设备主要有受电弓、主断路器、主变压器、调压开关、硅机组、平波电抗器、牵引电动机和制动电阻等。

①受电弓:机车顶部装有两套受电弓,受电弓紧压接触网导线滑行从电网上取得电流。机车运行时机车只需升起一套受电弓,另一套受电弓作为备用。

②主断路器:主断路器用来接通或断开电力机车高压电路。当主电路发生短路、接地或整流调压电路、牵引电动机等设备发生故障时,它能自动切断机车电源,实现对机车上设备的保护。

③主变压器:把从接触网上取得的 25 kV 高压电降低为牵引电动机所使用的电压。变压器共有 4 个绕组;1 个一次绕组接 25 kV 高压电;3 个二次绕组,其中牵引绕组用来向牵引电动机供电,励磁绕组用在电阻制动时给电动机提供励磁电流,辅助绕组用来给机车的辅助电动机供电。

④调压开关:用来调节牵引变压器中二次侧牵引绕组的输出电压,从而使牵引电动机的端电压得以改变,以达到机车的调速目的。

⑤硅机组:将交流电整流后,向牵引电动机提供直流电。

⑥平波电抗器:由于牵引电动机本身的电感极小,不足以将整流后的电流滤平到所需要的范围,因此,在牵引电动机电路中串联一个增大电感的平波电抗器,以减小整流电流的脉动。

(2)辅助电路

辅助电路电源来自主变压器的辅助绕组,通过劈相机将单相交流电转变成三相交流电后,供给牵引通风机,油泵机组和空气压缩机等辅助电动机使用。

(3)控制电路

利用低电压控制高电压,采用各种控制开关、接触器和电控阀等控制电器操控主电路和辅助电路,以保证机车和其他用电设备的安全运行。

2. 电力机车的制动系统

当机车需要制动时,除使用空气制动装置外,还可以辅以电阻制动。当司机扳动转换开关,从牵引位转到制动位时,牵引电动机从串励电动机转变为他励发电机,把电枢绕组同制动电阻连接起来。这样,车轴带动电动机的电枢绕组,施加电阻制动,发出的电流经制动电阻变成热能散逸。

3. 电力机车运行方向的控制

电力机车运行方向的控制,采用改变牵引电动机励磁绕组的电流方向实现。

除此之外,电力机车上还有防空转系统、过压、过流、短路、接地等各种保护装置,以及司机室的显示屏装置。

第三节 动车组

动车组是由动车和拖车或全部动车固定编组，两端均为设置了司机室的流线型头车，具有良好的空气动力学性能，适合高速运行的旅客列车。

一、动车组的分类

动车组按照动力来源分为电力动车组（Electronic Multiple Unit，EMU）和内燃动车组（Diesel Multiple Unit，DMU）；按照动力配置分为仅两端头车具有牵引动力的动力集中式动车组和动车分散配置或全为动车的动力分散式动车组。

二、动车组的基本构造

动车组由动车和拖车固定编组而成，其车辆由车体、转向架、车辆连接装置、制动装置、牵引传动系统等组成。

1. 车体

车体供旅客乘坐，为列车电气控制设备提供安装场所。为了减小列车运行阻力，车体外形设计为流线型，车体表面平整光滑，车门、车窗无突出或凹陷，车体下部设置裙板，与普速列车有较大差别。车体采用轻质、高强度材料，以降低轮轨冲击力，减少能耗。为了防止车内在经过隧道或列车交会时产生较大的气压变化，动车组的车体都具有良好的气密性，其集便装置、盥洗设施与车外密封。空气调节装置能够保持车内适宜的温度、湿度和氧气含量。

2. 转向架

高速列车的转向架由构架、轮对、弹性悬挂装置和牵引装置构成。其悬挂装置采用二系悬挂，轮对和构架之间的弹性悬挂装置称为一系悬挂装置，一般采用螺旋弹簧，并设有液压减振器；设在构架与车体之间的悬挂装置通常采用空气弹簧，称为二系悬挂装置。牵引装置用于车体与转向架之间的连接，传递牵引力和制动力，在经过曲线地段时使车体与转向架之间自由回转。

动车组转向架分为动车转向架和拖车转向架。动车转向架上安装有电动机和齿轮传动装置及空气制动单元；拖车转向架没有电动机和齿轮传动装置，仅有空气制动单元。

3. 车辆连接装置

动车组的车辆连接装置包括车钩缓冲装置和折棚风挡，采用密接式车钩，能够实现列车气路和电路的自动对接，形成密闭的车辆间通道。

4. 制动装置

高速动车组运行速度大，制动距离长，为保证列车运行安全，采用包括动力制动和摩擦制动在内的复合制动方式。动力制动包括再生制动、电阻制动、轨道涡流制动和旋转涡流盘式制动；摩擦制动包括闸瓦制动、盘形制动和磁轨制动。

动力制动是在列车制动过程中，将牵引电动机变为发电机，利用列车运行的巨大动能使转子做切割磁力线的回转运动，而产生与供电接触网同频率同相位的交流电，并反馈给接触网，从而在制动过程中使列车的动能得到回收。在高速动车组的制动过程中，优先使用再生制动,辅以电阻制动,当列车速度下降,动力制动产生的制动力不足时,逐步加入拖车的空气制动,直至全部车辆的空气制动力。

5. 牵引传动系统

动车组的牵引传动系统由受电弓、主断路器、牵引变压器、脉冲整流器、牵引逆变器、牵引电动机等组成。动车组一般采用分散式动力系统,因而总功率大,轴重较轻,具有较好的起动和加速性能。

三、动车组主要技术特点

1. 车体结构轻量化

为了节省牵引功率,降低列车高速运行所引起的动力作用对线路结构、车辆结构产生的损伤,提高乘客乘坐的舒适度,减轻因振动引起的噪声,需要最大限度地降低高速动车组的轴重和簧下质量。实现车体结构轻量化的主要途径有两个:一是车体使用轻量化的材料,如采用铝合金、碳素纤维等新材料;二是在保证车体强度和刚度的基础上,对车体结构进行优化设计,以减轻车辆自重。

2. 高结构强度

列车在运行过程中,车体作为承载结构除了承受旅客的重量和各种设备的重量外,还要承受横向、纵向、垂向以及扭转等各种动态荷载。因此,车体必须具有足够的强度和刚度,既要满足静强度要求,还要满足疲劳强度要求。

3. 减振降噪、密封隔声

振动和噪声不仅令人心烦,而且还会容易使人体产生疲劳感。高速列车气动噪声能量与列车速度的6～8次方成正比,列车速度从200 km/h提高到300 km/h,气动噪声将提高10～14 dB。在高速动车组上应用了大量的高性能新型隔振吸声材料,以隔离和减弱来自车下和车外的振动和噪声。

4. 良好的气动外形

随着列车运行速度的提高,列车与周围空气的动力作用加剧。当列车在隧道内高速运行或列车交会时,这些动力作用会更强烈。当列车以高速度通过车站时,列车风将给铁路工作人员和旅客带来危害。好的车头设计可以有效减少列车运行空气阻力、列车交会压力波和解决运行稳定性等问题,有效减少列车表面压力、隧道内列车表面压力和列车风等问题。

5. 高性能转向架技术

转向架运行平稳性和安全性直接影响列车的运行速度。因此,对于高速转向架要求具有高速运行的平稳性和良好的曲线通过性能,以满足安全、平稳、舒适的要求。

6. 复合制动技术

高速列车的制动能力主要由紧急制动距离来决定,动车组的制动设备要根据规定的紧急制动距离设计和安装,以保障高速列车的安全。所以高速动车组采用电气与空气联合制动模式,电气制动优先;操纵控制采用电控、直通或微机控制电气指令式等灵敏而迅速的系统;采用多级制动控制方式(网络控制、电空制动控制、空气制动控制三级控制)。

四、我国标准动车组的型号编码规则

我国自行研制的中国标准动车组统一命名为“复兴号”，其型号用7位字母或数字表示：

(1)“CR”为中国铁路“China Railway”的英文缩写；速度等级以3位阿拉伯数字表示：“400”代表车辆设计速度为300～400(含)km/h；“300”代表车辆设计速度为200～300(含)km/h；“200”代表车辆设计速度为100～200(含)km/h。

(2)企业识别代码以一位大写英文字母表示：“A”表示中车四方股份公司申请定型的动车组；“B”表示中车长客股份公司申请定型的动车组。

(3)技术类型代码以一位大写英文字母表示：“F”表示动力分散电力动车组；“J”表示动力集中电力动车组；“N”表示动力集中内燃动车组；“P”表示动力分散内燃动车组；

(4)技术配置代码以一至两位大写英文字母表示：每个型号的基本车型不设技术配置代码(如CR400AF)，衍生车型技术代码由“A”开始排列(如CR400AF-A)，用以区分同型号下不同编组形式、不同定员、不同车种、不同运用环境适应性和综合检测用途等不同技术配置的改进型产品，基础车型技术配置代码缺省，衍生型号：“-A”表示16编组的长编组列车；“-B”表示17编组的超长编组列车；“-C”表示8编组智能动车组，其中CR400BF-C为京张高速铁路专用，CR400AF-C为京津城际专用；“-G”表示8编组高寒动车组；“-Z”表示量产智能动车组；“-BZ”表示17编组的智能动车组；“-GZ”表示高寒智能动车组。

目前，复兴号动车组已有覆盖160～350 km/h不同速度等级、满足不同运用需求的13款型号：CR400AF、CR400AF-A、CR400AF-B、CR400AF-C、CR400AF-G，CR400BF、CR400BF-A、CR400BF-B、CR400BF-C、CR400BF-G；CR300AF、CR300BF；CR200J。

五、动车组检修

动车组实行计划性的预防检修。检修分为一级、二级运用检修和三级、四级、五级定期检修。一级检修周期：运行里程4 000 km或48 h；二级检修周期：15 d；三级检修周期：运行里程120万km；四级检修周期：运行里程240万km；五级检修周期：运行里程480万km。

我国动车组采用预防为主、以磨损理论为基础的计划预防维修制，“以可靠性为中心”以故障统计理论为基础的预防维修制度。

第四节 磁悬浮列车和摆式列车

一、磁悬浮列车

磁悬浮铁路是利用电磁系统产生的磁力将车辆托起，使整个列车悬浮在导轨上，利用电磁力导向，采用直线电机将电能直接转换成推动列车前进的水平力。它消除了轮轨之间的接触，无摩擦阻力，线路垂直负荷小、时速高、无污染、安全、可靠、舒适。

从20世纪60年代，一些国家就开始研究磁浮系统，其中德国和日本被公认为技术较为先进的国家，德国采用常导磁吸式磁浮列车，而日本则采用超导磁斥式磁浮列车。我国从20世纪80年代初开始研究这项技术，2021年7月20日，由中国中车承担研制、具有完全自

主知识产权的我国时速 600 km 高速磁浮交通系统(如图 4-4-1 所示)在青岛成功下线,这是世界首套设计时速达 600 km 的高速磁浮交通系统,标志着我国掌握了高速磁浮成套技术和工程化能力。

1. 磁浮铁路的特点

(1)车轨间无接触运行

磁悬浮列车利用电磁系统产生的磁力,使列车悬浮在导轨上,利用电磁力导向,使用直线电机推动列车运行。由于车轨间无接触,因而不需要设置车轮,不产生轮轨摩擦阻力,噪声和振动小。

(2)运行速度快

可达 600 km/h 及以上速度,且运行平稳。

(3)安全、可靠

由于磁悬浮系统采用导轨结构,不会发生脱轨和颠覆事故,列车运行安全性和可靠性好。

图 4-4-1 2021 年 7 月 20 日下线的中国 600 km/h 高速磁浮列车

(4)无污染,无公害

磁悬浮列车采用电力牵引,无废气排出,对环境无污染。

(5)故障少

其主要部件结构单一、牢固,因而故障少,大修周期长。

(6)减少占用地面空间

磁悬浮铁路一般采用高架形式建设,可减少占用地面空间。

但是,由于磁悬浮系统建设费用和维护成本高,不能与轮轨系统互通互联,致使其发展受到很大限制,至今只有中国建成了投入商业运营的 1～2 条磁浮线路。

2. 磁悬浮系统的构成

磁悬浮系统主要由悬浮系统、导向系统和推进系统三大部分组成。

(1)悬浮系统

磁悬浮列车的底部装有悬浮电磁铁,它是由电动机中的转子部件充当的,而在导轨上相应固定着电磁导轨。向导轨通电后,由于电磁感应现象,在线圈里产生电流,地面上线圈产生的磁场极性与列车上的电磁体极性总是保持相反,这样在线圈和电磁体之间就会一直存在引力，车体受到吸引力与重力的共同作用而保持平衡。

(2)导向系统

在侧面装有侧向电磁体(车体上)与侧向导轨(路轨上)，它们之间的磁极极性同，故互相排斥，使车体不至于与导轨碰撞，并使列车行驶时保持稳定，磁悬浮列车不与导轨接触，而不存在轮轨摩擦阻力。

(3)推进系统

在位于轨道两侧的线圈里流动的交流电，能将推进线圈变为电磁体。由于它与列车上的超导电磁体的相互作用，就使列车开动起来。列车前进是因为列车头部的电磁体(N 极)被安装在靠前一点的轨道上的电磁体(S 极)所吸引，并且同时又被安装在轨道上稍后一点的电磁体(N 极)所排斥。前进一步后，线圈里流动的电流流向就反转过来了。其结果就是原来那个 S 极线圈，变为现在的 N 极线圈了，反之亦然。这样，列车由于电磁极性的转换而得以持续向前奔驰。

3. 超级高铁

高速铁路的列车运营速度不仅取决于铁路线路和列车的技术条件，而且取决于运营支出。由于列车运行时受到的空气阻力与列车运行速度的二次方成正比，所以列车运行速度的进一步提高受到技术条件和能耗条件的双重限制。于是人们想到如果让列车在真空管道中运行，空气阻力消失了，列车一定可以达到空前的速度，这样就出现了“真空管道运输”的概念。所谓“超级高铁”就是把磁悬浮技术和真空管道技术结合起来，使磁悬浮列车在真空管道中无空气阻力的条件下运行，从而轻松达到 1 000 km/h 以上的高速。超级高铁是在真空管道中运行磁悬浮列车的轨道交通系统。

目前中国、美国和俄罗斯等国家正在进行超级高铁的研制和实验。我国 2004 年 12 月，召开了“真空管道高速交通”研讨会，论证了真空管道高速交通的可行性，2011 年，西南交通大学研发出全球第一个同时结合真空管道、磁悬浮及线性驱动技术的完整真空管道试验设备“真空管道磁浮车实验系统”；2017 年 8 月 29 日中国航天科工公司宣布启动速度 1 000 km/h“高速飞行列车”的研发项目，后续还将研制最大运行速度为 2 000～4 000 km/h 的超级高速列车。

超级高铁的出现将使遥远变咫尺，彻底改变人类出行的概念，把地球变成真正意义上的“地球村”。

二、摆式列车

摆式列车最早出现于欧洲国家。这些国家领土面积不大，经济发达，路网形成较早，因而其铁路线路的技术条件不适合开行高速列车。除修建高速铁路新线外，人们发明了摆式列车，以提高旧线的列车运行速度。

摆式列车的特点是在通过弯道时，列车的车体可以实现向圆心方向一定程度的倾斜，从而在一定外轨超高的条件下，增加向心力，使列车的运行速度得以提高。依据车体的倾摆控制方式，摆式列车分为自动倾摆和被动倾摆两种。

我国广深铁路 1996 年曾从瑞典租借了一列 X2000 摆式列车(如图 4-4-2 所示)，在设计时速 160 km 的线路上，达到了 200 km/h 的列车运行速度。

图 4-4-2 曾在广深铁路运行的 X2000 摆式列车

第五节 城市轨道交通车辆

城市轨道交通车辆依据功能分为电客车和工程车。电客车是载客车辆；工程车用于维护线路设备，承担突发事件处理、事故救援等工作。

一、城市轨道交通车辆的结构和运用特点

城市轨道交通车辆是为市域旅客运输服务的交通工具，在车辆构造和运营管理方面，与普铁客车和高铁动车组相比，具有显著的区别和特点。

1. 座位少

城市轨道交通为市内交通服务，乘客乘车距离一般较短，因而城轨车辆只沿车辆侧墙布置纵向座椅，留出中间宽阔的空间供乘客站立，以增大列车的载客能力，便于快速疏解客流。图 4-5-1 为地铁电客车客室布局情况。

图 4-5-1 地铁电客车客室布局

2. 车门多，均为两页车门

城轨交通站间距离较短，一般 1～2 km。列车在运营过程中频繁起停。为提高列车旅行速度，列车停站时间很短，一般为 30～50 s。为加快乘客乘降，地铁车辆设置较多车门：一般 A 型车每侧各设 5 个车门，每车 10 门；B 型车每侧 4 个车门，每车 8 门；车门均为两页，门

宽 1 400 mm,开度大;车门开闭时,两门页同时动作,缩短了开闭时间;乘客从车门中间下、两边上,同时上下,保证了在最短时间内完成乘降。

3. 车底板高度保持恒定

为了使车底板始终与车站站台保持等高以方便乘客上下,地铁车辆的悬挂装置具有根据车辆载运乘客人数的变化调整空气弹簧气量的功能,使车辆保持左右平衡且车底板高度不因载客量变化而改变。由于城轨车辆采用密接式车钩,可以减少车辆运行过程中的纵向冲击力。

4. 1 500 V 或 750 V 直流供电制式

城市轨道交通采用直流供电,因为直流电适合电气牵引的调速要求,而且直流牵引接触网结构简单,建设投资少,电压质量高。我国国家标准采用 DC 750 V(第三轨供电)和 DC 1 500 V(接触网供电)两种。

5. 采用综合制动系统

城市轨道交通车辆以动力制动为主。实施制动时,首先启动再生制动辅以电阻制动,当列车速度降低至动力制动力不足时,逐步启动空气制动,列车制动能耗小、制动过程平稳。

6. 列车运行自动化程度高、安全性好

采用 ATC 列车运行自动控制系统,集行车调度指挥、运行调整及列车运行监控、安全防护、自动驾驶等功能为一体,可以实现无人驾驶。

7. 列车开行频次高

为适应客流的聚集速度,城轨交通系统列车开行密度很大,在客流平峰期,列车开行间隔一般在 5～6 min,在客流高峰期,列车追踪间隔常小于 2 min。

8. 适应客流变化的列车运行图

城市轨道交通列车运行图通常按不同客流量编制若干分号图,例如工作日运行图、周末运行图和节假日运行图,依据每日不同时段客流的变化规定不同的列车开行密度;当客流发生较大变化时,还可以随时编制列车运行调整计划,方便旅客乘车。

二、地铁电客车的分类

1. 按车辆的载客能力分

轨道交通车辆分为 A 型、B 型和 C 型,其内部结构基本相同,车宽不同,因而载客能力也不同。

(1)A 型车宽 3 m,轴重 16 t。

(2)B 型车宽 2.8 m,轴重 14 t。

(3)C 型车宽 2.6 m,轴重 11 t。

根据客流量大小,地铁线路选用 A 型车或 B 型车;轻轨系统采用 C 型车。地铁的“车辆定员数”为车辆座位数与车厢内空余面积站立的乘客数之和,站立乘客数按 6 人/m^2 设计。A 型车“车辆定员数”为 266 人,B 型车“车辆定员数”为 198～215 人。客流高峰期的载客量按 9 人/m^2 计算。

2. 按车辆是否有动力分

(1)动车(Moter car,M),指带有牵引电动机和传动装置的车辆。

(2)拖车(Trailer,T),指没有牵引电动机和传动装置、自身没有动力的车辆。

3. 按是否有司机室分

(1)带有司机室(Cab)的车辆。

(2)不带司机室的车辆。

4. 按是否带受电弓分

(1)带受电弓(Pantograph)的车辆。

(2)不带受电弓的车辆。

5. 按牵引供电电压分

地铁供电为:

(1)采用接触网 1 500 V 直流供电的车辆。

(2)采用第三轨 750 V 直流供电的车辆。

三、城市轨道交通列车的编组

城市轨道交通系统对于列车中各类车辆的编挂数量及其在列车中的编挂位置有一定的要求,例如,列车的编成辆数应满足乘客聚集强度的需要,即依据运行图规定的列车开行间隔,到达各站时能容纳站台上聚集的乘客;列车两端的头车应为司机提供布设操控列车的驾驶室,须配备有从接触网或第三轨取电的受电弓或集电靴的车辆,带有受电弓的动车应与不带受电弓的动车紧邻以便于电力的传递等。

1. 列车编组

城市轨道交通列车中编挂的各类车辆的数量及其编挂位置称为列车编组。在城市轨道交通列车中,动车和拖车通过车钩连接形成的一个相对固定的编组称为编组单元;每个单元都可作为单独的列车运行,也可以多个单元组合在一起形成一个列车。

我国几个城市的地铁列车编组为:

宁波地铁、西安地铁 3 号线采用"4M2T"的编组形式,由两个 Tc * Mp * M 编组单元组成,表示为=Tc * Mp * M-M * Mp * Tc=,其中"Tc"表示带司机室的拖车,"Mp"表示带受电弓的动车,"M"表示不带受电弓的动车,"="表示自动车钩,"-"表示半自动车钩,"*"表示半永久连接杆。

2. 车辆编号和标识

地铁列车上,同类的机械或电气系统通常在列车或车辆上按长度方向均匀分布或沿宽度方向对称分布,在检测车辆设备状态和检修车辆故障时,需要准确说明是列车中的哪一节车厢、该车厢的具体哪一个设备,因而要对列车中的车辆和车辆中的设备进行编号和标识。例如,列车有一个车门发生故障,检修人员去检修时必须知道该故障车门是在哪一节车厢,找到了车厢还必须准确定位故障车门在该车厢的位置。

(1)车辆编号

目前,我国各地铁公司对车辆编号尚没有规定统一的编码规则,但一般都包括线路代码、列车顺序号、车厢在本列车中的序号三部分,例如兰州地铁编码为 A0131 的车辆是 1 号线第 13 列电客车中的第一辆。车辆编码一般涂打在车厢端墙上。

(2)车端的定义

每节车厢都有两个车端,分别定义为1位端和2位端:站在车厢内,面向本单元的司机室方向,则前方车端为1位端、后方车端为2位端。

(3)转向架和车轴的编号

每辆车有2个转向架,位于1位端的转向架定义为转向架1,位于2位端的转向架为转向架2。每辆车的4根车轴,从1号端开始至2号端依次编为轴1、轴2、轴3和轴4。

(4)车门和门页的编号

车门的编号:自1位端至2位端,沿着每辆车的左侧编为由小到大的连续奇数,即1、3、5、7、9;右侧编为由小到大的连续偶数,即2、4、6、8、10。

门页的编号:站在车内,面向车门,左边的门页为A页;右边的门页为B页。

(5)座椅的编号

每辆车的左侧和右侧分别有靠着侧墙纵向排列的4~5个座椅。站在车内面向1位端,自1位端到2位端,左侧的座椅依次编为连续奇数:座椅1、座椅3、座椅5、座椅7、座椅9;右侧的座椅依次编为连续偶数:座椅2、座椅4、座椅6、座椅8、座椅10。

四、城市轨道交通电客车的基本构造

城市轨道交通车辆由车体、转向架、车辆连接装置、牵引传动系统、制动系统及辅助供电系统构成。

1. 车体

城轨车辆车体由底架、侧墙、端墙、车顶等部件焊接成结构骨架(如图4-5-2所示),再安装内饰板、外蒙皮、地板、顶板及隔热、隔音材料形成。车体的作用是为旅客提供乘车空间、为司机提供设置驾驶设备和操作的场所;安装机械和电气设施。这些设备以安装位置的不同分为车顶设备、车内设备和车底设备。

图4-5-2 车辆壳体

2. 转向架

转向架(如图 4-5-3 所示)是车辆的走行部,分为动车转向架(如图 4-5-4 所示)和拖车转向架(如图 4-5-5 所示)。在动车转向架上安装有牵引电动机、传动齿轮箱和制动装置;在拖车转向架上仅安装有制动装置。

图 4-5-3　电客车转向架侧面

图 4-5-4　电客车动车转向架

图 4-5-5　拖车转向架

3. 车辆连接装置

车辆连接装置包括车钩缓冲装置和贯通道装置。

牵引缓冲装置由车钩、缓冲装置和电路和气路的接口装置组成。车钩又称为牵引连挂装置,用来保证车辆之间的连接,并传递牵引力、制动力和纵向冲击;缓冲装置用来缓冲纵向力,增加列车运行的平稳性和旅客的舒适度;电路和气路的接口装置用以连接贯通全列的电路和气路。

贯通道装置位于两车厢的连接处(见图 4-5-6),可适应车厢间的相对位移,且具有良好的防雨、防风和隔热降噪功能。

车体、转向架和车辆连接装置形成车辆的主体结构,车辆的其他设备都是安装在这一主体结构上的。例如,为乘客服务的车内设备(照明设备、空调设备、座椅)设置在车体内;车辆牵引传动系统的受电弓安装在 Mp 车顶,高压箱、辅助逆变器、蓄电池箱等安装在车底,电动机、传动齿轮箱及空气制动单元安装在动车转向架上,列车电路和气路由车辆连接装置接通等。

图 4-5-6 城轨车辆贯通道

4. 牵引传动系统

牵引传动系统的主要功能是牵引功能和电制动功能。城市轨道交通车辆所需的电力来源于国家城市电网，经过牵引变电所降压、整流，将高压交流电转变为 DC 1 500 V 或 DC 750 V，由馈电线将电能传递给接触网或第三轨，列车通过受电弓（接触网）或受电靴（第三轨供电）取电。在牵引工况下，电动机转子驱动车轴旋转，使列车运行；在制动工况下，列车牵引系统施加再生制动，将列车的动能转换为电能反馈到电网供其他列车使用，若列车制动时，列车牵引系统反馈的电能使电网电压超过了极限值（第三轨电压超过 1 000 V，或接触网电压超过 1 800 V），则电制动产生的电能将消耗在制动电阻上转换为热能耗散。

城轨车辆牵引传动系统由受流装置（受电弓）、主隔离开关、高速断路器、牵引逆变器、线路电抗器、牵引电动机和制动电阻等设备组成。

5. 制动系统

城市轨道交通车辆的制动系统由动力制动系统和空气制动系统组成。

动力制动是城市轨道交通车辆首选制动方式，制动时将列车运行的动能通过发电机转化为电能送回电网及经制动电阻转变为热能散发到空气中，分别称为再生制动和电阻制动。这种制动方式节省能源、无磨耗。摩擦制动是使列车的动能通过闸瓦与车轮踏面或摩擦片与制动盘摩擦的方式转变为热能，这种制动方式主要包括闸瓦制动、盘形制动。盘形制动是在车轴上或在车轮辐板侧面安装制动盘，用制动夹钳使以合成材料或者粉末冶金制成的两个闸片紧压制动盘侧面，通过摩擦产生制动力。由于作用力不在车轮踏面上，盘形制动可以大大减轻车轮踏面的热负荷和机械磨耗，制动平稳、噪声小。盘形制动的摩擦面积大，而且可以根据需要安装若干套，制动效果明显高于闸瓦制动。

城市轨道交通车辆制动控制按照以下策略施加：

（1）恒制动率控制

地铁列车载客量变化很大，重车和空车为了获得相同的减速度，应当施加不同的制动力，对重车施加的制动力应较大。为了保证列车的减速度与司机制动命令相对应，列车控制系统具有检测各节车辆负载的功能，并依据车辆的荷载自动调节各车制动缸压力，使列车运行过程中司控器的各级制动位都可保持恒定的制动率，得到恒定的减速度。列车载重量信号以列车关门后空气弹簧的压力为参考值，每节车空气弹簧的压力通过压力传感器转换为电压信号传送给列车控制系统。

(2)空气制动滞后控制

在电客车施加制动时，充分利用动车的电制动力，拖车和动车的空气制动滞后动作，车速降低后，电制动力不足的部分再由空气制动力补充。

(3)拖车空气制动优先补充控制

拖车所需要的制动力，首先由动车的动力制动承担，当动力制动力不足时，先由拖车的空气制动来补充，再由动车的空气制动力补充；当动力制动失效时，动车和拖车的空气制动均起作用。

采用拖车空气制动优先补充控制策略节能效果好，可有效防止动车车轮打滑。因为当动力制动力不足的情况下，如果动车和拖车同时施加空气制动，动车车轮受到的制动力是动力制动和空气制动的叠加，如果超过了黏着限制就会出现动车车轮打滑。

6. 辅助供电系统

辅助供电系统的主要功能是为车辆配备的空调设备、空气压缩机、照明设备、列车控制设备和蓄电池充电设备提供电力。城市轨道交通的辅助供电系统由辅助逆变器(DC/AC变流器)和低压电源(DC/AC变流器和蓄电池)组成。辅助逆变器把受电弓接收的1 500 V(接触网)或750 V直流电转变为380 V、220 V交流电和110 V、24 V直流电为车上的用电设备供电。

复习思考题

1. 铁道车辆分为哪些类别？其基本构造是什么？
2. 车辆转向架的作用是什么？客车转向架和货车转向架在结构上有什么不同？
3. 长大货车有什么用途？分为几类？结构特点是什么？
4. 什么是5T系统？各有什么作用？
5. 铁道机车按运输种别和工作种别怎样分类？
6. 动车组和城轨交通车辆的牵引传动和制动系统的结构有哪些相同之处？
7. 磁悬浮铁路与传统铁路有什么不同？
8. 摆式列车的结构有什么特点？

第五章　轨道交通车站与枢纽

车站是铁路线上设有配线，办理客、货运输和行车组织业务的分界点，铁路运输的基层生产单位。技术站所在地通常还是车务段、客运段、机务段、车辆段、动车段、工务段、电务段、供电段等铁路运营管理、设备运用和维护部门集中设置的地点。城市轨道交通车站是乘客乘降和换乘的场所。轨道交通车站在运输生产中发挥着极为重要的作用。

在有多条铁路线路汇集的大中城市，一般设立多个车站，包括客运站、货运站、客货运站和编组站，各站分工协作，共同完成本地区的铁路运输任务。由发挥不同作用的车站、连接各站的铁路线路以及为铁路运输生产服务的各种运输设施组成的整体称为铁路枢纽。在航空、水运、公路和铁路、城轨等多种运输方式交会的城市，可以充分发挥不同运输方式的特点和优势，构建相互通达、快捷换乘、现代化、自动化和智能化的综合交通枢纽。

学习目标

◎ 素质目标

(1)随着科学技术的不断进步和发展，紧跟铁路车站运输生产作业方式的变化，培养学生创新意识。

(2)培养学生踏实严谨的职业精神，以系统化的思想来看待枢纽各站的分工配合，树立大交通枢纽意识。

◎ 知识目标

(1)掌握铁路车站的分类及需配备的运输设备。

(2)理解车站等级对于运输设备和人员配备的影响。

(3)了解高速铁路车站的设备及作业特点。

(4)掌握地铁车站的分类和运输设备特点。

(5)了解铁路枢纽车站分工和车流组织方法。

◎ 能力目标

(1)能说明车站配备的技术设备在客、货运与行车作业中发挥的作用。

(2)能说明高铁车站、地铁车站与既有线客运站在设备布局上的不同特点。

(3)能列举建设综合交通枢纽的重要意义。

第一节　车站的作用、分类及主要技术设备

一、车站的作用

车站是铁路与人民群众、厂矿企业及国家各部门间重要的联系环节，对外代表铁路与旅客、托运人和收货人办理客、货运业务，对内办理列车、车辆的各种技术作业，保证客、货运输工作的有序进行。

车站的生产活动包括客运作业、货运作业和行车作业。

客运作业是指车站办理的与旅客旅行有关的作业，如客票发售，旅客列车始发和终到，旅客候车、乘降组织，行李和包裹承运、装卸、中转、保管和交付等。

货运作业是指货物在车站发送、中转和终到所办理的各项作业，如货物承运、装卸、保管与交付，零担、集装箱货物中转等。

行车作业是指车站办理的接发列车、列车和车辆在站的技术作业以及调车作业，如接车、发车、放行通过列车，列车到达、中转和出发作业，车列解体、编组、车辆摘挂和取送作业等。

车站工作组织的水平在很大程度上影响着铁路运输工作的数量和质量指标，实现车站技术设备的自动化、信息化和智能化、完善车站作业组织是提高运输工作水平的重要环节。

二、车站的分类

车站可以按其担负的业务性质、技术作业性质、作业量及站场平面布局等不同角度分类。

1. 按业务性质分

铁路车站按业务性质分为营业站和非营业站。营业站是办理客货运输业务的车站，又分为客运站、货运站和客货运站；非营业站是不办理客货运输业务，仅办理列车到发和解编等行车技术作业的车站。

(1)营业站

①客运站

客运站是专门办理铁路旅客运输业务的车站，通常设于作为全国或地区政治、经济、文化中心的大城市和旅游胜地等有大量旅客出行、中转和到达的地点，如北京站、北京西站、上海站、广州站、郑州站、西安站(如图 5-1-1 所示)、西安北站、兰州站、兰州西站等。

由于客运站有大量旅客列车始发、终到，通常机务和车辆部门设有与车站接轨的办理客运机车、客车车底或动车组整备、检修作业的机务段、客车段或动车段。

②货运站

货运站是专门办理货物承运、装卸、中转、交付、联运货物换装等铁路货运业务的车站，一般设于大城市的工业中心、港口、矿区等有大量货物装卸、中转的地点，设有装卸设备齐全的货场、或与大量企业专用线接轨，如圃田西站(原郑州东站)、北郊站。北郊站位于上海市北部工业区，设有 3 个货场、与 53 条专用线和 4 家专用铁道接轨。货运站中集装箱办理站是专门办理集装箱运输业务的车站，其中集装箱中心站具有先进的装卸、仓储和信息管理设

施，是铁路重要的集装箱集散地和班列到发地。全路有 18 个集装箱中心站，图 5-1-2 为西安集装箱中心站。

图 5-1-1　西安站外景

图 5-1-2　气势磅礴的西安集装箱中心站

③客货运站

客、货运量都没有大到需要设站单独办理的程度，或同时具备一定客运量和货运量，因而客货运业务兼办的车站。路网上大多数车站都属于客货运站。

(2)非营业站

非营业站包括不办理客货运业务，仅办理列车解编作业的技术站和仅办理列车会让、越行的中间站。

技术站如果同时也办理货运业务，其出发车流包括汇集的中转车流和自装卸车流，车站可以采取挂线装卸的措施，为自编始发列车的正点、满轴提供车流保障和缓冲余地；但如果不办理货运业务，其自编出发列车就只有中转车流一个来源了，车站的车流组织就失去了主动性和调节能力，只能依赖铁路局集团公司调度所的协调。非营业的技术站一般设在车流比较充沛、货运站分布与城市货运需求适应程度较高的枢纽地区。

非营业的中间站包括会让站和越行站。在单线铁路，列车在站线停车，等待对向列车通过车站或在站停车后再继续前行的作业过程称为会车（如图 5-1-3 所示）；在一条正线上，前行的慢速列车到站侧线停车，后行的快速列车越过前行列车正线通过的作业过程称为列车越行（如图 5-1-4 所示）。单线铁路设立的专门办理列车会让和越行的中间站称为会让站（如图 5-1-5 所示）；双线铁路设立的专门办理列车越行的车站称为越行站（如图 5-1-6 所示）。会让站和越行站不办理客货运输业务，设立这些车站的目的在于提高铁路区段的通过能力，便于行车调度员进行列车运行调整。

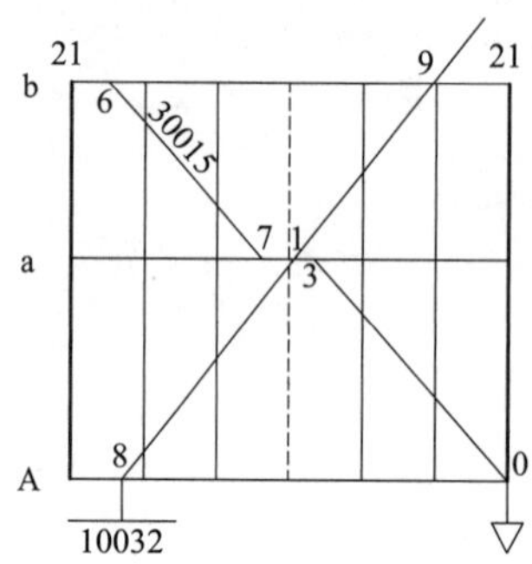

图 5-1-3　30015 次列车在 a 站等会 10032 次列车

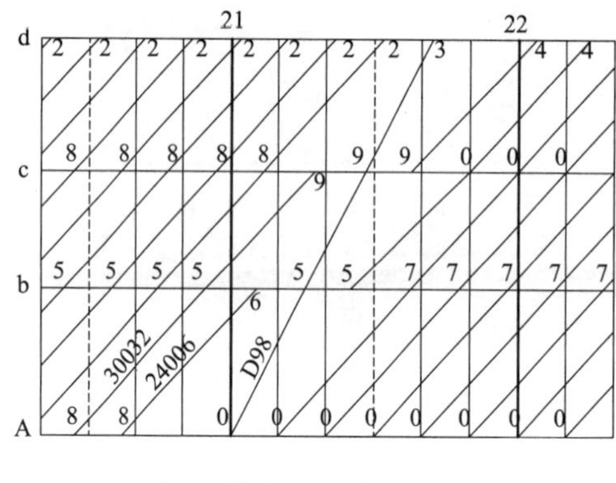

(a)D98 越行 24006 和 30032 次列车

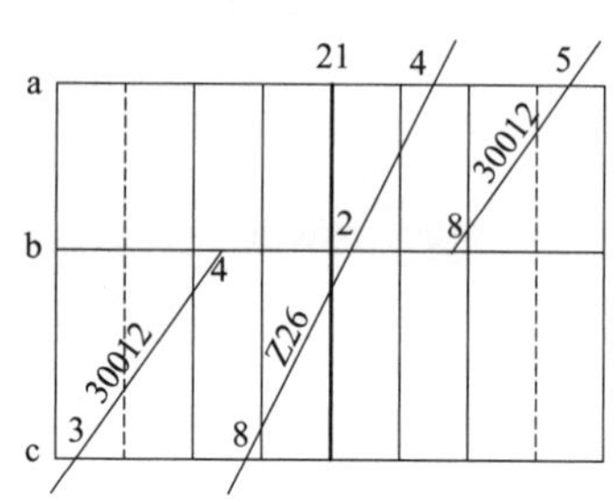

(b)Z26 越行 30012 次列车

图 5-1-4　列车越行

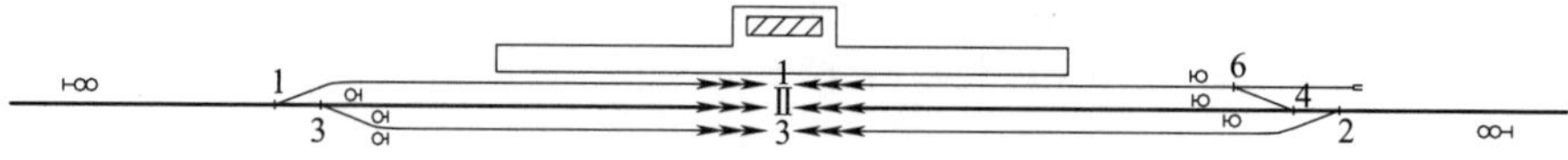

图 5-1-5　单线铁路会让站布置图

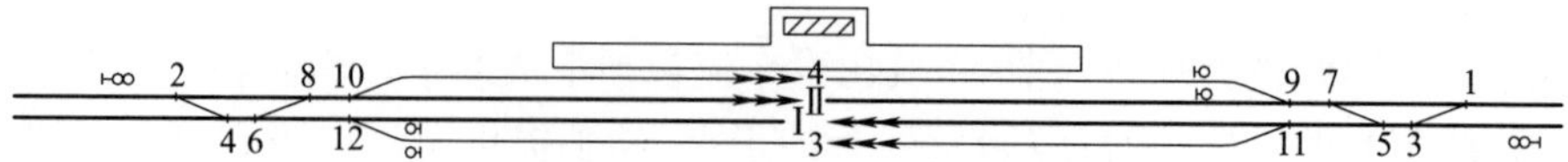

图 5-1-6　双线铁路越行站布置图

2. 按技术作业性质分类

车站按办理技术作业性质分为编组站、区段站和中间站。

(1)编组站

编组站通常设置于大城市或大厂矿所在地或衔接三个及以上方向铁路线、有大量车流集散的地点,其主要工作是改编车流,即解体和编组各种货物列车,以及机车换挂、整备、乘务组换班,列车技术检查、车辆检修等作业。因此,在设备上有较多的配线、若干车场和调车设备,设有机务段、车辆段,进行机车、车辆整备和检修作业。

(2)区段站

区段站是设置在机车牵引区段的分界处,主要办理直达、直通货物列车无改编中转技术作业、机车的更换或整备、乘务组换班,区段列车和摘挂列车的编、解作业,以及直达、直通列车的补轴、减轴作业的车站。

编组站和区段站拥有较多的技术设备,因而具有较强的车流改编作业能力,主要办理货物列车和车辆的技术作业,统称为技术站。两个技术站之间的区间线路和车站的整体称为区段。由技术站划分成的所有区段组成全国铁路网。

(3)中间站

中间站是设置在铁路区段内的车站,俗称"小站",仅办理列车接发、会让和越行等行车技术作业,营业中间站的货物运输一般依靠摘挂列车、小运转列车的车辆甩挂作业完成,旅客乘降由途经旅客列车实现,少数客、货运量较大的中间站办理市郊列车的折返和小运转列车、直达货物列车的始发和终到作业。

货运量较大、与若干企业专用线接轨的中间站可配备专用调车机车,或配备由列车调度员掌握、为几个相邻中间站服务的调度机车。

3. 按客、货运量和技术作业量分

车站按客、货运量和技术作业量的大小,在国家政治、经济、文化、外事和运输布局等方面综合因素划分为特、一、二、三、四、五等站六个等级。车站等级是车站设置相应机构和配备定员的依据。

车站等级三年核定一次,依据本站上一年度日均完成的旅客发送、到达及中转人数,装卸车数,运输进款和有调作业车数核定,核定条件见表 5-1-1。

表 5-1-1 铁路车站等级核定条件

<table>
<tr><th>办理业务类别</th><th>车站等级</th><th>日均旅客发送、到达及中转人数</th><th>日均装卸车数</th><th>日均有调作业车数</th></tr>
<tr><td rowspan="3">单项业务站</td><td>特等站</td><td>60 000 人以上,
运输进款 300 万元以上</td><td>750 辆以上</td><td>7 000 辆以上</td></tr>
<tr><td>一等站</td><td>15 000 人以上</td><td>350 辆以上</td><td>3 000 辆以上</td></tr>
<tr><td>二等站</td><td>5 000 人以上</td><td>200 辆以上</td><td>1 500 辆以上</td></tr>
<tr><td rowspan="4">综合业务站</td><td>特等站</td><td>20 000 人以上</td><td>400 辆以上</td><td>1 500 辆以上</td></tr>
<tr><td>一等站</td><td>8 000 人以上</td><td>200 辆以上</td><td>2 000 辆以上</td></tr>
<tr><td>二等站</td><td>4 000 人以上</td><td>100 辆以上</td><td>1 000 辆以上</td></tr>
<tr><td>三等站</td><td>2 000 人以上</td><td>50 辆以上</td><td>500 辆以上</td></tr>
</table>

(1)单项业务站

以办理客运(或货运/货物列车解编作业)单项业务为主的客运站、货运站和编组站,依据其办理的单项业务量核定车站等级。例如,日均旅客发送、到达及中转人数达到60 000人以上、运输进款300万元以上可核定为特等客运站;日均装卸车数达到750辆以上的货运站可核定为特等货运站;特等编组站的核定条件是日均有调作业车数达到7 000辆以上;日均改编车数达到1 500辆以上,但不足3 000辆的编组站核定为二等编组站。只有单项业务量显著较大的车站才会为单项业务单独设站,因而办理单项业务的车站均为二等及以上车站。

(2)综合业务站

兼办客运、货运和车流改编业务,且各类作业量难以分出主次的综合业务站的车站等级,需依据同时具备客运量、货运量或改编作业量三项条件中的两项来判断。例如,日均装卸车数达到100辆不足200辆、改编车数达到1 000辆不足2 000辆的车站可核定为二等站;日均旅客发送、到达及中转人数270人,装卸车10辆的中间站为四等站。

特、一、二等综合业务站不达标,但具备单项业务站条件时,可按单项业务站核定车站等级。办理综合业务,按核定条件不具备三等站条件的车站为四等站。会让站、越行站均为五等站。

在最终确定车站等级时,对某些未全部达到高一等级条件的车站,可考虑其所在地的政治、经济、文化、外事和运输布局等情况酌情调整:首都、直辖市及个别省(自治区)政府所在地的客运站、客货运站,可酌情定为特等站;省(自治区)政府所在地的车站及重要的国境站、口岸站,可酌情定为一等或二等站;工矿企业比较集中地区所在地的车站及位于三个方向以上并担当机车换挂、列车技术作业的车站,可酌情定为二等站或三等站;县级政府所在地客运站,可酌情定为三等站。

每个车站依据不同的分类标准同时具有多方面的特征,因而一个编组站可能是技术作业上的编组站、又是业务性质上的客货运站、车站等级为特等站,一个小站可能是中间站、客货运站、四等站。

三、车站主要技术设备

车站要完成运输生产任务,应根据其承担的业务性质、运量大小和技术作业的需要,配置相应的运输设备。车站的运输设备主要包括站场设备、客运设备和货运设备。

(一)站场设备

1. 线路

车站的线路包括正线、到发线、调车线、牵出线、机待线、机车走行线、货物装卸作业线和站修线等。车站配置的线路种类及数量根据该站所担负的客、货和行车作业量设置:会让站和越行站仅办理列车交会和越行作业,可只设正线和到发线;办理接发列车作业和少量客、货运业务的中间站应设置到发线、货物装卸线和旅客站台;货运量较大的车站应设置货场;技术站根据其担当的车流改编作业量,可设置到发场和调车场,作业量较大的技术站应分别设置到达场、调车场和出发场。

(1)车场的划分

编组站和区段站配备线路较多,依据线路的功能划分为不同的车场。例如在三级三场的编组站设置：由专门用于接入到达解体列车的线路组成的到达场；用于集结车流、进行调车作业的线路组成的调车场；供自编列车出发的线路组成的出发场，出发场常划分出部分外侧线路作为供无改编中转列车作业的通过车场；进行货物装卸作业的货场和车站接轨的专用线。编组站应设置调车驼峰，尾部设置一条或多条牵出线，驼峰主要担当车列解体作业，牵出线担负列车编组作业。

(2)车站股道编码方法

为便于车站作业组织和设备维修管理，车站的线路都具有唯一的编码。站内正线用罗马数字编号，站线用阿拉伯数字编号，编码规则如下：

①单线区段内的车站，从靠近站舍的线路起，向远离站舍方向顺序编号，如图 5-1-7 所示。

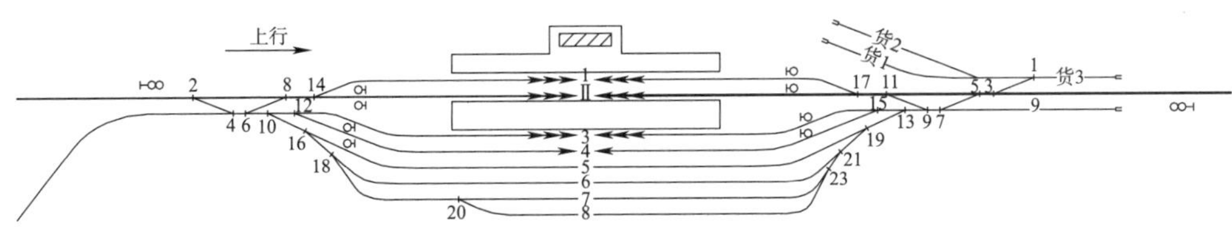

图 5-1-7 单线铁路车站站线和道岔编码

②双线区段内的车站，从正线起顺序编号，上行一侧为双号，下行一侧为单号，如图 5-1-8 所示。

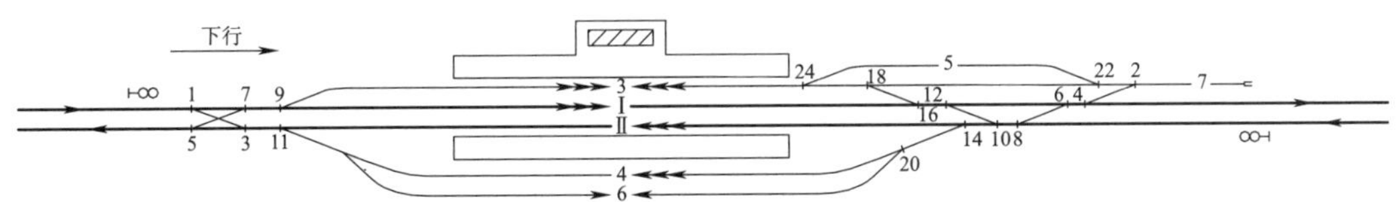

图 5-1-8 双线铁路车站站线和道岔编码

③尽端式车站，向终点方向由左侧开始顺序编号，如站舍位于线路一侧时，从靠近站舍的线路起，向远离站舍方向顺序编号；站舍位于线路终端时，面向终点方向由左侧线路起顺序编号，如图 5-1-9 所示。

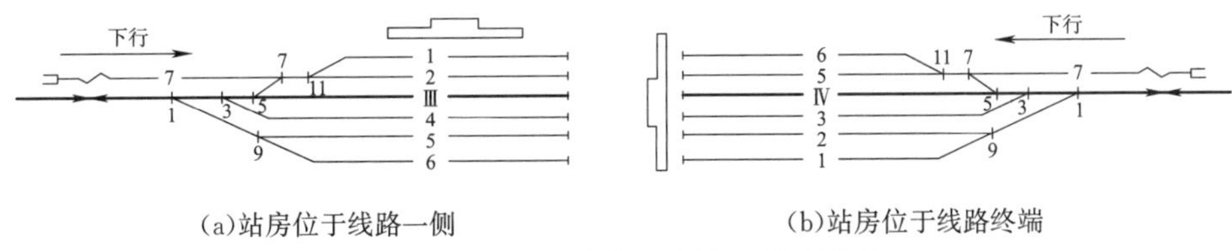

(a)站房位于线路一侧　　(b)站房位于线路终端

图 5-1-9 尽端式车站站线和道岔编码

④车站有几个车场时，各车场线路单独编号。大站一般按线路功能划分为几个车场，各车场线路单独编号。例如三级三场编组站依据车场功能划分为到达场(1 场)、编组场(2 场)和出发场(3 场)，各车场线路可采用 3 位数编码，第一位为车场标识，后 2 位为股道编号：D01(101)、D02(102)…B01(201)、B02(202)…F01(301)、F02(302)…

车站股道的编码是唯一的,在同一车站不能有相同编码的股道。

(3)道岔编码方法及定位的规定

道岔编号,从列车到达方向起顺序编号,上行为双号,下行为单号(如图 5-1-7、图 5-1-8 和图 5-1-9 所示),渡线的两个道岔应连续编号,以车场中心线为车场上行端和下行端的分界;尽头线上,向线路终点方向顺序编号(如图 5-1-9 所示)。车站划分车场时,每个车场的道岔单独编号,第一位为车场标识,后 2 位为道岔编号,如 101 标识到达场 1 号道岔、235 标识编组场 35 号道岔。一个车站的道岔不得有相同的编号。

道岔定位是指道岔除使用、清扫、检查或修理时外,须经常开通的位置。确定道岔定位的原则是保证行车安全、减少道岔转换频率。道岔的定位规定如下:

①单线车站正线进站道岔,为由车站两端向不同线路开通的位置。

②双线车站正线进站道岔,为各该正线开通的位置。

③区间内正线道岔及站内正线上其他道岔(引向安全线、避难线的除外),为正线开通的位置。

④引向安全线、避难线的道岔,为安全线、避难线开通的位置。

⑤到发线上的中岔,为到发线开通的位置。

⑥其他由车站负责管理的道岔,由车站规定。

车站道岔的定位,应在《站细》内记明。集中操纵的道岔及不办理接发列车的非集中操纵的道岔可不保持定位(到发线上的中岔和引向安全线、避难线的道岔除外)。段管线道岔的定位,由各段自行规定。

(4)线路有效长

线路有效长是指供列车或车辆作业的线路(例如车站的到达场、出发场、到发场、通过车场、调车场、站修线、货场、油罐车洗槽线的线路,专用线的装卸线)上可以停放列车、机车车辆或车辆而不妨碍邻线列车作业和调车作业安全的线路长度。

在本线路与相邻线路以道岔相连时,线路两端警冲标内方的长度为线路有效长。供列车出发的路线与相邻线路之间设有警冲标时,该线的有效长为列车运行前方的出站信号机与后方警冲标之间的距离。图 5-1-10 给出了 1 道上、下行方向的线路有效长。

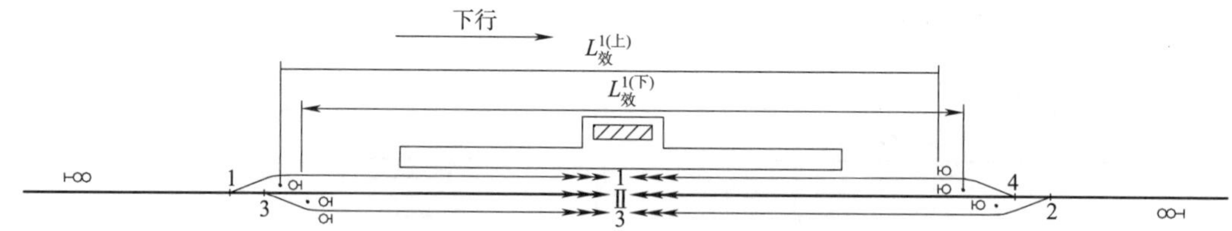

图 5-1-10　出发场、到发场线路有效长

我国客货混用Ⅰ、Ⅱ级铁路线路采用的列车到发线有效长为 1 050 m、850 m,在Ⅲ级线路上为 850 m、750 m、650 m、550 m。开行重载列车的铁路车站根据列车的长度加 10%,如大秦铁路 2 万 t 级重载列车到发线有效长为 2 800 m;旅客列车到发线的有效长度应符合列车编挂辆数的要求,高速铁路到发线采用 650 m 有效长,可以满足 439.8 m 编组 17 辆加长编组动车组的停靠需要。

2. 车站调车设备

调车作业是车站运输组织工作中最重要的生产活动，是客、货运输生产的基础，车站的全部运输生产都是依靠调车工作串接起来才能实现的。

车站调车设备包括驼峰和牵出线。在装卸作业量不大的中间站一般设置货物作业线和牵出线，车辆摘挂的调车作业由摘挂列车的本务机车担当；作业量较大的货运站设置货场、牵出线，配置调车机车，进行到达列车解体、作业车取送和列车编组作业；横列式区段站依据改编作业量大小，可在车站两端分别设置牵出线，或一端设驼峰调车设备，另一端设牵出线；编组站改编作业量大，必须配置驼峰及一条或多条牵出线。

(1)驼峰

驼峰是指峰前到达场（在不设峰前到达场时为牵出线）与调车场之间的一部分线路，它由推送部分、峰顶平台和溜放部分组成，如图 5-1-11 所示。

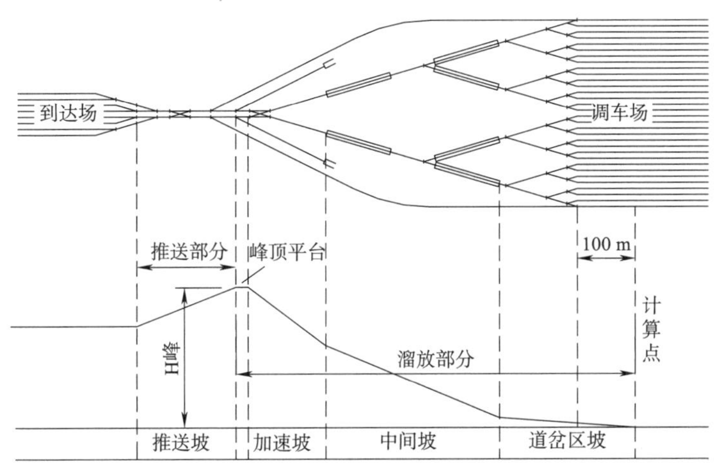

图 5-1-11 驼峰平纵断面图

推送部分指自峰顶往到达场或牵出线方向一个列车长度的线路范围，其中到达场出口咽喉的最外方道岔至峰顶平台间的线段称为推送线。设置这一部分的目的在于使车辆得到必要的驼峰高度，并使车钩处于压缩状态，便于提钩。

溜放部分是峰顶至调车场头部各条线路警冲标后 100 m 处的线路范围，其中峰顶平台至调车场第一分歧道岔间的线段称为溜放线。溜放部分的长度称为驼峰计算长度，其末端称为驼峰计算点，计算点与峰顶的水平高差称为驼峰高度。因为各调车线的警冲标一般不在同一条横向线的位置上，所以每一调车线各有一个计算点。

驼峰的推送部分与溜放部分的连接处，设有一段平台，称为峰顶平台，用以缓和两个不同坡段的连接，防止车钩折损。

驼峰调车作业是指在驼峰编组站，由调车机车推峰，使车列利用其在峰上产生的势能和动能自动溜向指定的股道和停留位置，并利用调速设备控制车辆溜行速度，所进行的调车作业。驼峰作业任务主要是解体车列，在解体中照顾编组，必要时也协助峰尾牵出线进行编组作业。

从峰顶溜出的车组，在经过分歧道岔时彼此应保持一定间隔，以保证道岔的安全转换，为这一目的而对车组实施的调速称为间隔调速。

为了提高驼峰解体车列的效率,减少调车机车下峰整理车场的作业,溜出的车组应尽可能与停留车安全连挂(有特殊要求者除外)。使溜出车组能够与停留车安全连挂或在车场内的适当地点停车而对车组实施的调速称为目的调速。

我国铁路编组站多采用点连式调速系统,一般在道岔区设立两个减速器制动位完成间隔调速,同时在调车场线路内装设减速器第三制动位和连续调速工具(如减速顶、加减速顶或推送小车)完成目的调速,实现溜行车组与停留车的安全连挂。

(2)平面牵出线

牵出线是设在平道或不大于2.5‰的坡道上,一端与编组场或货场、到发场相接,依靠调车机车推力作为车辆溜放动力的调车线路。利用牵出线进行的调车作业,如车列或车组的解体、编组、挑选车组、摘挂车辆、配对货位等,称为牵出线调车。牵出线调车是基本的调车作业方法,即使在驼峰编组站,驼峰也主要担负车列的解体调车,其余各种调车作业都要利用牵出线进行。

在到达场、调车场、出发场纵列配置的车站,一般在调车场头部设置驼峰,尾部设置牵出线。驼峰主要担当解体,牵出线主要负责编组。

而在到发场与调车场横列配置的车站,牵出线可设置在车场的一端或两端。在两端均设置牵出线的车站,调车机车的分工可以有一端为主,另一端为辅;或两端均担当解编任务;或一端以解为主,另一端以编为主等方式。

(二)客运设备

车站的客运设备包括站前广场、客运站房和站台、旅客进出站通道等。

1. 站前广场

大中型客运站应设置站前广场,便于快速疏散到发客流,布局公交、出租车站点和为乘客提供停车场所。

2. 客运站房

客运站房用于旅客购票、候车、办理行包托运、寄存行李和旅客服务。客运站房设施包括:旅客到达的汽车通道,行包房和行李寄存处,人工及自动售检票设备、实名制验证和制证设备,安检设备;问讯处,旅客候车厅(如图 5-1-12 所示),旅客餐饮、购物服务部(如图 5-1-13

图 5-1-12 旅客候车厅

所示)，电梯、自动扶梯、无障碍通道;引导标志、广播、时钟等设备。

图 5-1-13　车站旅客餐饮、购物服务区

3. 旅客站台、雨棚、天桥与地道等跨线设备

旅客列车停留线路一侧应设旅客站台，供旅客乘降，露天旅客站台应设置雨棚。为引导旅客进站乘车和下车出站，客运站设有候车厅至站台和站台至出站口的通道，即天桥或地道，如图 5-1-14 所示。

图 5-1-14　旅客站台、雨棚

4. 为客车服务的设备

在客车上水站，应设上水设备;在空调发电车加油站、客车吸污点所在站，应设置加油车、吸污车、垃圾运送车通道等为客车服务的设施。

（三）货运设备

铁路货运站工作分为内勤和外勤。内勤工作主要指在营业厅办理货物发送、交付；外勤工作指在货场负责货物装卸线、装卸机械和仓库运用，办理货物装卸和交付。

货运营业大厅

在办理铁路货运业务的车站，设置铁路货运营业大厅（如图 5-1-15 所示），设有整车、零担、集装箱发送、到达、制票、核算等窗口，设有办理托运、检斤、制票、收款、问询、交付等必要设备。

货物装卸作业量较大的车站应分设综合性货场和专业性货场，装卸线路（如图 5-1-16 所示）、货运站台，如端式站台、高站台、低货位站台，仓库、堆场、集装箱场（如图 5-1-17 所示），装卸机械如门式起重机、吊车、叉车，篷布维修设备、轨道衡、货车洗刷、散堆装货物抑尘等设备。

图 5-1-15　铁路货运受理服务中心

图 5-1-16　铁路货场

图 5-1-17 铁路集装箱场

第二节 编组站、区段站和中间站

车站所办理的调车作业和列车作业统称为车站技术作业。按照车站担负技术作业的种类、数量和发挥的作用,车站分为编组站、区段站和中间站。

编组站和区段站拥有较多的技术设备,因而具有较强的作业能力,主要办理货物列车和车辆的技术作业,统称为技术站。

一、编组站

编组站是路网上衔接三个及以上铁路方向,担当大量列车解编作业,编组直达、直通和其他列车的车站。

1. 编组站的作用

编组站是路网的心脏,其主要作用把本站汇集的车流编组成列车向路网发出,办理解、编列车和无改编及部分改编中转列车的中转作业是其主要工作。

2. 编组站的分类

(1)按其在铁路干线和枢纽的位置及所担当的作业任务分

编组站按其在铁路干线和枢纽的位置及所担当的作业任务分为路网性编组站、区域性编组站和地方性编组站。路网性编组站是设置在三条及以上铁路干线的交汇点,承担大量中转车流改编作业,编组大量直达列车和直通列车,每昼夜改编作业量在 6 000 辆以上的编组站;区域性编组站也设置在三条及以上铁路干线的交汇点,但主要编组相邻编组站之间的直通车流,每昼夜改编车辆在 4 000 辆及以上的编组站;地方性编组站是位于城市、工业、口岸等地区,主要为本地区服务,每昼夜改编车辆在 2 000 辆及以上的编组站。

(2)按车站的布置形式分

按车站的布置形式,车站分为横列式车站、纵列式车站和混合式车站。

车站的线路通常按照其用途划分为车场,在沿线路方向上纵向排列的车场数称为车站的"级",车站的车场总数称为场数。例如:某区段站只有一个 19 股道的车场,其中 1～7 道为到发场,8～19 道为调车场,则该站为一级二场横列式区段站。

一级三场横列式编组站、二级四场混合式编组站、三级三场纵列式编组站、三级六场双向纵列式编组站的站型分别如图 5-2-1～图 5-2-4 所示。

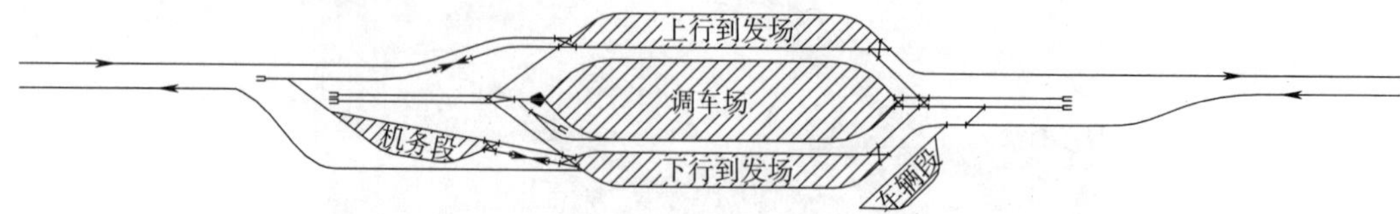

图 5-2-1　一级三场横列式编组站

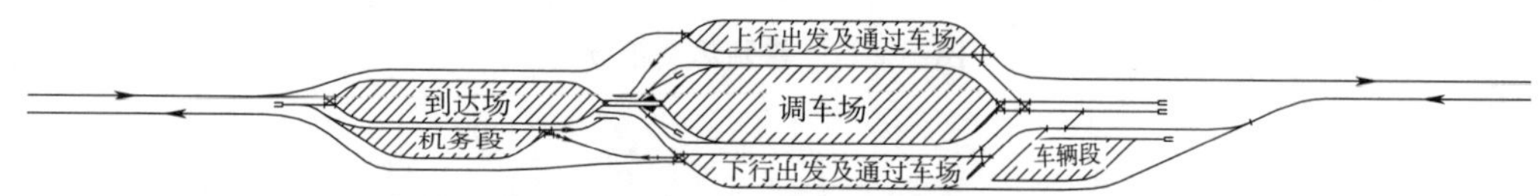

图 5-2-2　二级四场混合式编组站

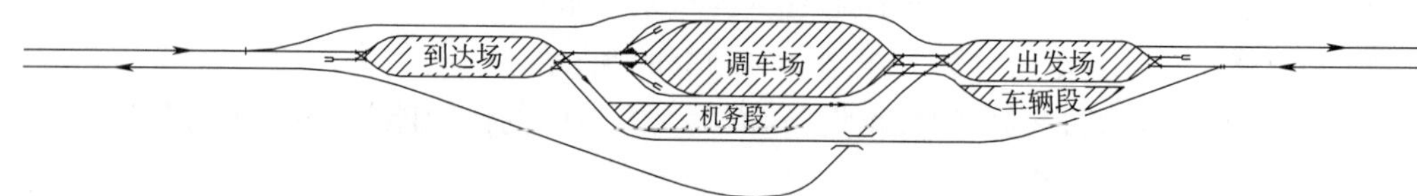

图 5-2-3　三级三场纵列式编组站

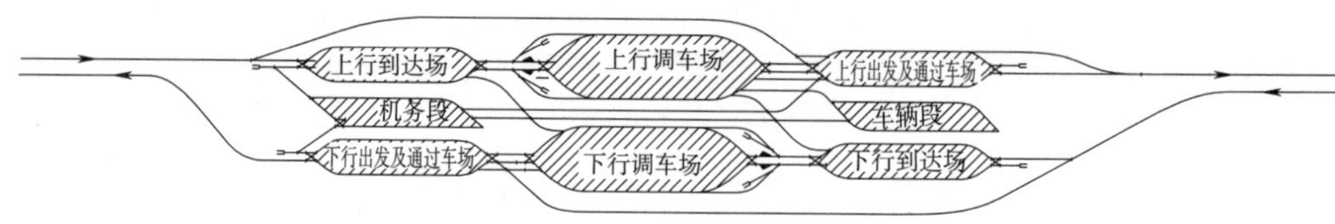

图 5-2-4　三级六场纵列式编组站

(3)按照上、下行车流是否共用一套调车设备分

按照上、下行车流是否共用一套调车设备分为单向编组站和双向编组站。

①单向编组站

上、下行改编车流共用一套调车设备(包括驼峰、调车场和牵出线)的编组站称为单向编组站。其驼峰溜车方向一般顺主要车流的运行方向,如二级四场编组站、三级三场编组站。

②双向编组站

具有两套调车系统,上下行车流分别在不同系统改编的编组站,例如三级六场编组站。

二、区段站

区段站是设置在机车牵引区段的分界处，主要办理直达、直通货物列车的无改编中转技术作业、进行机车的更换或机车乘务组的换乘，编组区段列车和摘挂列车的车站。区段站应设有机务段，通常设有货场。区段站常见的布置图有横列式、纵列式，我国区段站大多采用横列式站型。

(1)横列式区段站布置图

横列式区段站的到发场与调车场并列布置在正线一侧，如图 5-2-5 所示。横列式区段站布置紧凑、站坪长度短、占地少、管理方便、作业灵活性大、对各种不同地形的适应性强。

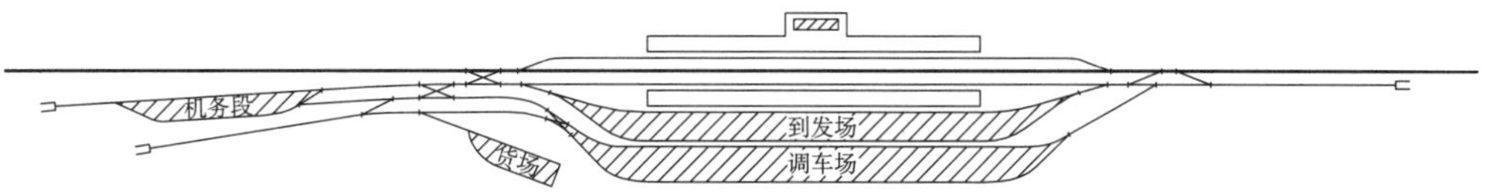

图 5-2-5 单线铁路横列式区段站平面示意图

(2)纵列式区段站布置图

纵列式区段站将无改编中转列车的作业集中在通过车场进行；另一车场划分为到发场和调车场，办理到达解体列车和自编始发列车的到、发和解编作业如图 5-2-6 所示。这种布置宜在运量较大的双线铁路上采用。

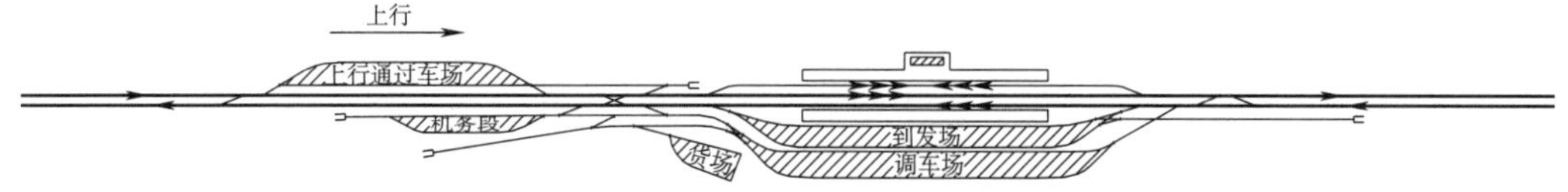

图 5-2-6 双线铁路纵列式区段站平面示意图

纵列式区段站作业交叉干扰较少，具有较大的作业能力，如疏解了上行中转货物列车与下行旅客列车在车站两端咽喉区进路上的交叉点；上下行机车出入段的走行距离都较短；当机车采用循环运转制时，到发线上的整备设备比较集中；但站坪较长，占地多，设备分散，投资大；定员较多。此外，上行方向货物列车的机车出入段要横切正线。因此，一般只有在机车采用循环交路时，才采用这种图形，以便充分发挥其优越性。

三、中间站

中间站是设置在铁路区段内，办理列车通过、交会和越行等技术作业的车站，其货物运输一般依靠摘挂列车、小运转列车的车辆甩挂作业完成，旅客乘降由途经旅客列车实现，少数客、货运量较大的中间站办理市郊列车的折返和小运转列车、直达货物列车的始发和终到作业。货运量较大、与若干企业专用线接轨的中间站可配备进行车辆取送作业的调车机车，或配备由列车调度员掌握、为几个相邻中间站服务的调度机车。

中间站设有接发列车的到发线，营业中间站还设有供装卸作业用的货物作业线、牵出线，旅客站台、雨棚、跨线天桥、地道，及办理客货运业务的站房等。

综上所述，编组站和区段站主要担负车流改编任务，具有能力强大的调车设备，在业务性质上可以同时是客货运站，配备有相应的客货运输设备；中间站的行车工作主要是接发列车，少数中间站有能力办理直达列车始发和终到作业，除到发线外，营业中间站还配备有相应的客货运输设备。

第三节　高速铁路车站

我国高速铁路车站大多采用多层结构、整体式候车厅，进站口众多，无柱站台，立体式多种交通工具相互衔接，具有很强的旅客疏解能力。

一、高速铁路车站的分类

高速铁路按技术作业性质分为始发终到站、中间站和越行站。

1. 始发终到站

高速铁路的始发终到站位于高速铁路的起点和终点，以及客流高度集中的大城市，设置动车段或动车所，主要办理列车的始发和终到作业、服务旅客的客运业务、动车组的整备和检修作业，例如北京南站、上海虹桥站、兰州西站、西安北站。

2. 中间站

高速铁路的中间站主要办理接发旅客列车的行车作业和停站旅客列车的客运业务。

3. 越行站

在高速铁路上不同速度等级的列车间会产生高速列车越行速度等级较低的列车，应当在高速线上的适当地点设置供较低速度等级列车待避高速列车的车站。列车越行可以在一般中间站进行，在没有客运需求的列车越行地点应设置不办理客运业务、专门办理列车越行的越行站。

二、高速铁路车站平面和立面布置

1. 平面布置

(1)越行站

设置两条到发线的布置图，正线Ⅰ道和Ⅱ道办理高速列车通过，到发线3、4道办理中速列车待避。由于不办理客运业务，不设站台，如图5-3-1所示。

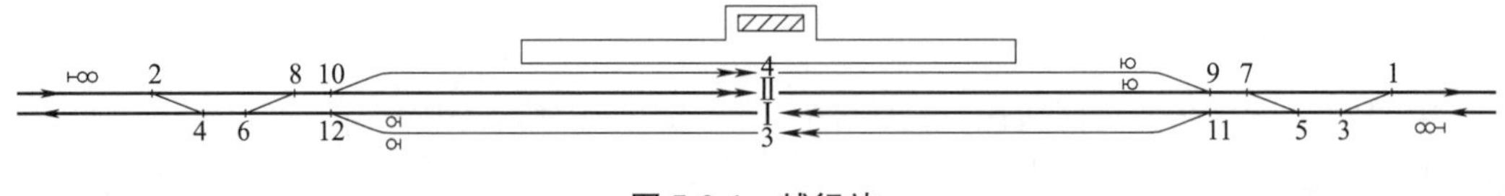

图5-3-1　越行站

(2)中间站

中间站有对应式和岛式两种布置形式。

①对应式中间站

两台夹四线的对应式车站，Ⅰ、Ⅱ道为正线，3、4道为到发线。这种布置方式，由于站台不靠近正线，高速列车正线通过时，不影响站台上旅客的安全，站台不必加宽，如图 5-3-2 所示。

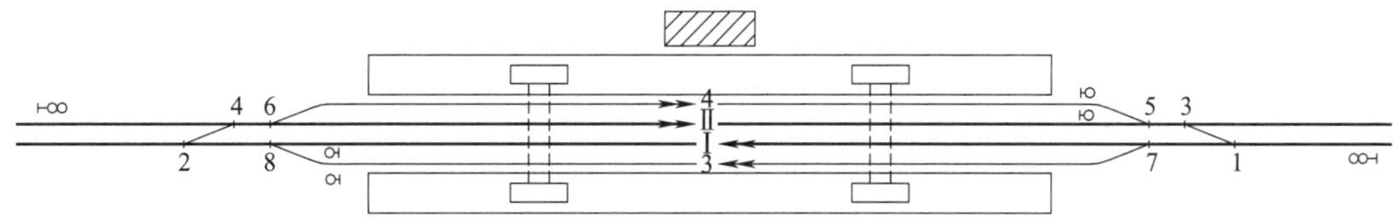

图 5-3-2 对应式中间站

②岛式中间站

岛式中间站站台能够得到充分利用，正线也可以停车供旅客乘降，如图 5-3-3 所示。

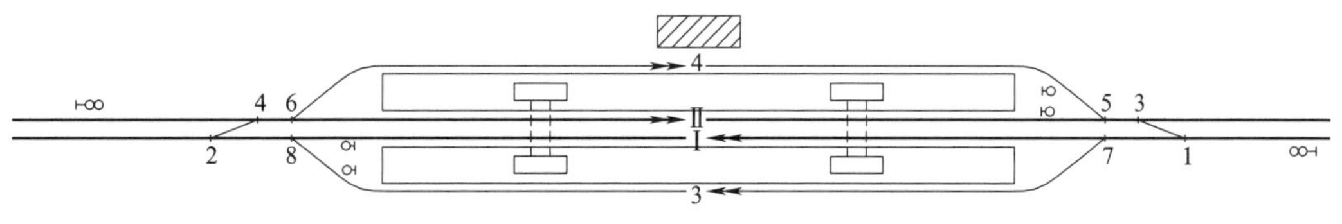

图 5-3-3 岛式中间站

(3)始发终到站

始发终到站位于高速铁路的起讫点及沿途大城市高速动车组的始发站，主要办理高速列车始发、终到作业及客运业务，如图 5-3-4 所示。

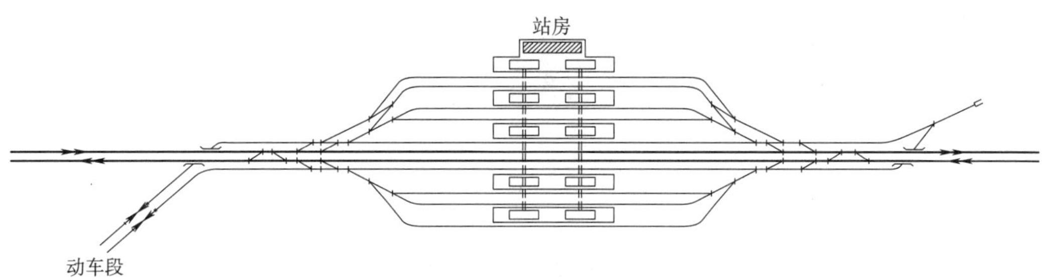

图 5-3-4 始发终到站

2. 高速铁路车站的立面布置

为了改善乘客乘车条件、节省用地面积，大型高速铁路车站通常都采用立体布置，依据高速铁路线路与站房的相对位置，车站的立面布置有站房高架式车站、线路高架式车站和地下车站三种形式。

(1)站房高架式车站

站房高架式车站的铁路线路轨底高程与地表高程一致；候车室、售票室等旅客服务设施高架在线路上方，为进站层。例如兰州西站，旅客可乘车直上高架候车层(如图 5-3-5 所示)，候车大厅宽敞明亮(如图 5-3-6 所示)，并设有 A、B 各 24 个进站口，候车厅两侧的第二层设餐饮服务区；地面层为乘车站台层(如图 5-3-7 所示)，设有无柱站台，站台上标有各车厢停留位置标识；地下一层为出站层，设地铁、公交、出租车服务区（如图 5-3-8 所示）。这种三层设计使车站的地面面积得到了充分利用，极大地改善了乘客的乘车环境。

图 5-3-5　兰州西站地面第二层为售票、旅客候车和餐饮服务层

图 5-3-6　宽敞明亮、便捷的候车大厅

图 5-3-7　兰州西站地面乘车层宽阔无障碍的无柱站台

图 5-3-8 旅客下车后，向下出站、向上中转

(2)线路高架式车站

线路高架式车站的站房地面高程与地表高程一致；旅客服务区在地面层，线路在车站站房上部，上车旅客需经自动扶梯上高架线乘车；出站旅客经地下一层转乘公交、出租车或地铁。

(3)地下车站

地下车站可以使高铁线路深入城市中心区，方便旅客就近乘车。

例如福田高铁站，2008 年 8 月 20 日开工建设，2015 年 12 月 30 日投入运营。该站地面上没有车站广场，仅有公交线路。福田高铁站(如图 5-3-9 所示)全部建在地下，建筑总面积为 14.7 万 m^2，候车厅层面积 4.6 万 m^2，分为三层，采用上进下出的乘车方式：地下一层为餐饮和商铺，公交、地铁换乘口；地下二层为宽敞的候车区，可同时容纳 3 000 名旅客候车，设有水平扶梯以加快旅客行走速度；地下三层为四台八线的高铁乘车层，为保护乘客安全站台还设置了屏蔽门。

图 5-3-9 福田高铁地下车站

我国高铁车站宽敞、明亮、方便、通达，功能齐全，融合了许多高科技元素和使人耳目一新的设计新观念，例如立体布局的车站结构、为站内照明、取暖、制冷、通风、客运电梯等提供绿色能源的车站屋顶光伏发电系统、节能环保的自然照明系统、自然通风系统，整体式候车厅、大跨度建筑设计、无柱站台、方便快捷的站内换乘通道，高铁与公交、地铁的完美融合，对站内全方位无死角的安全监控系统等，成为向世界展示我国科技进步、国家富强、人民幸福的窗口。

第四节　城市轨道交通车站

城市轨道交通车站是供乘客候车、乘降和换乘，办理列车始发、终到、折返的场所，设有便捷、宽敞的进出站及换乘通道，并有良好的通风、照明、卫生、防火和列车安全防护设备，为乘客提供安全、便利、快捷、舒适的市域交通乘车环境。

一、城市轨道交通车站的分类

1. 地铁车站按所处位置和在运营中所起的作用分

地铁车站按所处位置和在运营中所起的作用分为始发终到站、中间站、换乘站和折返站。

(1)始发终到站

始发终到站是位于地铁线路两端的车站，与车辆段或停车场相连，设有列车出、入段线和折返线。

(2)中间站

中间站是位于地铁线路中部，仅供旅客乘降的车站。

(3)换乘站

换乘站是设置在两条城轨线路交叉点上，供旅客换乘的车站。不同地铁线路交叉时，其车站通常不在一个平面上，旅客通过升降扶梯和换乘通道从一条线路的车站到达另一线路的车站换乘。

(4)折返站

折返站又称为区域站，是设在地铁线上不同行车密度区段交界处、站内设有折返线路，可供列车折返的车站。由于一般中间站不具备列车折返条件，当地铁线路开行短交路列车时，只能在折返站折返。

2. 按技术设备特点分

地铁车站按技术设备特点分为集中站和非集中站。集中站是设有存车线或折返线，配置 ATS 车站工作站，具有站控能力，可以监控管辖线路上列车的运行、办理列车跳停、扣车和电话闭塞的车站；非集中站仅设正线，不具备集中站的功能，其闭塞和列车进路由集中站统一办理。

二、城市轨道交通车站的基本设备

地铁车站的设备包括出入口、自动售检票系统、站台、安全门和车控室等。

1. 车站出入口

车站出入口是乘客进、出车站的通道，如图 5-4-1 所示。

(a)西安地铁 1 号线玉祥门车站

(b)西安地铁 3 号线高架浐灞中心站

图 5-4-1 地铁车站出入口

2. 自动售检票系统

乘客乘坐地铁出行的过程包括进站、购票、检票、乘车和出站等几个环节。

城市轨道交通自动售检票系统(Automatic Fare Collection，AFC)是指基于计算机、通信、网络、自动控制等技术，实现轨道交通售票、检票、计费、收费、统计、清分、管理等全过程的自动化系统，如图 5-4-2 所示。

图 5-4-2 自动检票系统

3. 站台

地铁车站站台的布局方式有岛式站台和侧式站台两种形式，如图 5-4-3 所示，岛式站台的实景如图 5-4-4 所示。

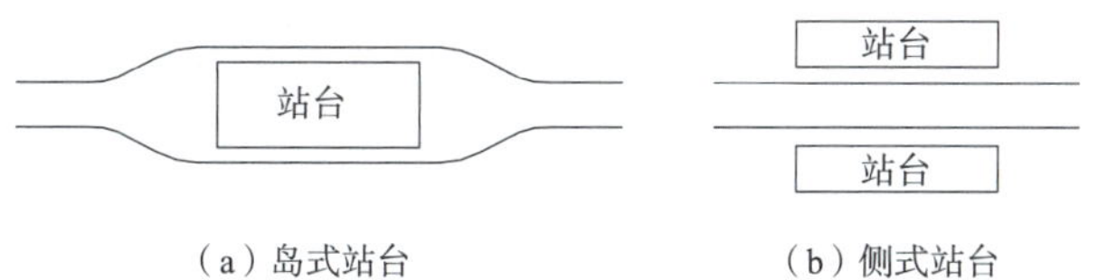

(a) 岛式站台　　(b) 侧式站台

图 5-4-3 车站站台形式

图 5-4-4　岛式站台

(1)岛式站台。岛式站台位于上、下行正线之间,具有站台面积利用率高、上下行乘客进出站可共用一条通道、电扶梯、售检票等服务设施和监控设施,乘客中途改变乘车方向方便、车站管理集中、站台空间宽阔等优点。

(2)侧式站台。侧式站台位于上、下行正线的两侧。侧式站台上下行乘客可避免相互干扰,正线和站线间不设喇叭口,但是,站台面积利用率低,中途改变方向须经过地道或天桥,车站管理分散,站台空间不及岛式车站宽阔。

4. 站台安全门系统

城市轨道交通安全门安装于地铁车站的站台边缘,与列车车门相对应,设有多级控制的开启和关闭控制系统。按照安全门的设置高度分为封闭式安全门(又称为屏蔽门,如图 5-4-5 所示)和半高式安全门。

图 5-4-5　地铁安全门

(1)安全门的基本作用

安全门隔开了轨道与站台候车区,可以防止乘客或物品跌落轨道,保证乘客候车安全;

降低列车运行噪声和活塞效应引起的气流变化对乘客的影响，改善候车环境；减少站台区与轨道区之间的空气对流，节省空调能耗；安全门与车门相对应，便于组织乘客有序乘降，缩短列车停站时间。

(2)安全门的控制方式

安全门的开闭有系统级、站台级和手动级控制三种控制模式。

在正常情况下，安全门实行系统级自动控制：列车进站，列车运行自动控制系统(ATO)(自动驾驶模式)或司机发出开门指令，中央接口盘(PSC)向车门和站台安全门单元控制模块(DCU)发出开门指令，驱动门电机打开车门和安全门；司机确认乘客上下车完毕后，按压关门按钮，PSC发出关门指令，驱动门电机关闭车门和安全门。

当系统级控制发生故障时，紧急状态下值班员可通过设置在车站控制室的综合后备盘(IBP)对屏蔽门进行操作。

5. 车站控制室(Station Control Room，SCR)

图 5-4-6 从地铁站台看车控室

图 5-4-7 车控室内

车站控制室简称车控室，是车站安全监控的核心设备，如图 5-4-6 和图 5-4-7 所示。SCR 内，除集控站设 ATS 分机外，其主要设备是设置在车控室墙面上的综合后备盘(Intergration Backup Panel，IBP)。IBP 用于当车站级各系统无法通过监控系统操作时，作为车站的后备操作手段实现对现场运输设备，包括信号、门禁、闸机、站台门、紧急通风、自动扶梯和消防系统的集中控制，其控制盘面如图 5-4-8 所示。

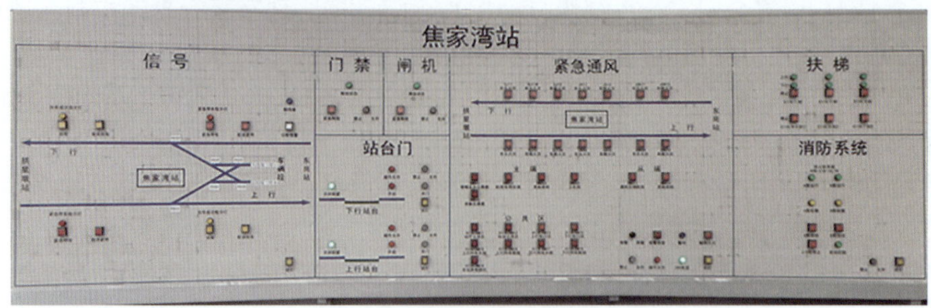

图 5-4-8　IBP 控制盘面

(1)信号

车站信号控制盘面如图 5-4-9 所示。

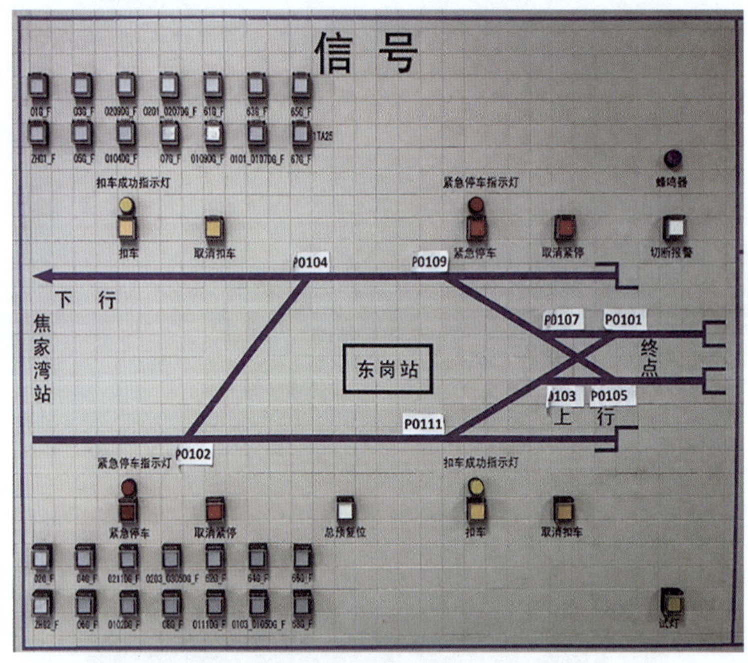

图 5-4-9　车站信号控制按钮

①紧急停车

车站的站台和车控室 IBP 控制盘面上对应上、下行方向都设有紧急停车和取消紧停、扣车和取消扣车按钮。当发生危及行车安全的紧急情况(如站台门夹人夹物、乘客物品掉入轨道影响行车等)时，站台岗立即按压站台上该侧的紧急停车按钮(Emergent Stop Button，

ESB)3 s以上,同时上报车控室,车站行车值班员应看到IBP控制盘面紧急停车指示灯红灯点亮、蜂鸣器报警,表明紧停已触发,如(未触发,行值及时按压IBP控制盘面上的相应站台侧的紧停按钮)。紧急停车指示灯亮红灯,表示禁止列车自区间进入车站、禁止在站列车出发,已启动尚未完全离开车站的列车实施紧急制动。此时,在本站台及接近区间行驶的列车将触发紧急制动,停在区间的列车将收不到车载信号,该站台的出站信号机如在开放状态将被关闭,如在关闭状态下将不能开放。在故障消除,具备行车条件时,根据行调指示,行车值班员按压“取消紧停”按钮,“紧急停车”指示灯熄灭。

②站台扣车

当前方站发生紧急情况,行调指示车站办理扣车(即把在本站停车的列车扣下不要发车)时,车站值班员确认扣车命令后按压扣车按钮3 s以上,此时“站台扣车”表示灯点亮红灯、发车信号机显示红灯,蜂鸣器鸣响。车站值班员按下“报警切除”按钮,停止报警。前方站紧急情况处理完毕,行调指示取消扣车后,按下“取消扣车”按钮,蜂鸣器响起,再按“报警切除”按钮,蜂鸣器停止鸣响。

(2)门禁系统(Access Control System,ACS)

门禁系统的功能是:对人员出入权限进行设置、更改、取消、恢复;存储每次出入的日期、时间、卡号等相关消息;后台门禁管理计算机可建立用户资料库,定期或实时采集处理每个出入口的进出资料,同时可按各用户进行汇总、查询、分类、打印等;对非法闯入、门锁被破坏等情况出现时系统会发出实时报警信息到管理中心;当出现火警时,预先指定的门会自动解锁。车站门禁控制按钮如图5-4-10(a)所示。

当车站发生火灾或其他紧急情况需要尽快疏散人员时,车站值班员用门禁模块的钥匙选择开关转至“允许”位,按下“紧急释放”按钮,将车站所有门禁监控的门强制打开,便于站内人员疏散;恢复时,按压“紧急释放”按钮,并将钥匙转至“禁止”位。

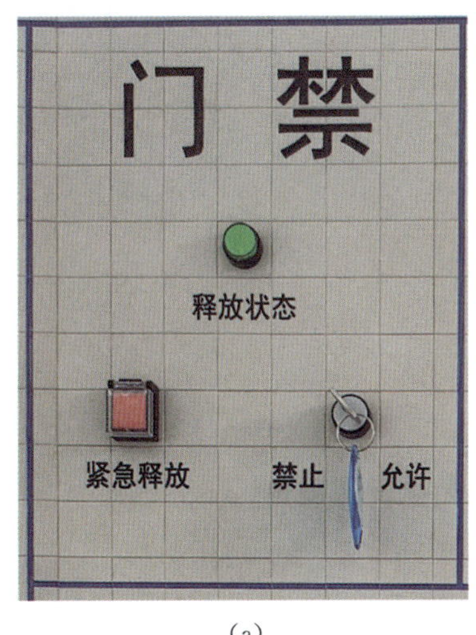

(a)

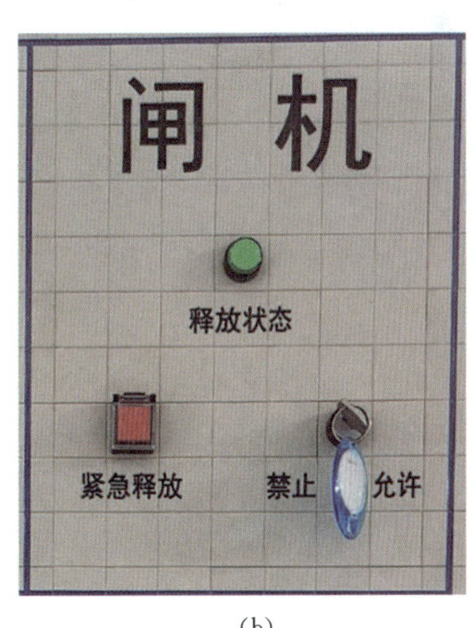

(b)

图5-4-10 门禁和闸机控制按钮

(3)闸机

与“门禁”操作相同。在发生火灾等紧急情况需要快速疏散乘客时,使用闸机“紧急释放”按钮，释放全部进出站闸机，让旅客快速出站，其控制按钮如图 5-4-10(b)所示。

(4)站台门系统

当站台一侧有多道站台门不能开门，且在屏蔽门就地控制器盘(Platform screen door System Local controller，PSL)上操作失败或其他紧急情况，可在 IBP 控制盘面上操作开门，如图 5-4-11 所示：钥匙插入“禁止/允许”插孔，转至“允许”位“操作允许”灯亮，“开门”转换开关转至“开门”位，成功开门后“开启”红灯亮、“关闭锁紧”灯灭。操作结束后，应立即将“禁止/允许”恢复到“禁止”位。“试灯”按钮用于每日运营前检查 IBP 控制盘面上 LED 显示灯是否正常。

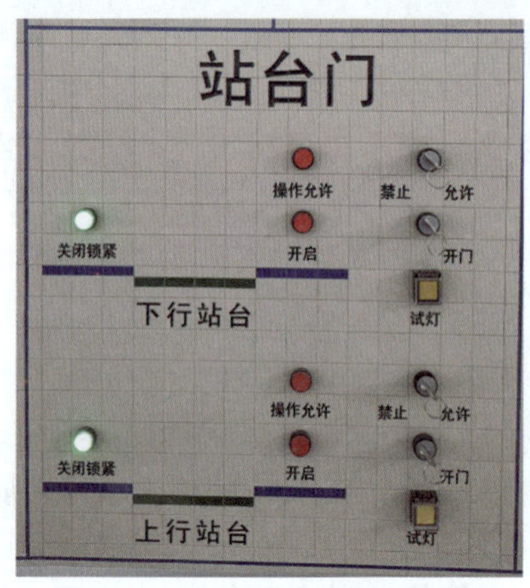

图 5-4-11　站台门控制界面

(5)紧急通风

对地铁车站及轨行区进行区域划分，在车站发生火灾时启动相关通风系统，按照对应模式将风阀或风机启动对车站进行通风、排烟。

(6)自动扶梯系统

通过 IBP 控制盘面指示灯，可以实时监视车站内所有自动扶梯的运行状态，如图 5-4-12 所示。当设备发生故障时，IBP 会产生蜂鸣报警及故障指示灯亮起，提醒车站相关运营人员及时响应从而保障乘客安全。

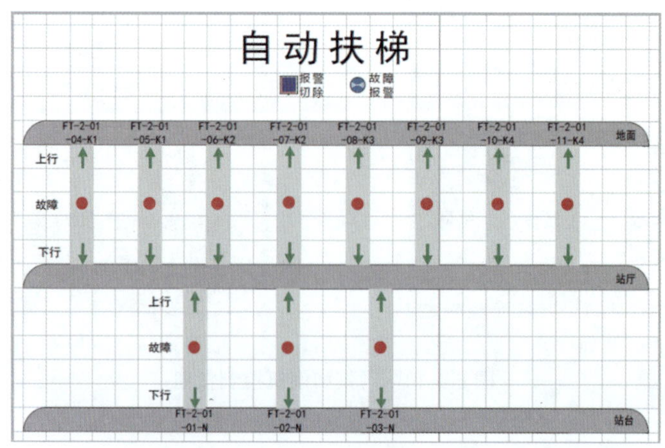

图 5-4-12　车站自动扶梯系统监视屏面

第五节 铁路枢纽与综合交通枢纽

互有分工、共同服务于本地区发送、到达和中转客流、货流及车流的一组铁路车站，包括编组站、客运站、货运站、客货运站及其连接它们的铁路线路和联络线、迂回线及支线构成的整体称为铁路枢纽。铁路枢纽通常建立在地方客货流量和中转客货流量较大的大城市、大型厂矿企业密集或吞吐量较大的港口地区。铁路枢纽集中了铁路局集团公司很大比重的客货运量和技术作业量，与水运、公路、航运等其他运输方式也有密切联系，因而枢纽工作组织的优劣对本地区乃至路网全局都有重大影响。

一、铁路枢纽

1. 铁路枢纽的分类

(1)按在路网上的地位和作用分类

按其在路网上的地位和作用，铁路枢纽可以分为路网性铁路枢纽、区域性铁路枢纽和地方性铁路枢纽。路网性铁路枢纽是设于在路网上具有重要政治、经济地位的大城市，通常位于几条铁路干线的交汇点，办理大量中转车流作业，客货运量辐射路网广大地区，设有较多专业车站的铁路枢纽；区域性枢纽一般位于大、中城市，所承担的客货运量和车流组织主要为一定区域服务，其设备规模和作业能力次于路网性铁路枢纽；地方性枢纽是位于路端或大型厂矿企业所在地，主要办理地方车流的铁路枢纽。

(2)按布置图形分类

铁路枢纽按布置图形分为一站枢纽、三角形、十字形、并列式、伸长式、环形、尽头式和混合式枢纽等。铁路枢纽是铁路系统适应城市和自身的长期发展过程逐步形成的，具有各自的特点。

以兰州枢纽为例，兰州铁路枢纽(如图 5-5-1 所示)属环形铁路枢纽，通过环线连接陇海铁路、兰新铁路、包兰铁路、兰青铁路、兰渝铁路、成兰铁路、兰新第二双线、宝兰客运专线等铁路干线，以及兰合(兰州—合作)、兰张(兰州—张掖)、兰天(兰州—天水)三条城际铁路。枢纽内，客运业务主要在兰州站(一等客运站，普速客车到发)、兰州西站(特等客运站，普速、高速客车到发)办理；兰州北站是路网性编组站、特等站，担负枢纽内外到发列车的解编任务，是兰州枢纽的心脏；其余车站均为客货运站，其中颖川堡车站位于兰州炼油厂和兰州石化厂所在地，有能力办理直达列车始发、终到作业。

受兰州市两山夹一水的地形限制，原兰州枢纽为包含 9 个车站的伸长式枢纽，铁路线路从河口南到兰州东贯穿黄河南岸的兰州市区，如图 5-5-2 所示。枢纽内：兰州站为客运站；兰州西站为编组站，设有大型综合货场、与二十几条企业专用线接轨；其余车站为客货运站。随着兰新客专、宝兰客专建成、成兰和兰渝铁路接入，兰合、兰张和兰天城际铁路的修建，铁路通道能力、客运能力和改编能力都不再能满足运量的需要。

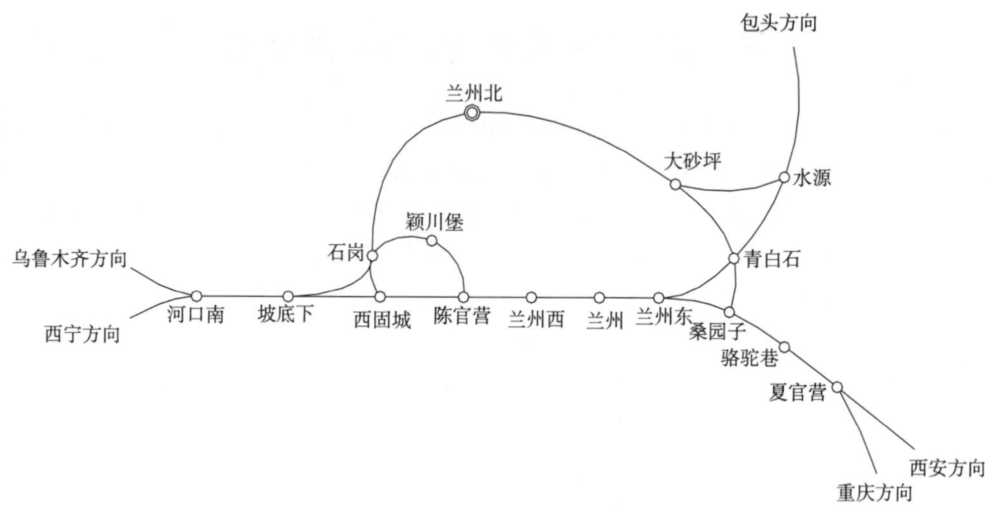

图 5-5-1 兰州枢纽示意图

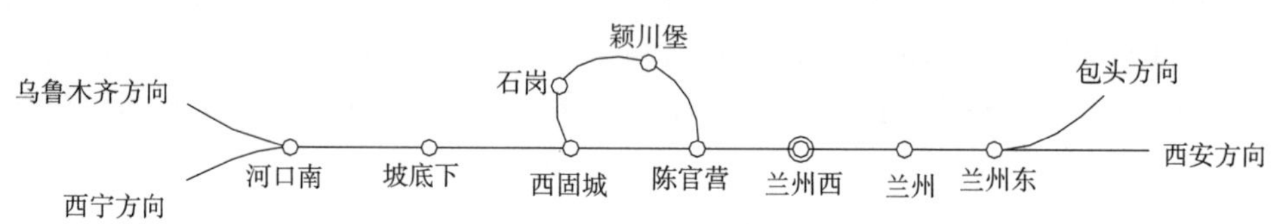

图 5-5-2 兰州北站投入运营前的原兰州枢纽示意图

2009 年开始对的兰州枢纽扩能改造:在兰州市安宁区沙井驿修建占地 13 km^2、三级七场站型的兰州北编组站;在原兰州西的站址上修建兰州西客站,附近建动车所解决高速列车到发和整备检修能力问题;修建枢纽北环线,增强枢纽通道通过能力,由于黄河北岸北山的限制,北环线出兰州北向东修建穿越北山的仁寿山隧道进入大沙坪站。兰州北编组站 2009 年 10 月 1 日开工建设,2012 年 12 月 21 日投入运营,标志新兰州枢纽开通,北货南客的枢纽运输格局形成。2014 年 12 月 26 日兰州西客站正式启用,枢纽客运能力得到加强。

2. 铁路枢纽的设备及运用

铁路枢纽的运输设备主要包括铁路线路、专业车站、疏解线路、其他设备等。各类设备应在分析枢纽内容、货流的基础上,配合城市规划、地形条件以及既有铁路设备的状况,进行总体规划与建设。

(1)铁路线路

铁路枢纽的铁路线路包括正线、联络线、迂回线、工业企业专用线等。联络线是为避免列车在枢纽内折角运行的线路,例如兰州枢纽大沙坪—水源的联络线,使包兰铁路与兰州北之间开行的列车顺畅运行,没有这条线,列车将在青白石车站变更首尾方向以后才能继续运行。迂回线是当枢纽通道能力不足时修建的平行线路,兰州枢纽的北环线实际就是一条迂回线,用于缓解枢纽通道的能力不足。

(2)车站

完成大城市的客流、货流输送和车流改编任务,需要各站的协同配合。在客流量很大的枢纽地区可能需要设立多个客运站,各站到发的列车车次要合理分工,便于旅客换乘,使列车在枢纽内的径路便捷、顺畅;枢纽内货运站的布局和办理货运业务的种类要方便货主就近领取和托运货物,满足厂矿生产对物资运输的需要,增加成组装车和始发直达、阶梯列车装车比重;枢纽的车流组织工作最为复杂,中转列车的中转作业可以在枢纽出入口站或技术站进行,为减少货物作业车流在技术站和货运站之间的往返走行可采取顺路摘车、沿途加挂的方法,减少枢纽小运转列车的开行数量。

(3)机车、车辆、动车组整备、检修设备

编组站有大量列车终到、始发,因而必须设立机务段和车辆段,进行到达机车的整备、检修工作和定检到期车辆的检修任务。铁路局集团公司依据其担负的列车牵引任务,为管内机务段分配一定数量的配属机车,由于我国机车实行长交路运转制,机务段同时还支配一部分外局机车;车辆段在车站列检所派驻列检人员,对车站到达、出发和中转列车完成到达列车、始发列车和中转列车的技术作业。枢纽内的客运站有大量旅客列车或动车组列车终到和始发,须设立动车段(所)、客车车辆段,进行客车车底的整备和检修。

二、综合交通枢纽

国家综合交通运输体系规划提出:全面推进综合交通枢纽建设,建成多个全国性综合交通枢纽。国内已有多个城市提出建设与城市功能相匹配,构建可持续发展、高标准、现代化的综合交通运输体系,支持经济繁荣和社会进步的交通发展目标。

交通枢纽地处于两条或几条干线运输方式的交叉点,是办理客货发送、中转和到达的多种运输设施的综合体。

交通枢纽城市按汇集的主要运输方式可分为:铁路公路河海枢纽,如上海、天津;铁路公路内河枢纽,如南京、武汉;铁路公路航空枢纽,如北京、上海;内河公路枢纽,多为中小城市。

综合交通枢纽是由两种以上运输方式的干线所组成的交通枢纽。随着城市规模大型化、人员流动高度化、城市土地资源短缺、城市交通流量密集,最大限度地提高交通效率成为城市尤其是大型城市解决交通问题的重点。综合交通枢纽作为各种运输方式之间、城市交通与城间交通之间的衔接关键节点,其规划发展受到越来越广泛的重视。

综合交通枢纽是城市发展过程中逐渐突破单一的交通功能,向多元化的城市功能拓展的。首先,综合交通枢纽具有交通功能,是城市交通空间的一部分,即所谓的交通节点。其次,因其交通的便利性以及高度的可达性,吸引更多的城市功能(如工作、休闲娱乐、居住等)向其周边集聚,所以它又是城市其他功能空间的一部分。综合交通枢纽促进城市功能的进步与发展,围绕综合交通枢纽的产业、社会等功能的开发正成为现代城市发展的新趋势。

1. 综合交通枢纽特性和功能

综合交通枢纽具有以下3个方面特征:

(1)交通枢纽处于两种及以上的运输方式衔接地区或客货流重要集散地。

(2)在运输网络上,交通枢纽是运输网络上多条干线通过或连接的交汇点,办理不同方向上的客货流到、发和中转业务,对运输网络的畅通起着重要作用。

(3)在运输组织上,交通枢纽承担着各种运输方式的客货到发,同种运输方式的客货中转及不同运输方式的客货联运等运输作业。

综合交通枢纽的功能主要体现在:

(1)为区域内部和区域对外的人员及物资交流提供集散和中转服务,带动和支撑区域经济的发展。综合交通枢纽一般地处区域主要中心城市,可为所在地区或城市的经济发展和居民生活提供客货运输服务,是城市对外联系的桥梁和纽带。

(2)实现不同方向和不同运输方式间客货运输的连续性,完成运输服务的全过程。以信息化、网络化为基础,改进运输组织方式,实现各种运输方式一体化管理,完成运输服务全过程,是提高运输效率、降低运输成本、节约资源、实现交通可持续发展的有效途径,而综合交通枢纽正是实现这一目标的关键。

(3)为运输网络吸引和疏散客货流,促进交通运输产业的发展。交通运输产业发展的基础是日益增长的运输需求,在经济高度发达,需求日趋多样化的现代社会,交通运输产业的发展向着综合集成和一体化运输的方向发展,以满足客货运输多样化的需求。综合交通枢纽作为运输网络上的节点,集各种运输方式信息、设备和组织管理于一体,吸引着大量的客货流,是交通运输产业发展的重要支撑。

2. 综合交通枢纽发展趋势和社会价值

(1)交通一体化

现代城市综合交通枢纽最重要的特征就是交通一体化,就是要通过完善的交通协调,在枢纽内部基本实现多种交通方式的“便捷换乘”。大型客运交通枢纽越来越注重多种交通方式内部多条线路在枢纽建筑物内的有效衔接,从而为乘客提供方便、舒适的换乘服务。

(2)衔接便利化

主要体现在从一个枢纽站换乘到另一个枢纽站的方便程度,快速主要体现在交通枢纽站之间的联系方式具有较高的速度,可靠主要体现在行程时间可靠度上。

(3)土地集约化

世界各大城市的综合交通枢纽地区大多采用高密度的集中开发模式,这是由土地机制与城市规划的双重作用而引起的。

(4)功能综合化

发达国家大城市的综合交通枢纽从单一功能向多功能、综合性方向发展;其功能已不仅仅是交通功能,而是围绕着交通所带来的其他城市功能的聚集,与商业、办公、娱乐等产业联合开发,形成功能多元化的大型“交通综合体”。

(5)区域开发的发动机

区域交通可达性的提高,将会提高地区的商务潜力,带动周边土地升值。利用交通综合枢纽的建设机会,对周边地区的土地进行开发,建设大规模综合性设施,充分发挥其影响效应,实现该地区的经济开发和城市开发。

(6)促进城市经济发展

综合交通枢纽地区因其交通节点功能进而发展出经济节点功能,成为城市的副中心。推动城市经济的区域化程度提高和交通相关产业的崛起,促进产业升级,由此促进整个城市空间结构的扩展和延伸。

(7)城市区域的耦合剂

利用交通枢纽的建设将周边区域的城市街区联系起来,改善周边交通条件,提高区域的可达性,促进整体区域共同发展。

(8)提高城市门户形象

综合交通枢纽往往处于城市与外界联系的“门户地带”,因此枢纽地区往往被塑造为城市的“门户景观点”,打造城市公共空间,展示城市形象。交通枢纽的建成以及周边地区的品质提升,有利于城市营销,强化城市竞争力。

复习思考题

1. 铁路车站的作用是什么?
2. 铁路车站按业务性质和技术作业怎样分类?车站有哪些技术设备?
3. 车站股道和道岔编号的基本原则是什么?
4. 编组站、区段站和中间站担当的技术作业任务有什么不同?
5. 驼峰的作用是什么?有哪些技术设备?
6. 高速铁路车站有什么特点?
7. 地铁车站怎样分类?
8. 车控室 IBP 的作用是什么?
9. 什么是铁路枢纽?什么是综合交通枢纽?

第六章　轨道交通运输组织

轨道交通运输系统包括国家铁路网络系统和城市轨道交通系统。国家铁路网络由分布于各地连接成网的普速铁路和高速铁路线路组成，普速铁路通常客货列车共线运行，既办理旅客运输，也办理货物运输；高速铁路主要办理客运业务，也承担部分快运货物运输业务。国家铁路网的运输组织工作主要包括旅客运输、货物运输和行车组织。城市轨道交通系统是城市的公共客运服务系统，其运输组织的主要工作是安排电客车的运用和检修，完成旅客输送任务。

学习目标

◎ 素质目标

（1）以系统工程的观点看待本职工作，培养团队协作精神。

（2）认识轨道交通运营管理工作的重大责任，培养学生严谨认真、精益求精、一丝不苟、自学创新的工作态度。

◎ 知识目标

（1）了解铁路客运产品与客流需求之间的关系及旅客列车运行方案的内容和制定方法。

（2）熟悉12306铁路客票销售与预订网络系统的功能。

（3）理解铁路货物运输的分类及货运作业过程。

（4）理解铁路特种货物的种类及其要求的特殊运输条件、运输方法。

（5）掌握列车编组计划、列车运行图和技术计划、运输方案等铁路运输组织基础性计划的内容和作用。

（6）明确铁路运输日常计划的作用及相互关系。

（7）了解铁路运输调度指挥体系的结构及工作职责。

（8）了解高速铁路和城市轨道交通运输组织的特点。

◎ 能力目标

（1）能说明铁路运输组织的基础性计划与日常作业计划的作用及其相互关系。

（2）能列举铁路特种货物要求的特殊运输条件，并说明原因。

第一节　铁路旅客运输组织

旅客根据自己的出行需要，选择某种交通工具，在一定时间和空间范围内有目的的移动形成客流。铁路旅客运输组织的目的就是科学、合理地安排客车车次，完成客流输送，满足旅客的出行需求。所以铁路旅客运输组织需要研究铁路客流的分类，进行客流调查，开发满足旅客不同出行需求的铁路旅客运输产品，并组织实施。

一、铁路客流的分类

1. 按旅行距离分

(1)直通客流

旅行距离跨及两个及以上铁路局集团公司管辖范围的客流称为直通客流。由于旅行距离较长，要求较高的舒适度、较快的列车旅行速度及卧铺、餐饮服务等。

(2)管内客流

旅行距离在一个铁路局集团公司范围内的客流称为管内客流。管内客流的旅行距离较短，旅客对舒适度的要求较低。

(3)市郊客流

市郊客流来往于市中心与城市郊区之间，多为通勤、通学客流，要求乘车便捷、准时。

2. 按旅行目的分

旅客选择乘坐铁路出行的目的各异，不同的出行目的决定了对于运输服务要求的差别。铁路要根据客流特点，与时俱进地推出运输产品，满足各类旅客的出行需求。铁路客流按旅客出行目的大致可以分为：

(1)旅游客流。前往自然景区和历史文化遗址等地的客流，其特点是季节性较强，要求较为舒适的旅行条件。

(2)公务客流。因公出差、办理业务的客流。

(3)通勤客流。从居住地到工作地点间往返的客流，数量和流向较为稳定，运距短，时效性强。

(4)学生客流。主要在开学和放假期间，从家庭所在地到学校和学校到家庭所在地的学生客流。

(5)探亲客流。从工作地点到家庭所在地之间流动的客流，具有波动性较大、发生时间较为集中的特点。

(6)民工客流。在家庭所在地至打工地点间流动的客流，具有季节性特点。

二、旅客列车的种类及列车编组

铁路客运产品适应客流的需求、最大限度满足不同客流的出行需求，表现在客运产品及列车编组上。

1. 旅客列车的种类

我国铁路依据客流特点和线路设备条件，开行不同种类的旅客列车，以满足不同客流的旅行需求。我国铁路主要旅客列车种类和车次范围如表 6-1-1 所示。

表 6-1-1　旅客列车种类及车次

列车种类	车次范围	列车种类	车次范围
高速动车组旅客列车	G1～G9998	快速旅客列车	K1～K9998
城际动车组旅客列车	C1～C9998	普通旅客列车	1001～7598
动车组旅客列车	D1～D5998	通勤列车	7601～8998
直达特快旅客列车	Z1～Z9998	临时旅客列车	L1～L9998
特快旅客列车	T1～T9998	旅游列车	Y1～Y998

2. 旅客列车的编组

我国铁路旅客列车车底由始发铁路局集团公司根据客流性质、流量、运行距离、速度和到发线有效长等因素确定其固定编组，在发布新列车运行图时以“旅客列车编组表”的形式公布执行，其格式见表 6-1-2。

表 6-1-2　旅客列车编组表

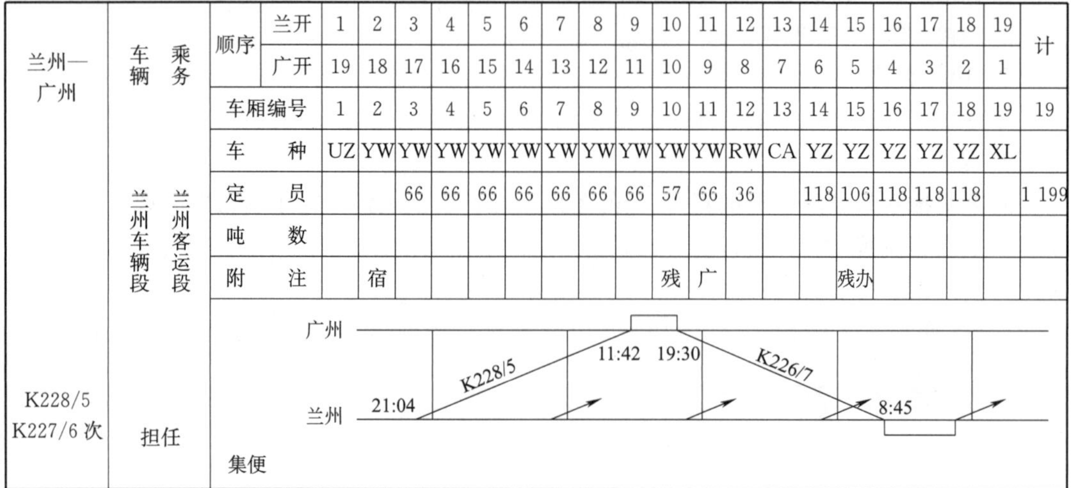

兰州—广州	车辆　乘务	顺序	兰开	1	2	3	4	5	6	7	8	9	10	11	12	13	14	15	16	17	18	19	计
			广开	19	18	17	16	15	14	13	12	11	10	9	8	7	6	5	4	3	2	1	
		车厢编号		1	2	3	4	5	6	7	8	9	10	11	12	13	14	15	16	17	18	19	19
		车种		UZ	YW	YW	YW	YW	YW	YW	YW	YW	YW	YW	RW	CA	YZ	YZ	YZ	YZ	YZ	XL	
	兰州车辆段　兰州客运段	定员				66	66	66	66	66	66	66	57	66	36		118	106	118	118	118		1 199
		吨数																					
		附注			宿								残	广				残办					
K228/5 K227/6 次	担任	集便	广州　11:42　19:30　K228/5　K226/7　兰州　21:04　8:45																				

旅客列车编组表包括以下内容：

（1）列车的始发站和终到站、车次。

（2）客车车底的配属车辆段和担当乘务工作的客运段名称。

车底配属段负责列车的检修和随车技检工作；客运段担当客运乘务组的服务工作。

（3）列车在始发站和折返站出发时，以车厢号表示的从列车头部至尾部各车厢的编挂顺序。

（4）各车厢的车种代号。

（5）车辆定员。填写客车额定乘客数。

（6）附注。标明该车的特殊用途和配备设施，其中“宿”指供列车乘务人员使用的宿营车，“广”指设有广播室的客车车厢，“办”指设有列车长办公席的客车车厢，用于办理补票等手续，“残”，留有供残疾人摆放轮椅的空间，设置坐便器卫生间的客车车厢。

(7)车底周转图。

用以图示列车的始发、终到站及出发、到达时刻、车底周转时间以及开行该对列车需要的车底数。

三、旅客列车运行组织

为满足旅客的出行需求,首先国铁集团和铁路局集团公司要在周密客流调查和预测的基础上,依据按流开车的原则,制定旅客列车开行方案:确定在路网上开行旅客列车的始发站和终到站、列车种类、车次、沿途停站点;在这一基础上依据运行图要素,考虑各方面的因素,保留历年和现行旅客列车运行图中成功的案例(例如方便换乘的车次衔接、受旅客欢迎的夕发朝至列车、一站直达快车等客运产品),大致确定各次列车的始发和终到时刻,编制旅客列车开行方案。

然后在列车运行方案的基础上,铺画旅客列车运行详图,具体规定列车的途中停车站及在各站的到、发或通过时刻。

在具体组织列车运行时,需要依据列车在途中的运行时间和车底在配属站和折返站的作业停留时间标准,绘制车底周转图(见表 6-1-2)。客车车底在配属站和折返站的停留时间应大于或等于旅客乘降、行包装卸加调车、整备和检修作业停留时间标准。停留时间过长的,为了更经济地利用车底的运输能力,可以采用长短交路套跑的运用方式。

四、中国铁路 12306 网络客票发售与预订系统

12306 是铁路客户服务官方网站,具有提供客票查询、网上订票、铁路知识和新闻公告、货运信息查询等功能。我国铁路客票发售和预订系统的研发项目 1996 年开始实施,最初只是独立运行的车站售票系统,经过几次大规模升级改造,采用移动互联网、云计算平台、海量存储以及不同车次错峰售票的管理措施,成功地解决了网络不畅通、容易卡顿的问题,已经发展成为覆盖全路,方便、快捷的网络预售票系统。

12306 铁路网络预售票系统具有互联网、电话、自动售票机、车站售票厅窗口、各地代售点等多种售票渠道,实现实名制购票,功能丰富,可以预订成人票、儿童票、学生票、残疾军人、伤残人民警察优待票、返程票,网上及售票窗口均可办理改签、退票,电子支付,对居民二代身份证、港澳居民来往内地通行证、台湾居民来往大陆通行证、护照等 24 种证件都可辨识。

我国铁路电子客票系统把铁路内部的票务管理、财务结算及对外的购票、自动售检票、订餐、旅游、网约车和酒店预订等延伸服务功能完美结合,为乘客提供了快速、便捷、可靠、经济的出行服务,解决了长期困扰我国国民的购票难问题。

五、客运站工作组织

客运站是专门办理旅客运输业务的基层生产单位,其主要业务是发售客票、客运服务及行包运输等。客运站通常划分为几个车间分别管理不同的业务,其组织机构如图 6-1-1 所示。

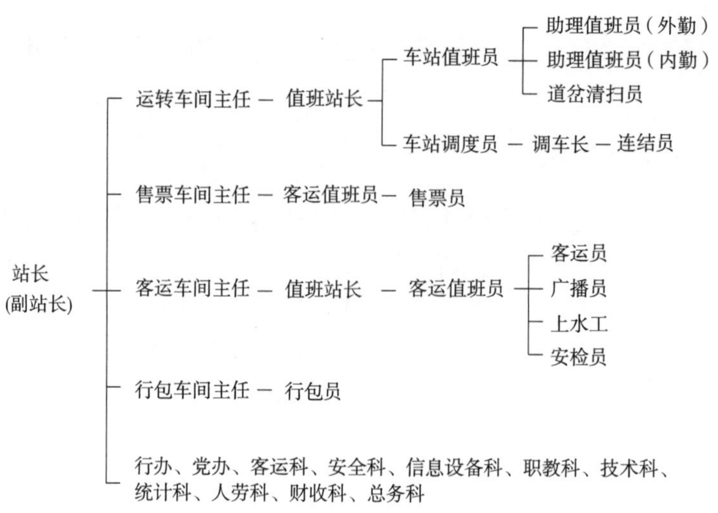

图 6-1-1 客运站组织机构图

六、旅客列车乘务工作组织

客运段担当本局值乘的旅客列车的服务,包括旅客列车乘务工作和餐饮服务。客运段一般设 2 室 7 科:行政办公室(行办)、党群工作办公室(党办),乘务管理科、餐饮业务科、职工教育科、安全技术科、劳动人事科、财务科和总务科等管理机构。

乘务管理科按所担当的乘务分为车队,每个车队担当一个车次的乘务工作,依据客车车底周转时间车队设几个乘务组,组内设列车长、餐车主任及客运乘务员。

第二节 铁路货物运输组织

货物运输是物质生产过程在流通领域的继续,任何货物必须从其生产地点运送到消费地点,才能实现其价值。

一、铁路货物运输的种类

按照被托运货物的数量、性质和状态等条件,经由铁路运输的货物可以分为整车、零担和集装箱货物三种。

1. 整车货物

一批货物的重量、体积、形状或性质需要以一辆及其以上货车运输的,按整车运输。整车运输作业过程比较简单,作业效率较高,因而运价率较低,是铁路的主要运输方式。

2. 零担货物

货主需要运送的货物不足一车,则作为零担货物交运。承运部门需将不同货主的货物按同一到站凑整一车后装运发送。

3. 集装箱货物

集装运输是利用集装箱、集装器具或捆扎索夹具,把零散、裸装或成件包装货物组装成集装单元,以适应机械化装卸和搬运,包括集装箱运输和集装化运输。集装箱运输是以集装箱为单位装运货物的运输方式。由于集装箱运输可以实现门到门运输和多式联运,节省货物包装费用,能有效保证货物运输安全,便于使用装卸机械装卸和搬运,因而得到广泛运用。

二、货物按一批托运的条件

"一批"是铁路运输货物和计算运输费用的单位。按一批托运的货物,必须托运人、收货人、发站、到站和装卸地点相同(整车分卸货物除外)。

整车货物以每车为一批;跨装、爬装及使用游车的货物,每一车组为一批;零担货物和使用集装箱运输的货物,以每张货物运单为一批。

三、铁路货物运输的基本作业

铁路运输货物的基本作业包括发送作业、途中作业和到达作业。

1. 发送作业

货物在发站进行的各项作业称为发送作业,包括托运、受理、进货、验收、制票、承运和装车等环节。

(1)需求受理

为方便货主托运货物,我国铁路提供了 95306 货运网站、电话、车站货运营业厅、上门服务和厂矿企业与铁路车站联网申报等多种方式受理货主的运输需求。

铁路 95306 专用货运网站可以为货主提供网上提报运单、查询运费和追踪货物运输过程的网络服务,提供大宗物资交易服务;支持煤炭、矿石、钢铁、粮食、化工、水泥、矿建、焦炭、化肥、木材、饮食品等 11 个品类物资在线交易并提供配套物流服务;提供小商品交易服务,包含商品选购、在线支付、物流配送、网络营销、客户服务等。设有专用线的厂矿企业,可以通过与车站连接的网络系统,直接与车站办理货运手续。车站还可以应货主要求,上门服务。

(2)进货和验收

整车货物可以在企业专用线或车站货场装车。需在铁路货场装车的整车货物,托运人按承运人受理时签证的货物搬入日期,将货物全部搬入指定货位,完好地交给承运人的作业称为进货。车站根据运单记载,检查货物品名、件数、运输包装、重量,确认符合要求,称为验收。验收后,货运员应在运单上注明货物存放的线路编号、货位号及验收日期,并签字。集装箱货物实行门到门运输,也可以在站内装箱,由车站检斤、验货,施封。

(3)装车、制票和承运

在货场装车的货物,由车站负责装车;在专用线装车的货物,由托运人或收货人负责装车。装车后,棚车、冷藏车车门和罐车的注、排油口由托运人或委托车站施加铅封。整车装车完毕、零担货物和集装箱货物验收后,托运人向车站货运室交付运输费用,完成运单填制,发站在运单上加盖承运日期的戳记,即表明货物已承运。

2. 途中作业

货物装车后,按照列车编组计划的规定,可以编入直达、直通、区段、摘挂和小运转列车,向卸车站输送,在途经技术站可能需要进行一次或多次中转。为保证行车和货物安全,需要特定运输条件的整车货物，按规定应派人押运或随车管理人员，例如大牲畜运输、机械冷藏车运输等。

3. 到达交付

货车到达卸车站以后，由车站组织调车作业，送企业专用线或车站货场卸车。车站应及时通知收货人办理货物交接手续。在货场交付的，收货人须提出领货凭证，经与运单核对无误后，收货人在运单上签字，车站在运单上加盖交付日期戳，交收货人到货物存放地点领取货物。外勤货运员依据运单向收货人点交货物，在卸货簿上记载交付日期及经办人姓名，并将货物出货场大门的凭证交付收货人，至此本次货物运输过程结束。

四、铁路特种货物运输

在铁路运输中，要求特殊运输条件才能保证运输安全的货物称为特种货物，包括扩大货物、鲜活货物和危险货物三类。为了保证运输安全，特种货物的运输过程必须根据货物的特性，严格按照国铁集团规定的方法组织运输。

1. 扩大货物运输

超长、集重、超限和超重货物统称为扩大货物。

(1)超长和集重货物运输

长度超过车辆长度的货物称为超长货物。装载超长货物，如果一车负重，货物必然突出车端，因而需要使用游车或跨装在两车上，如图 6-2-1 所示。游车是为容纳超长货物超出负重车端的部分而使用的平车。跨装时，货物不能直接装在车底板上，而应使用货物转向架。

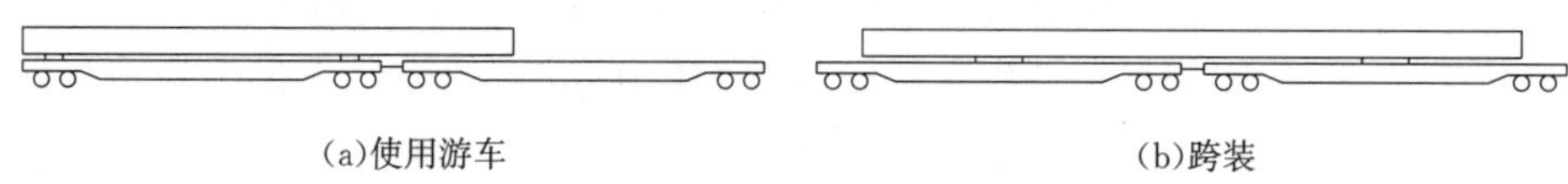

(a)使用游车　　(b)跨装

图 6-2-1　超长货物的装载方法

重量大于所装车辆负重面长度最大容许载重量的货物称为集重货物。由于集重货物对车辆底架产生的最大力矩超出了车底架的最大容许力矩，所以不能直接将货物装载在车底板上，而应使用横垫木，使车底架的受力点向车辆两端中心销靠近，以减小其承受的最大力矩。当集重货物支重面长度小于两横垫木之间的最小距离时，应在横垫木上铺纵垫木，如图 6-2-2 所示。

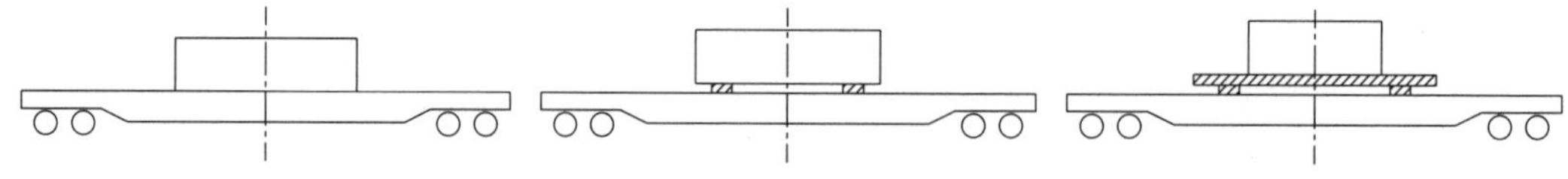

图 6-2-2　集重货物的装载方法

(2)超限、超重货物

货物装车后，车辆停留在水平直线上，货物的任何部位超出机车车辆限界或车辆行经半径为 300 m 的曲线时，货物的计算宽度超出机车车辆限界者，称为超限货物。根据货物的超限程度，分为一级、二级和超级超限三个等级。由于超限货物在装车以后超出了机车车辆限界,压缩甚至超越了铁路建筑限界和机车车辆限界之间的安全空间,可能造成在运行或在站停车的过程中与沿线建筑物或邻线机车车辆发生碰撞的严重后果。

货物装车后,重车总重活载效应超过桥涵设计标准活载(中-活载)的货物,称为超重货物。超重货物按照其超重程度分为一级、二级和超级超重。铁路桥梁、涵洞是根据预设的恒载、活载和偶然荷载设计和建造的,具有必要的强度和承载能力。铁路机车车辆通过桥涵的活载效应应当小于《铁路桥涵设计规范》(TB 10002—2017)规定的标准活载。但超重货物装车后的重车总重活载效应不同程度地超越了桥涵设计标准活载,如果途经桥涵的强度余量不足,就可能引起桥梁结构的破坏而危及行车安全。

超限货物装车后的轮廓超出了机车车辆限界、超重货物装车后的活载效应超出了铁路桥涵的中-活载标准,在铁路运输过程中存在着不安全因素。铁路之所以还能承运超限货物,是因为铁路建筑限界与机车车辆限界间的安全空间还有可利用的余量,可以采取降低列车运行速度或临时拆除个别线旁运输设备等措施保证运输安全,还因为各铁路线上方的净空是不一样的,例如修建在空旷戈壁滩上的铁路线显然比桥梁隧道密集的铁路线有更大的线上净空,在广阔的路网上可以有较大的安全径路选择余地;铁路之所以能够承运超重货物,是因为各线桥涵在中-活载标准之上可能具有不同的强度储备量,能够承受更大的剪力和弯矩,有的线路桥涵较少,可以在路网上为超重货物找到安全的通道。

所以运输超限超重货物的关键在于选择车型、确定车辆的运行径路和制定有效的安全措施。采用凹底平车、落下孔车、钳夹车可以有效降低超限超重等级;运输超限货物需要详尽地掌握货物发、到站之间各超限办理线路建筑限界的最新资料,考虑多方面的因素,确定既能保证超限超重货物运输安全、又对其他列车的正常运行干扰较小的运行径路及在沿途各停车站的停留线路,以及在车辆通过时必须临时拆除的沿线铁路设备及保证运输安全的措施;运输超重货物需要详尽地掌握径路上各线全部桥涵的相关最新技术资料,确定径路上是否全部桥涵强度的储备都能满足该等级超重货物的运输要求,是否需要加强桥涵结构,最终选定一条稳妥、安全的输送径路。

2. 鲜活货物

(1)鲜活货物的定义

鲜活货物是指在铁路运输过程中需要采取制冷、加温、保温、通风、上水等特殊措施,以防止发生腐烂、变质、冻损、生理病害、病残死亡等问题的货物,或托运人认为须按鲜活货物办理的货物。

(2)鲜活货物的分类

鲜活货物分为易腐货物和活动物两类:

易腐货物包括肉、蛋、乳制品、速冻食品、冻水产品、鲜蔬菜、鲜水果、花卉,以及种子、苗木和其他繁殖材料等,按其热状态又分为冻结货物、冷却货物和未冷却货物。冻结货物是指经过冷冻加工或处于冻结状态的易腐货物;冷却货物是指经过冷却处理,温度在冻结点以上的易腐货物;未冷却货物是指未经过任何冷处理,完全处于自然状态的易腐货物。

活动物是指具有生命体征的动物,包括活禽、畜、兽、蜜蜂、鱼苗、水产品等。

(3)鲜活货物的运输条件

由于在运输过程中易腐货物需要防止腐败、保持新鲜度,植物繁殖材料和活动物需要保持生命活力，因而运送鲜活货物要按照货物性质、容许运输期限及运送全程的季节和气候条件，选择合适的车辆、装载和运送方法，并根据需要采取预冷、制冷、加温、保温、通风、上水或押运等措施，以最大限度保持货物质量；在行车组织方面，对于运到期限也有更加严格的要求。

3. 危险货物

(1)危险货物的定义

在铁路运输中，凡具有爆炸、易燃、毒害、感染、腐蚀、放射性等危险特性，在铁路运输、装卸和储存保管过程中，容易造成人身伤亡和财产损毁或者环境污染而需要特别防护的货物，均属于危险货物。

(2)危险货物的分类

铁路运输的危险货物按其主要危险性和运输要求划分为爆炸品，气体，易燃液体，易燃固体、易于自燃的物质、遇水放出易燃气体的物质，氧化性物质和有机过氧化物，毒性物质和感染性物质，放射性物质，腐蚀性物质、杂项危险物质和物品 9 类。不属于上述 9 类危险货物，在铁路运输中易引起燃烧、需采取防火措施的货物属于易燃普通货物。

(3)危险货物的运输条件

办理危险货物运输在地点、人员和设备方面都有严格的要求，不是所有货运营业站都可以办理的。铁路危险货物运输的承运人和托运人必须经国铁集团批准的铁路危险货物资质鉴定中心审核，取得铁路危险货物承运人、托运人资质。危险货物承运人、托运人资质每年都需进行复审。铁路危险货物的承运人和托运人只能按照资质证书规定的办理限制办理指定品名的发送、到达危险货物，不能超范围经营。

由于危险货物的特殊性质，装运危险货物的车辆可能需要特殊防护或在调车作业和列车编组时须遵守特殊规定，包括停止制动机作用、禁止溜放或限速连挂以及列车编组隔离限制等。

第三节　铁路运输组织的计划体系

在我国铁路路网上，分布着 1 万多个车站，其中在数量上占绝对优势的是中间站。少数与大型厂矿企业专用线或专用铁道接轨，因而有大宗货物发送或到达的中间站，有能力利用自装卸车流编组始发列车或整列办理到达列车作业。但是，绝大多数中间站都不具备单独解、编列车的能力，其到卸重车和补充的空车先送达邻近的技术站，再由技术站编组的摘挂列车或小运转列车挂运到中间站摘下，送货物作业线装卸，装好的重车和卸后多余空车也由摘挂列车或小运转列车挂往邻近技术站改编，如图 6-3-1 所示。

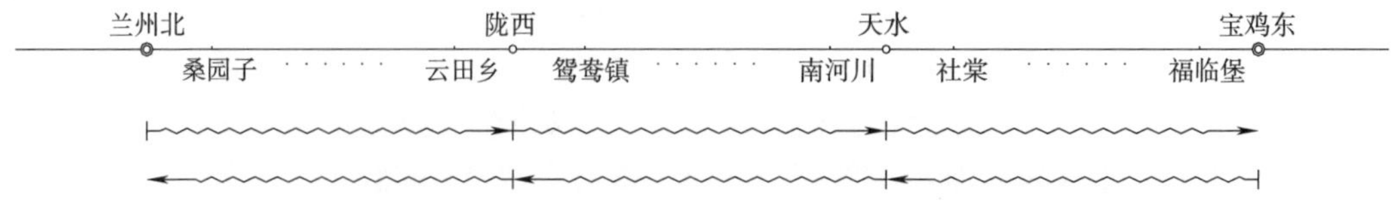

图 6-3-1　摘挂列车或小运转列车服务于技术站和中间站之间的车流交换

编组站和区段站的主要工作是改编车流，即利用其汇集的车流编组成各种列车向路网发出。实际上，铁路货物运输的作业过程就是货流变车流、车流编组为列车流、向目的地输送的过程。

铁路运输过程涉及部门多、组织范围大，各作业环节环环相扣、紧密衔接，需要车务、机务、工务、电务、车辆、供电、信息等多部门多工种员工协同配合，在高度集中、统一的调度指挥和周密计划组织下，才能顺利实现。铁路行车工作是指车站接发列车和办理列车技术作业，调移动车组或客车车底、为货物装卸和列车解编所进行的调车作业，以及各级调度部门对车站作业和列车运行所进行的计划和调度指挥工作。

在长期的运营过程中，我国铁路形成了具有中国特色的铁路运输组织计划体系：通过制定中长期铁路发展规划，扩展和完善路网，构建平衡合理的国家运输动脉；依据年度运输计划制定货物列车编组计划，组织车流输送，铺画列车运行图安排列车运行；按照月度货物运输计划，制定铁路运输技术计划、运输方案指导运输生产；依据运输需求、组织日常运输生产，编制全路和各局铁路运输调度工作日班计划，向管内各站段下达每日客货运输生产任务；车站则制定车站班计划、统筹规划每日两班运输生产，编制阶段计划、分阶段实现班计划，编制调车作业计划、具体实施铁路运输生产。列车编组计划、列车运行图和技术计划、运输方案形成铁路运输组织的基础性计划；调度工作日班计划，车站班计划、阶段计划和调车作业计划形成铁路运输组织的日常作业计划。这一完整的计划链条，使我国铁路运输生产做到了周密计划、精心组织，为质量良好地完成铁路客货运输任务提供了保障。

一、铁路运输组织的基础性计划

铁路运输组织的基础性计划是依据较长时期的铁路货运量预测制定的运输组织方法，因而能够在较长的时间内指导运输生产。

（一）列车编组计划

为完成铁路货物运输，铁路车辆装车以后，需要从装车站向卸车站输送。各站卸后空车可以组织在本站再次装车（即组织双重货物作业），但各站卸后空车与该站当日装车所需要的空车往往在车种、吨位和数量上不完全匹配，这就需要把空车从多余的车站向不足的车站配送，这个作业过程称为日常空车调整。货物在车站装车后向卸车站输送形成重车流；进行空车调整形成空车流。车流应当以经济合理、快速便捷的方式送达目的地。

制定和执行车流由发生地向目的地运送办法的作业过程称为车流组织。我国铁路车流组织工作是通过制定和执行货物列车编组计划实现的。

1. 车流的分类

(1)按车流的输送距离分

车流按照其输送距离可以分为摘挂车流、区段车流和直通、直达车流。

中间站的货物作业车流称为摘挂车流或区段管内车流；由技术站汇集、到达区段另一端技术站及相邻区段各中间站进行货物作业的车流，称为区段车流；运送距离较长，将其送达到站需要越过一个及以上区段站，但没有越过最近编组站的车流，称为直通车流；运送距离较远，须越过一个及以上编组站才能送达到站的车流，称为直达车流。

(2)按产生地点分

车流按产生地点分为始发车流和中转车流。

始发车流指本站自装、卸产生的重、空车流;中转车流是指由到达解体列车或部分改编中转列车带到本站、尚未到达卸车或装车目的站,须由本站改编后继续输送的车流。

(3)按运输货物的种类分

车流按运输货物的种类分为普通货物装车形成的车流和煤炭、矿石、石油、超限、超重和鲜活易腐货物等不同品类和特征的货物装车形成的车流。

2. 货物列车的分类

货物列车依据按流开车的原则开行,即货物列车的发站、到站、运行距离和列车种类应当符合车流的性质和特点。货物列车可以根据列车编组地点、运行距离或列车用途等标准分为不同的类别。

(1)按编组地点和运行距离分

货物列车按编组地点分为在装车地、卸车地和技术站组织的列车。

①装车地组织的列车指以车站始发重车流编组的列车,包括:

a. 始发直达列车

由一个车站所装的重车组成,通过一个及以上编组站不进行改编的列车。

b. 阶梯直达列车

由同一区段(枢纽地区)或相邻区段的几个车站所装的重车组成,通过一个及以上编组站不进行改编的列车。

c. 基地直达列车

为扩大装车地直达车流,可以在装车区指定一个设备、径路和车流条件较好的车站作为基地站,装车区其他各站产生的直达车流均挂运到基地站统一组织直达列车。由直达基地汇集的装车区各站车流组织的直达列车称为基地直达列车。

d. 整列短途列车

装车地组织的不通过编组站、运距较短的列车,称为整列短途列车。

卸车站组织的列车包括在装车站和卸车站之间循环使用的整列回空列车,卸车站集结本站卸空车辆编组的空车直达列车、空车直通列车和短途空车列车。

②技术站利用其集结的中转车流和自装卸车流,编组以下种类的列车:

a. 技术直达列车

技术站利用其汇集的车流编组,通过一个及以上编组站不进行改编作业的列车。

b. 直通列车、

在技术站编组,通过一个及以上区段站不进行改编作业的列车。

c. 区段列车

在技术站编组,到达相邻技术站,在区段内不进行车辆摘挂作业的列车。

d. 摘挂列车

在技术站编组,在相邻区段内的中间站进行车辆甩挂作业,终到相邻技术站的列车,称为摘挂列车。其中,只为区段内几个作业量较大的中间站服务的摘挂列车为重点摘挂列车。

e. 小运转列车

小运转列车包括区段小运转和枢纽小运转。区段小运转在技术站至邻接区段内的几个中间站之间开行，不到达相邻技术站；枢纽小运转列车则在技术站和枢纽内的一个或几个顺路的中间站之间开行。技术站开往中间站的小运转列车把技术站集结的中间站作业车流送往中间站进行货物作业；中间站开往技术站的小运转列车把在中间站完成装卸作业的车辆送往技术站改编。

除小运转以外的列车统称为大运转列车，小运转列车的重要任务是及时为技术站编组大运转列车提供车流保障。图 6-3-2 以装车站 1、2、3 站和编组站 A 站为例表示货物列车按编组地点和运行距离的分类及其编组内容。

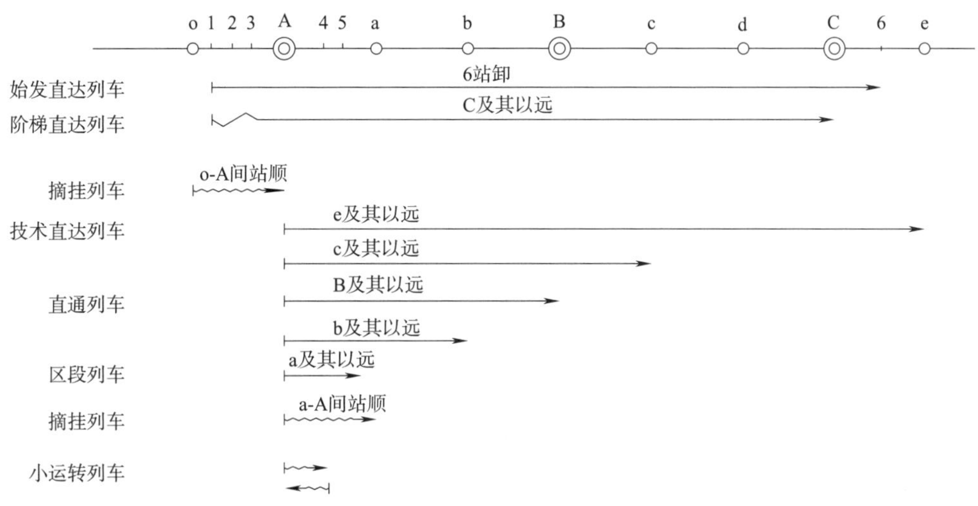

图 6-3-2 货物列车按编组地点和运行距离的分类示意图

(2)按列车用途分

按用途，货物列车分为普通货物列车和特定用途货物列车。

普通货物列车是没有指定特定运输条件的货物列车；特定用途货物列车用于运送特定的货物或车辆。特定用途货物列车包括：

①快运货物班列

固定发站和到站、固定车次和运行线，固定开行周期、发到时刻和编组内容的货物快运列车。

②煤炭直达列车

整列煤炭或以煤炭为基本组的始发直达列车。

③矿石直达列车

整列矿石或以矿石为基本组的始发直达列车。

④石油直达列车

整列石油或以石油为基本组的始发直达列车。

⑤超限货物列车

挂有装载超限货物的车辆，并冠以超限列车车次的货物列车。

⑥重载列车

列车总重达到 8 000 t 及以上的货物列车为重载列车，包括整列式重载列车、组合式重载列车和单元式重载列车。整列式重载列车是由挂于列车头部的机车及其牵引的车列组成的重载列车；组合式重载列车是由两列及以上同一到站的列车首尾相连组合而成的重载列车；单元式重载列车是固定车辆编成、固定发站和到站、固定运行线、运送单一品种货物、在装卸站间往返循环运行的重载列车。

⑦自备车列车

全部由企业自备车编组而成的始发直达列车或整列短途列车。

⑧空车列车

在卸车站或技术站由空车编组而成的直达列车。整列由空车编组而成，途中不通过编组站的列车为整列短途空车列车。

3. 列车编组计划的制订

列车编组计划是全路的车流组织计划，它从路网全局的高度，统筹安排各种货物列车的解编任务，具体规定各货运站、编组站和区段站编组列车的到站、编组内容、列车种类、固定车次、车组编挂和增减轴办法以及列车径路，为编制列车运行图、运输方案、调度工作日班计划和确定车站调车场线路固定使用方案、编制列车解体和编组调车作业计划提供依据。

货物列车编组计划的编制分两步进行，即先编制装车地直达列车编组计划、再编制技术站列车编组计划。依据铁路年度、月度货物运输计划的货源货流资料生成的计划车流是列车编组计划的主要因素。

(1)装车地直达列车编组计划

由于开行装车地直达列车可以加速车辆周转和货物送达速度、减轻技术站车流改编作业负担从而获得较高的经济效益，所以装车地产生的直达车流只要有足够的强度，即每日可以集结 1 列及以上的去向，都应当开行直达列车，将其直接送达卸车地，也可联合多个装车站组织阶梯直达列车，或组织基地直达列车。如卸车地不具备整列办理卸车作业条件，可组织在几个站卸车的反阶梯直达列车或在途中技术站改编的直达列车，如图 6-3-2 所示的始发直达和阶梯直达列车到达站。

(2)技术站列车编组计划

①技术站编组列车的车流来源

终到列车或部分改编中转列车带到技术站的车流包括中转车和本站货物作业车。中转车经到达作业、解体作业，进入调车场固定线路集结；本站货物作业车经到达、解体和取送作业，送车站货场或专用线装卸，装卸完毕后取回调车场固定线路集结。集结满轴经牵出线编组作业编组成列车送出发场经出发作业后向路网发出。

②技术站列车编组计划的编制原理

通常每一个区段上、下行方向都需要开行摘挂列车和区段列车来输送摘挂车流和区段车流，因而编制技术站列车编组计划主要是确定直通车流和直达车流的输送办法。

在技术站，调车场的线路是固定使用的，即调车场的每一条线路都分配有固定的用途，集结一定去向的车流。在驼峰调车场，完成到达作业的到解列车和装卸完毕的本站货物作业车，按其去向、车种由驼峰解体到调车场的固定线路集结，待达到规定的列车质量标准或长度标准后，由调车场尾部牵出线编组成列车送出发场出发。编开一个直达列车到达站，该到达站的车流都会产生先到车辆等待后到车辆，直至集结满轴的过程，称为货车集结过程，货车在集结过程中消耗的车小时称为货车集结时间。

开行直达列车到达站，消耗了货车集结时间，但是被直达列车吸收的车流在途中技术站不改编，只进行无改编中转列车的技术作业就可以继续前进，比在站改编既节省时间、又节省运营费用，即获得了无改编通过技术站的车小时节省，因而开行直达列车在经济上可能是有利的。

当在同一方向上，存在着几个直达列车到达站时，较长途的直达列车到达站与较短途的直达列车到达站合并开行，在远程直达车流的超行区段上会产生车流改编的车小时损失，但在始发站由于减少了直达列车到达站而有集结车小时的节省。如果节省大于损失，则这种合并是合理的。因而制定列车编组计划实际上是通过计算寻找最经济合理的车流组合方式。

为了顺利完成车流改编任务，各技术站承担的车流改编任务应当与其作业能力相适应，在最后确定列车编组计划时，对于不能适应的部分需要做适当调整。所以列车编组计划也是全路技术站作业分工的战略部署。

4. 货物列车编组计划的主要内容

货物列车编组计划编制完成，经过检查和调整，确认无误以后，以铁路局集团公司为单位，汇集局管内所有列车编成站始发列车的发站、到站、编组内容、列车种类、定期车次及附注（规定列车补轴办法和车组编挂顺序，以及列车径路），汇集成册，下达站段执行。

货物列车编组计划中收录了货物列车编组计划规则、本局对货物列车编组计划的补充规定，跨局货物列车编组计划和各局间分界口接入和交出列车的车流组号范围，管内货物列车编组计划和管内各站出发车流的组号范围。

表 6-3-1 和表 6-3-2 给出了兰州北编组站列车编组计划中陇海线天水分界站接入列车和本站编组向陇海线发出列车的部分内容，图 6-3-3 为兰州北站向陇海线自编列车的到达站图。列车编组计划规定的各列车到达站的固定车次是依据计划车流量并适当上浮后确定的，列车编组计划规定的列车发站、到站、列车种类和开行数量为绘制列车运行图提供依据。

表 6-3-1　兰州铁路局集团公司跨局列车编组计划（天水口接入）

发站	到站	编组内容	列车种类	车次	经由分界口	附注
郑州北	兰州北	兰州北及其以远	技术直达	10301～10313	太要、天水	
新丰镇	兰州北	兰州北及其以远	技术直达	10601～10643	天水	
新丰镇	天水	天水及其以远	技术直达	10801～10803	天水	
宝鸡东	兰州北	兰州及其以远和空车	技术直达	28001～28005	天水	
宝鸡东	天水	天水及其以远	区段	28001～28005	天水	
宝鸡东	天水	1. 福临堡—天水间到站成组 2. 天水及其以远	摘挂	41021	天水	

表 6-3-2　兰州北站列车编组计划(陇海线部分)

发站	到站	编组内容	列车种类	定期车次	附注
兰州北	徐州北	徐州北下行场及其以远	技术直达	10502～10510	
兰州北	武汉北	武汉北及其以远	技术直达	12702～12708	
兰州北	襄阳北	襄阳北及其以远	技术直达	11502～11510	
兰州北	郑州北	郑州北下行场及其以远	技术直达	10302～10314	
兰州北	新丰镇	新丰镇上行场及其以远	技术直达	10442～10476	
兰州北	宝鸡东	宝鸡东及其以远	直通	28002～28008	
兰州北	天水	天水及其以远	区段	33012	车流不足时准以宝鸡东及其以远补轴
兰州北	天水	1. 桑园子—云田乡间站顺 2. 陇西及其以远	摘挂	41026～41028	按组顺编组
兰州北	陇西	陇西及其以远	区段	38002	

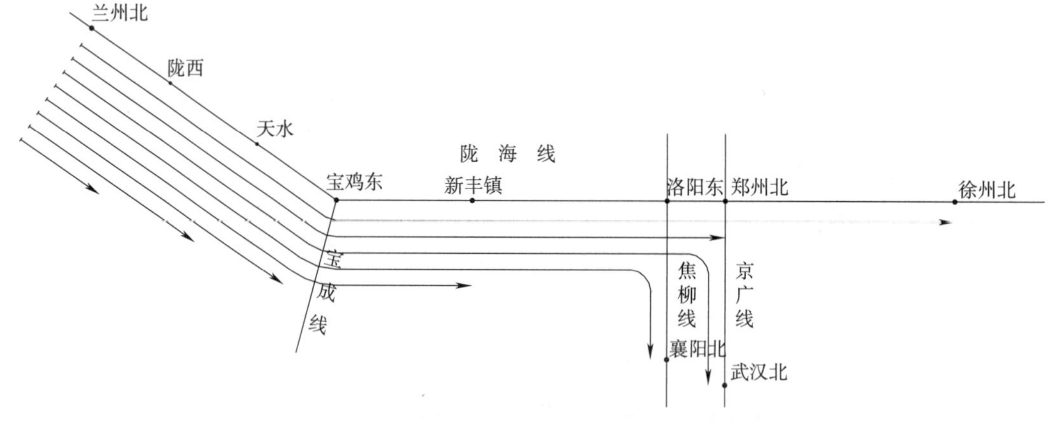

图 6-3-3　兰州北编组站向陇海线方向编组列车到达站图

5. 列车编组计划的执行

列车编组计划综合考虑了车流的输送效率,车站改编能力、装卸作业能力和线路的通过能力,是全路的车流组织计划。车站在日常运输工作组织中,必须严格按照列车编组计划规定的车流编挂内容和车组顺序、增减轴办法编组列车。

(二)列车运行图

列车运行图是利用直角坐标系表示列车运行的图解,它以横坐标表示时间,纵坐标表示距离,列车运行线表示列车中心线随时间的推移在区段内位置的变化。列车运行图规定本区段牵引机车的型号、列车牵引定数和计长,本区段内开行的上、下行各次列车在技术站出发和终到以及在中间站通过、到达和出发的时刻,是铁路运输工作的综合计划和行车组织工作的基础。

在实施新图时,铁路客运部门常利用列车时刻表对社会发布旅客列车开行信息;但列车运行图承载的信息远比列车时刻表更为丰富,不仅可以提供列车在各站的到发或通过时刻,还可以直观地显示各次列车在时空上的相互关系、列车交会、越行，直达、直通列车在技术站的中转停留时间，机车交路及客车车底周转等信息，因而在铁路内部的行车组织和调度指挥工作中，均采用列车运行图表示列车运行安排。

1. 列车运行图的格式

列车运行图按区段编制，按时间顺序铺画每日从 18:00 至次日 18:00 各次列车运行线。

(1)时间表示方法

为了适应不同的需要，使列车运行的描述简捷、直观，列车运行图在时间的划分上有二分格、十分格、小时格和一分格四种格式。

①二分格运行图

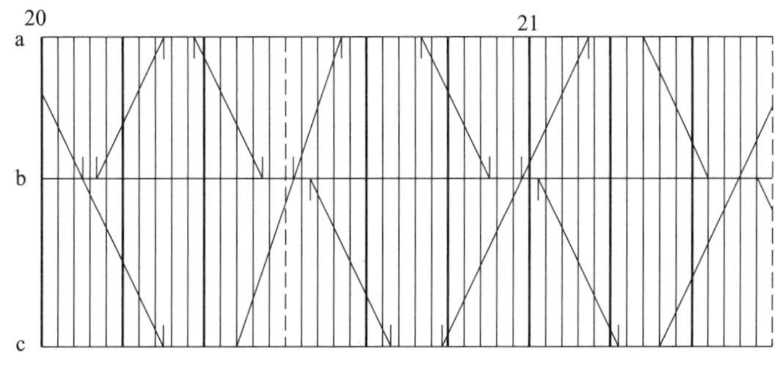

图 6-3-4 二分格运行图

二分格运行图(如图 6-3-4 所示)的横轴以 2 min 为单位用细竖线加以划分，为了便于识别，10 min 用较粗的竖线、半小时用虚线、小时用更粗的竖线表示。由于二分格运行图不需要在运行线上标注时分数字，编图人员手工编制新图时使用比较方便。现在由于实现了计算机铺图，二分格图已基本上不再使用。

②十分格运行图

十分格运行图(如图 6-3-5 所示)的横轴以 10 min 为单位用细竖线加以划分，半小时用虚线表示，小时用较粗的竖线表示。十分格运行图简洁、易读，用于编制和发布新图，以及在日常调度工作中铺画实绩图和列车运行调整的阶段计划。

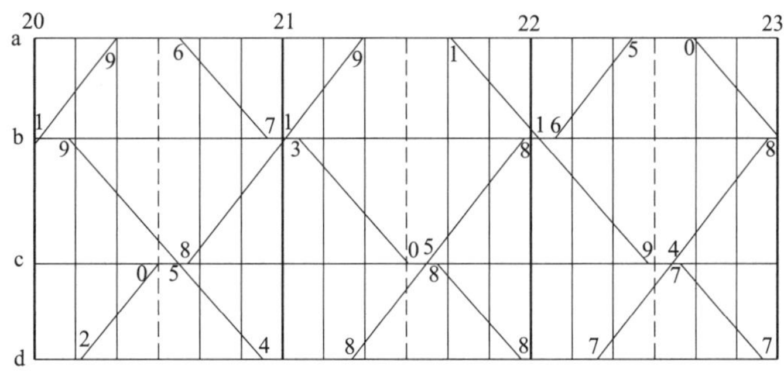

图 6-3-5 十分格运行图

③小时格运行图

小时格运行图(如图 6-3-6 所示)的横轴以小时为单位用竖线加以划分,只表示列车在区段的始发和终到时刻,不标注在中间站的到发、通过时分,运行线通常用“航空线”表示。小时格运行图主要用于编制列车运行方案和机车周转图,及调度工作日班计划的列车工作计划和机车工作计划。

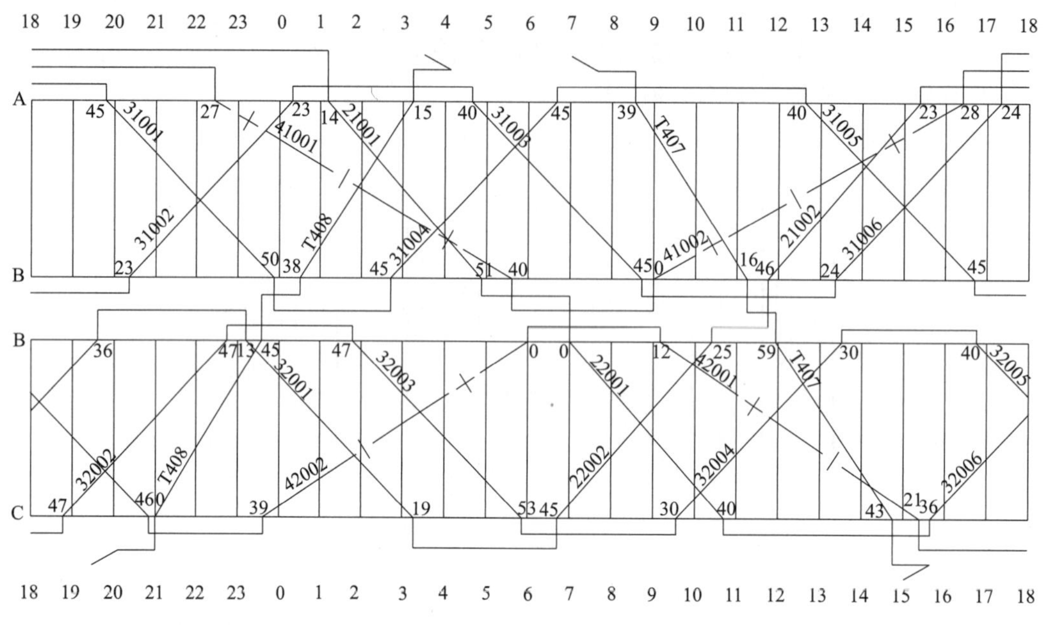

图 6-3-6 小时格列车运行图

④一分格运行图

一分格运行图(如图 6-3-7 所示)的横轴以 1 min 为单位用竖线加以划分,5 min 用细虚线表示,10 min 用稍粗的竖线表示,30 min 用稍粗的虚线表示,小时用粗竖线表示。城市轨道交通系统列车开行密度大,高峰期列车开行间隔仅 2 min 左右,停站时间以秒计,通常 30～50 s,因而采用一分格运行图。

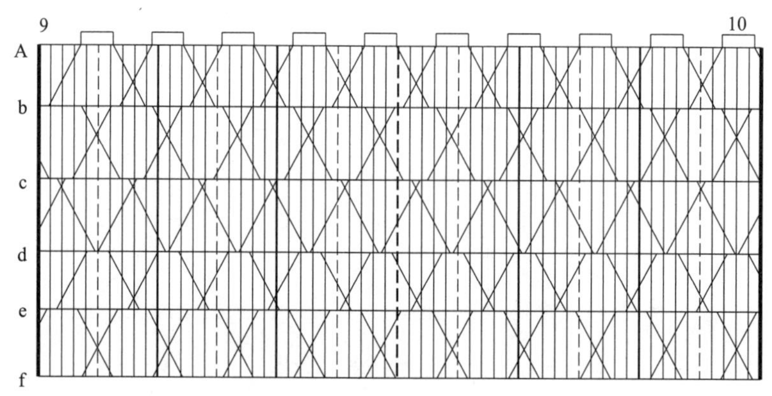

图 6-3-7 1 分格列车运行图

(2)车站中心线的确定方法

在列车运行图上,车站中心线的位置按列车在两站间的纯运行时分的比例以横线表示,我国铁路通常既有线按下行货物列车的区间纯运行时分、客运专线按下行高速列车纯运行时分、地铁线路按下行电客车运行时分确定图上各站中心线的位置。

(3)列车运行的表示方法

在列车运行图上,表示列车运行的斜线称为列车运行线,列车运行线即列车以其中心线作为质点的运动轨迹。列车运行线与车站中心线的交点即为列车到、发或通过车站的时刻。显然,列车运行线斜率的绝对值越大,表示列车的运行速度越高。

我国列车运行图的技术标准长期使用“min”为单位。自 2002 年起,列车运行图的时间标准精确到特快列车以 15 s 为单位、其他旅客列车以 30 s 为单位,货物列车以 1 min 为单位。2007 年以后,列车运行图的时间标准均精确到了 15 s,动车组、特快旅客列车以秒为单位铺画。

在十分格图上,仅填写 10 min 以下分秒值;在小时格图上,填写 60 min 以下分秒值。列车时刻的分秒均用阿拉伯数字表示,秒的字号要小于分的字号;列车始发、终到时刻填记在列车运行线与车站中心线相交的钝角内,列车通过车站的时刻填记在列车运行线与车站中心线相交出站一端的钝角内,如图 6-3-8 所示。

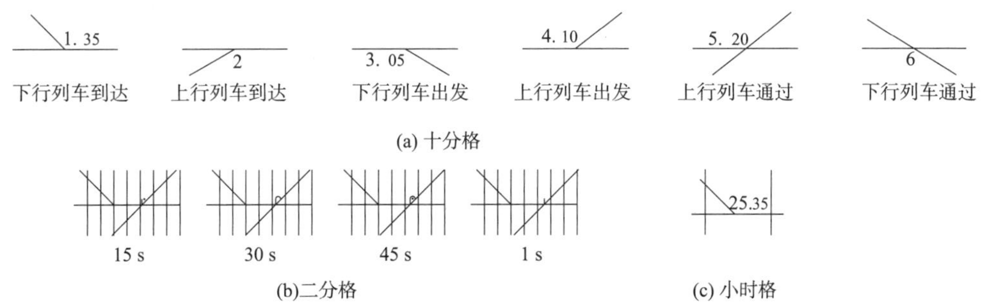

图 6-3-8 列车在车站到发、通过时刻的表示方法

2. 列车运行图的分类

列车运行图可以依据区间正线数、区段采用的闭塞设备、列车运行速度、上下行方向列车的数量及使用期间等条件分为不同的类型。

(1)按区间正线数分为单线运行图、双线运行图和单双线运行图

单线运行图适用于单线区段,由于区间内只有一条正线,因而列车的交会只能在车站进行,如图 6-3-5 所示;双线列车运行图则适用于双线区段,上、下行列车分别在上行正线和下行正线运行,因而列车既可在车站交会,也可以在区间交会,如图 6-3-9 所示;单双线列车运行图是为限制区间铺设了双线或双线插入段的单线区段铺画的运行图,其特征是在双线区间列车可以在区间交会,如图 6-3-10 所示。

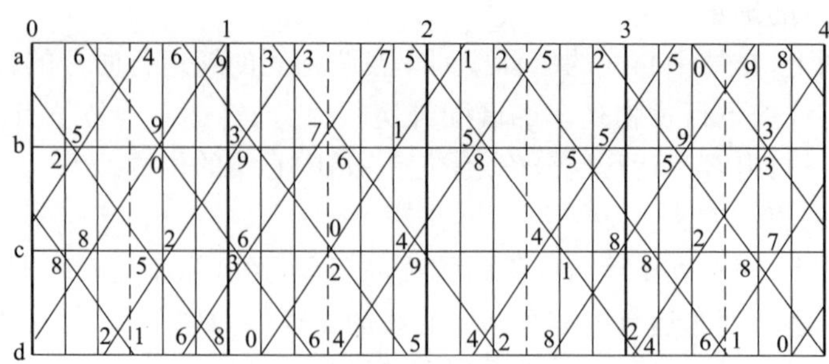

图 6-3-9　双线成对连发平行运行图

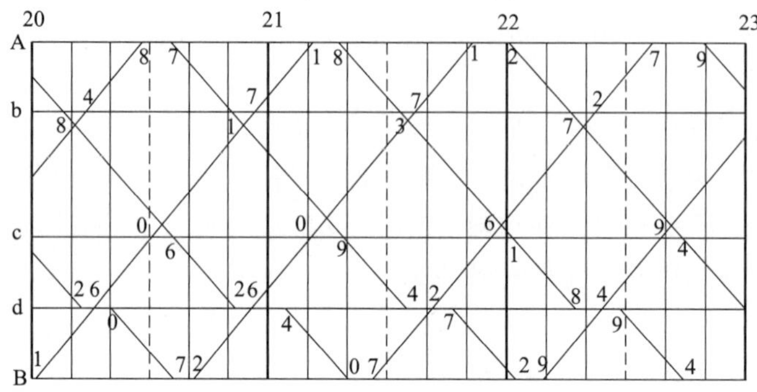

图 6-3-10　单双线平行运行图

（2）按同一方向列车运行速度是否相同分为平行运行图和非平行运行图

当区段内运行的列车都是相同等级的列车，因而同一区间同一方向运行的列车速度都相同，表现在列车运行线均相互平行，称为平行运行图；当区段内运行着不同速度等级的列车，例如既开行普通货物列车，又开行特快、直快旅客列车的区段的运行图中，在同方向列车运行线中就会存在不平行的运行线，称为非平行运行图，如图 6-3-11 所示。

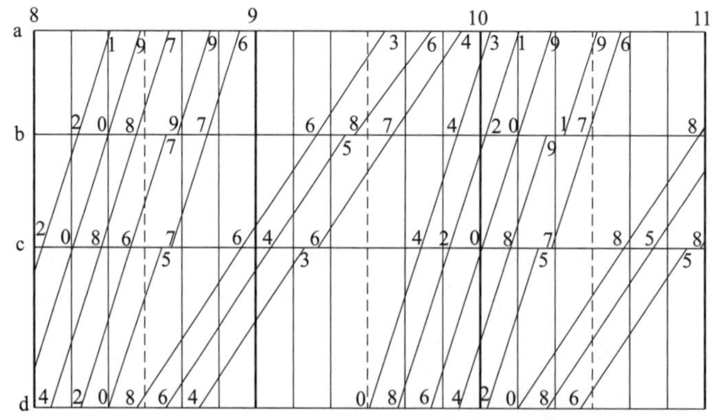

图 6-3-11　高、中速列车混跑的高速铁路运行图

（3）按上、下行方向列车数量是否相等分为成对列车运行图和不成对列车运行图

一般情况下都采用成对运行图,当上下行方向的货运量相差较大而运行图通过能力利用率又比较高时,可以铺画不成对运行图,以便利用非货运方向的多余通过能力开行货运方向的额外列车。

(4)按区段采用的闭塞设备分为追踪运行图和非追踪运行图

在采用自动闭塞的区段,列车以闭塞分区为间隔追踪运行,在同一区间的一条正线上同一时间内可以有多列列车以闭塞分区为间隔追踪运行,如图 6-3-11 所示;而在非自动闭塞区段,列车以站间或所间区间为间隔运行,同一区间的一条正线上同一时间内只能有一列列车运行,如图 6-3-9、图 6-3-10 所示。

(5)按运行图的使用期间分为基本图和分号图

基本列车运行图(简称基本图)是指重新编制或调整正在实施并执行到下次重新编制或调整时止的列车运行图。调整后的基本图又称为调整列车运行图(简称调整图)。分号列车运行图(简称分号图)是指为适应运量较大波动、线路施工或重大特殊运输任务而编制的,短时间实行,实行完又恢复到基本图的临时性运行图,例如第一分号图、第二分号图,施工分号图,五一分号图、十一分号图、春运分号图等。

施工分号图是指留有运行图天窗,供铁路固定设备施工期间使用的分号图。运行图天窗是指在列车运行图中不铺画列车运行线,为营业线固定设备施工、维修作业预留的时间。

全路基本图原则上每两年编制一次,宜在春季或秋季实行。需要编制新图是因为由于客流和货流的变化,客货列车的行车量发生了较大变化;铁路技术设备发生较大变化,如新线开通,采用了先进联锁、闭塞设备,运输组织方法发生变化,列车运行速度提高等。基本图的变更通过重新编制或调整实现。重新编制是指依据运输设备的更新和客货流量的变化,按照重新确定的各项技术作业标准、重新构建旅客列车运行框架、重新铺画全部客货列车运行线,在全路范围同时实行的列车运行图;调整则是在各项技术作业标准和旅客列车框架不做大的变动的基础上,对基本图进行局部变更形成的运行图。

3. 列车车次、列车运行线线形和列车运行整理符号

在列车运行图上,铺画有不同种类列车的运行线。我国铁路开行的列车按运输性质分为:旅客列车、特快货物班列、货物列车、军用列车和路用列车五类。

在铺画列车运行图和日常列车运行调整中,要按照列车的等级组织会让和越行,通常低等级列车停车等会或待避高等级列车。我国铁路规定列车运行等级的顺序依次为动车组列车、特快旅客列车、快速旅客列车、普通旅客列车、军用列车、货物列车、路用列车。开往事故现场救援、抢修、抢救的列车应优先办理。

(1)列车车次

列车车次根据列车分类和等级编码,在《列车运行图编制规则》中有明确规定,编制列车运行图时,必须按规定确定列车车次。

向接近首都方向运行的列车为上行列车,车次定为双数;向远离首都方向运行的列车为下行列车,车次定为单数。在运行途中变更上、下行运行方向的旅客列车对,使用两对车次,在运行方向变更站变车次,原则上在与车底配属段邻接的区段采用较小的车次。例如:兰州—青岛的直达特快旅客列车车次为 Z274/Z271、青岛—兰州 Z272/Z273,在济南站变车次;该对列车车底配属于青岛客运段,所以列车在青岛—济南段出发时是 Z272、返回青岛时

是 Z271，在济南—兰州段的车次向兰州方向是 Z273、离开兰州方向是 Z274。在运行途中变更运行方向的货物列车，由车次变更点所在铁路局集团公司在列车工作计划中选定车次。使用直通车次运行的列车，如径路中存在与列车整体运行方向不符的个别路段时，可以保持全程车次不变。在这种情况下会出现某一路段的同一方向存在上、下行两种车次的情况。

(2)列车运行线线形

为了便于区分不同种类的列车，在列车运行图上以不同线形表示不同种类列车的运行线。例如摘挂列车运行线为黑单线加黑“＋”“－”，旅客列车运行线用红单线表示，普通货物列车运行线用黑单线，军用列车运行线用红色虚线表示等。

(3)列车运行整理符号

列车在本区段的出发有自编始发和从邻接区段转来或从中间站出发，到达有在技术站或中间站终到和转往邻接区段等情况。表示列车在本区段出发和到达运行条件的符号称为列车运行整理符号，见表 6-3-3。

表 6-3-3　列车运行整理符号

名　　称	列车运行整理符号
列车始发	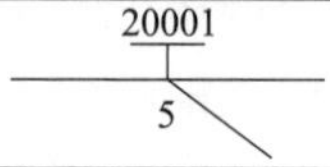 20001 5
列车终到	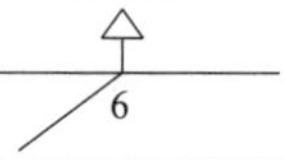 6
列车在中间站临时停运	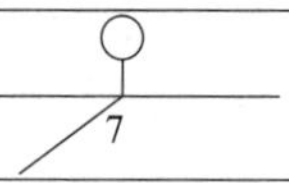 7
列车从邻接区段转来	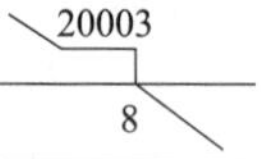 20003 8
列车开往邻接区段	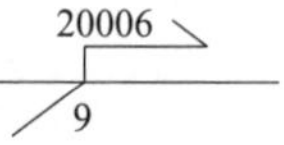 20006 9

列车车次通常标注在列车出发或转往邻接区段的运行整理符号上或出发端的列车运行线上方。列车运行线的表示方法和列车运行整理符号在《铁路运输调度规则》(TG/CW 103—2017)中有明确规定，在铺画列车运行图时应于遵守。

4. 机车周转表示方法

机车周转是指机车在基本段和折返段之间往返担当列车牵引任务的安排，用机车周转图表示。机车周转图规定列车机车从机车配属段所在站向机车折返段所在站担当牵引的车次和在折返段整备后担当的返程车次，分为计划机车周转图和实绩机车周转图。计划机车周转图又分为常用机车周转图和日班计划机车周转图。常用机车周转图是与重新编制的新图或调整的列车运行图配套的机车周转图，只在列车运行图上勾画了机车交路，没有具体指定各次列车的牵引机车号，如图 6-3-6 所示；日班计划机车周转图是由机车调度员在列车工作计划上具体指定各次列车的牵引机车形成的，如图 6-3-12 所示。实绩机车周转图则是当日各台列车机车实际牵引列车的真实记录，与日班计划机车周转图相比由于列车早点、晚点、增开、停运及机车赶不上交路机车调度员临时指定替班机车等因素的影响会有一些出入。

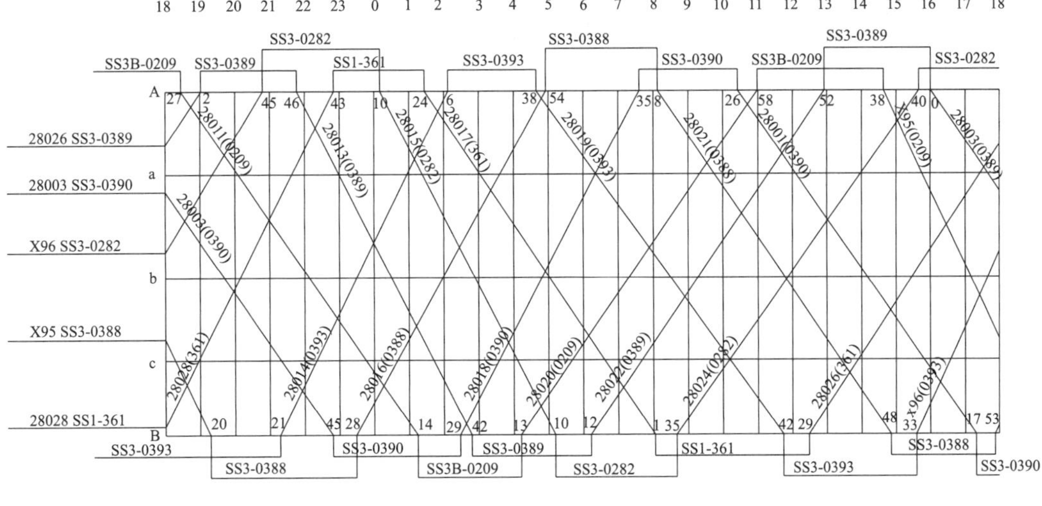

图 6-3-12　日班计划机车周转图

5.列车运行图的主要指标

列车运行图编制完毕后，各铁路局集团公司应对列车运行图的铺画质量进行全面检查，并计算其数量指标和质量指标，分析新图相对于旧图的改进。

(1)列车运行图的数量指标

①旅客列车的对数和走行公里、客运机车使用台数及旅客列车输送能力。

②货物列车的对数和走行公里、货运机车使用台数和货物列车输送能力。

③快运货物列车、五定班列对数、走行公里及运输能力。

(2)列车运行图的质量指标

①旅客列车、货物列车和快运货物列车、五定班列的平均技术速度

列车技术速度是指列车在区段内走行过程中的平均运行速度，其计算公式为：

$$v_{技} = \frac{\sum l_{列}}{\sum t_{运}} \quad (\text{km/h}) \tag{6-3-1}$$

式中　$\sum l_{列}$——计算范围内，图定旅客列车、货物列车或快运货物列车、“五定”班列每日走行的列车公里数，km；

$\sum t_{运}$——计算范围内，图定旅客列车、货物列车或快运货物列车、“五定”班列每日区间运行时间之和，包括列车纯运行时分和起、停车附加时分，h。

②货物列车、快运货物列车、“五定”班列平均旅行速度

列车旅行速度指列车在区段内的全部时间，包括走行和中间站停站时间，平均每小时走行的公里数，其计算公式为：

$$v_{旅} = \frac{\sum l_{列}}{\sum t_{旅}} \quad (\text{km/h}) \tag{6-3-2}$$

式中　$\sum t_{旅}$——计算范围内，图定货物列车或快运货物列车、“五定”班列每日区间旅行时间之和，包括列车纯运行时分、起停附加时分和在区段内中间站的停留时间，h。

③旅客列车平均直通速度

旅客列车直通速度指旅客列车自始发站出发至到达终到站，平均每小时移动的距离，其计算公式为：

$$v_{直}^{客} = \frac{\sum l_{客列}}{\sum t_{全旅}} \quad (\text{km/h}) \tag{6-3-3}$$

式中　$\sum l_{客列}$——图定旅客列车全程列车公里之和，km；

$\sum t_{全旅}$——图定旅客列车全程旅行时间之和，包括列车纯运行时分、起停附加时分、和在沿途各站停留时间，h。

④货物列车平均直达速度

货物列车直达速度指货物列车自始发站出发至终到的全程平均每小时走行的公里数。这项指标综合反映货物列车旅行速度和技术站接续时间的水平，按下式计算：

$$v_{直}^{货} = \frac{\sum l_{直货}}{\sum t_{旅} + \sum t_{技停}} \quad (\text{km/h}) \tag{6-3-4}$$

式中　$\sum l_{直货}$——直达、直通货物列车全程走行公里之和，km；

$\sum t_{技停}$——直达、直通货物列车在沿途技术站停站时间之和，h。

⑤直通和直达货物列车在技术站的平均接续时间

直通和直达货物列车在技术站的平均接续时间反映列车运行线在技术站相邻区段的衔接质量，应略大于技术站无改编或部分改编中转作业的时间标准，可以按列车、技术站、铁路局和全路按下式计算：

$$T_{接续} = \frac{\sum t_{接续}}{\sum n_{中转}} \quad (\text{h}) \tag{6-3-5}$$

式中　$\sum t_{接续}$——中转货物列车在沿途各技术站的停留时间之和，h；

$\sum n_{中转}$——货物列车在技术站完成中转作业的次数。

其他质量指标还包括动车组、客车车底在自、外段所在站停留时间及需要组数，客运机车和货运机车的全周转时间，日车公里，机车在自、外段停留时间，机车运用台数等。

为了进一步评价新运行图的编制质量，除计算新运行图的各项指标外，应与现行运行图进行比较，分析各项指标提高或降低的主要原因。

6. 列车运行图的作用

铁路客、货运输是依靠列车的运行实现的。为了保证铁路运输工作安全、高效和有序地进行，与铁路运输有关的各铁路部门的工作都必须依据列车运行图规定的列车运行时刻进行。

车站根据列车运行图安排到发线的使用、列车的解体、编组和取送，组织客运作业和货物装卸工作；机务段根据列车运行图开行的列车车次、时刻，计划机车周转、安排机车的整备、检修和乘务员的作息；车辆段列检所根据列车到达和出发的时刻，及时派出列检组完成车辆检修任务，扣修定检到期的车辆；工务、供电、电务等部门对线路、接触网和通信信号设备的施工和维护，都必须根据运行图中规定的施工天窗的时间进行。与运输有关的各铁路部门的工作，通过列车运行图相互协调配合，联系成为一个整体。因而，列车运行图是协调铁路各部门工作的综合作业计划。

列车运行图充分考虑了旅客的出行、换乘的实际需要，货物列车的车流接续、车站作业的均衡性和作业能力利用及与企业生产的配合，是有效使用铁路运输能力、为客货运输、企业生产服务的战略部署和行动计划。

合理的、考虑周密的列车运行线分布，能够提供弹性时间，便于行车调度员进行列车运行调整，从而提升列车运行图的健壮性。列车运行图的健壮性是指运行图所提供的部分列车的运行偏离图定时刻对其他列车的影响可以控制在一定范围、仍然可以保持整体良好列车运行秩序的能力。刚性的、没有余地的列车运行图会给列车运行调整带来很大困难，一趟列车晚点可能引起整片列车的晚点；而赋予一定弹性的列车运行图，可以有效地化解列车运行波动所造成的不利影响。

列车运行图是铁路运输工作的综合计划和行车组织工作的基础。科学合理地编制列车运行图，对保证行车安全，适应市场需求，提高运输能力、效率和效益，具有重要意义。

（三）铁路运输技术计划和运输方案

为了满足国家国防建设、经济发展和人民生活对于铁路运输的需求，保证路网各区段通过能力、货运站装卸能力和技术站改编能力协调配合，从而经济、高效地完成运输生产任务，铁路建设和日常运输生产必须按计划进行。我国铁路实行长期计划指导下按月组织运输生产的制度，即：首先制定铁路建设的长期规划，从宏观上保证运输能力与运量相适应；在这一基础上，每年制订年度运输计划，每月制订月度货物运输计划，依据月度货物运输计划制订技术计划，确定各局各区段的行车量和机车、车辆的合理保有量，最后编制运输方案制订保证实现月度运输计划的技术组织措施。技术计划的运输指标和运输方案为铁路运输调度制定运输调整措施提供指导。

1. 技术计划

在铁路运输生产过程中，货物的流向和数量一般在一年中有比较稳定的部分、随季节呈现规律性变化的部分和随机变化部分，每年之间随地区经济的发展和变迁会有相应的差异，由此造成了各年度和月间各区段行车量和重、空车流量流向的变化。因而需要制定技术计划，根据变化的装车任务和重、空车流量在各局之间合理调配机车、分布运用车，规定空车的正确流向和各区段的行车量及分界站的车辆交接任务，确定各铁路局集团公司应完成的机车、车辆运用的数量指标和质量指标，为日常调度调整和运输组织工作考核提供依据，以预见和避免可能发生的困难，达到充分利用铁路区段通过能力和机车车辆、提高运输工作效率的目的。

(1)技术计划的内容及编制过程

技术计划按月编制，各铁路局集团公司在国铁集团领导下，每月 20 日开始编制工作，全路同步进行，局间按时交换相关计算资料，逐步推进，至 25 日编制完毕。技术计划的主要内容及编制顺序如下：

①使用车和接运重车计划

使用车计划是各局依据下月货主装车需求汇总的管内各站段的装车去向和数量。依据使用车计划可以确定本局每日自装通过各局间分界站的移交车数量，向各外局通报。本局接收到的各外局次月每日分界站别移交我局的移交车计划即为接运重车计划。下月每日使用车计划和接运重车计划汇总形成本局重车车流表。重车车流表是编制技术计划的基础。

②卸空车计划

依据重车车流表，可以计算下月每日管内各站车种别卸车数，即卸空车计划。

③空车调整计划

使用车计划提供局管内各站下月每日装车需要的车种别空车数，卸空车计划则提供局管内各站下月每日卸车产生的车种别空车数，由此得出各站车种别装卸差。国铁集团和各局据此作出空车调整计划，确定各局间分界站下月每日出入的车种别空车数，以及局管内各区段下月的空车流向及数量。

④分界站货车出入计划及各区段列车回数计划

依据从重车车流表和空车调整计划获取的局管内各区段重、空车流，可以确定下月各局间分界站每日移交外局的重空车数、移交列车数，局管内各区段开行货物列车对数。

⑤工作量计划

路局管内每日产生的重车数称为该局的工作量 u。到达本局管内车站卸车的重车称为管内工作车，包括自装自卸重车和分界站接入自卸重车；到站为外局、须经局间分界站移交的重车称为移交重车，包括自装交出重车和接入交出重车。局管内每日产生的管内工作车数、移交重车数和空车数分别称为该局的管内工作车工作量 $u_{管内}$、移交车工作量 $u_{移交}$ 和空车工作量 $u_{空}$。铁路局集团公司每日完成的工作量可以利用重车车流表和空车调整计划计算获得。

⑥货车运用质量指标及保有量计划

铁路局集团公司管内保有的运用车 N 包括管内工作车 $N_{管内}$、移交车 $N_{移交}$ 和空车 $N_{空}$。不同类别的运用车经过各项作业、一段时间后会发生状态的变化，例如管内工作车在自局装车或从局间分界站接入后，经途中运行、技术站中转至到达卸车站完成卸车，转变为空车；移交车从在自局车站装车完毕或从局间分界站接入，至经局间分界站交出，进入外局；空车从在自局卸车站卸空或从局间分界站接入至送达装车站装车变为管内工作车或移交重车，或经局间分界站向外局排空进入外局。各类运用车在局管内自产生至变为其他类型运用车或交出所延续的时间称为货车周转时间，分别用 θ、$\theta_{管内}$、$\theta_{移交}$ 和 $\theta_{空}$ 表示。可以利用下式计算铁路局集团公司下月完成规定的工作量须保有的各类运用车数量：

$$
\begin{aligned}
&N=u\times\theta, N=N_{管内}+N_{移交}+N_{空}\\
&N_{管内}=u_{卸空}\times\theta_{管内}\\
&N_{移交}=u_{移交}\times\theta_{移交}\\
&N_{空}=u_{空}\times\theta_{空}
\end{aligned}
\tag{6-3-6}
$$

⑦机车运用指标计划

局管内各区段开行货物列车对数确定以后，即可根据机车周转时间计算各区段需要的列车机车数量，为管内各机务段配备必要数量的列车机车。

⑧站段运输指标计划

路局下月运输生产任务最终是要落实到站段，在站段运输指标计划中，各站月装车数、货物发送吨数按月度货物运输计划批准的订车计划汇总，月卸车数由月使用车计划和接运重车计划确定，静载重依据该站发送货物的品类和以往完成实绩规定，中、停时参照车站货车作业过程和本区段管内列车对数规定。指标分解的结果，应保证完成局运输指标。

(2)技术计划的作用

铁路局集团公司要满足运输需求，完成铁路运输生产任务，必须保有与其承担的运输任务相适应的各类运用车数量。管内运用车分布不正常，就不可能顺利实现运输生产过程。例如：如果管内工作车数量不足，各站将不能完成卸车任务或无车可卸，由此进一步引起管内空车不足，接着导致不能完成装车任务；移交车数量不足，将不能完成次日分界站列车移交任务，造成外局管内工作车不足；显然空车保有量不足，将不能满足货主的运输需求、影响分界站排空任务的完成。同样，运用车保有量过大，也会对运输生产造成不良影响，例如管内工作车过剩，通常是到达某些卸车站的装车过于集中，车站卸车能力不足，造成车流积压，车辆长时间待卸、使用效率降低，甚至引起车站或线路堵塞；当发生自然灾害、行车事故时，常引起线路通过能力降低或行车中断，可能造成列车保留，运用车在管内积压。路网局部空车保有量膨胀，还可能导致路网其他部分空车不足。

技术计划依据次月运输需求所确定的各局运用车保有量，为国铁集团向各局分配运用车数，路局编制调度工作日常计划、确定运输调整措施提供参照；技术计划所确定的次月各区段列车开行回数计划、机车运用计划、站段运输生产计划为路局组织站段运输生产提供依据。

2. 运输方案

为了完成月度运输计划，在制定了技术计划以后，还要研究计划月的货流特点及完成月度货物运输任务可能发生的困难，制定提高运输效率和克服困难所应采取的运输组织措施，编制运输方案。运输方案是按照月度货物运输计划、技术计划的任务要求和列车运行图和列车编组计划的规定，在满足产、销需要，协调路内外与运输有关部门关系的前提下，制定的全面改进运输组织的对策和办法。运输方案包括跨局运输方案和路局运输方案。

(1)跨局运输方案

跨局运输方案在交换车流较大的铁路局集团公司间编制，目的在于合理安排跨局货流的挂线，加大跨局直达列车的组织力度，包括跨局货流组织方案和跨局列车组织方案。

①跨局货流组织方案

由于跨局货流的发站和到站不在同一路局，为了避免到站卸车困难，相关路局应根据厂矿生产需要和车站装、卸作业条件协商决定直达列车的组织方法。首先要合理规划物资的调拨，消除不合理运输，使货流相对集中，以利于开行直达列车。其次，要根据到站的卸车条件组织直达列车，防止因待卸时间过长降低车辆的使用效率。

②跨局列车组织方案

跨局列车组织方案主要规定分界口交接的空、重直达列车的组织办法，即指定跨局空车直达列车的车种、编成辆数和固定车次和跨局核心列车的车次及编组内容。

为了便利到站的卸车作业或缓解编组站的能力紧张，要在跨局运输方案中规定高质量直达列车的编组要求。高质量直达列车是指超过列车编组计划的要求，为卸车站或终到的编组站提供作业便利的直达列车，包括：

a. 越过列车编组计划规定的最远到达站的直达列车。由于远程直达列车无改编通过更多的技术站，可以获得更大的经济效益。

b. 按到达编组站的车流集结范围编组的列车。当直达列车到达的枢纽内有两个及以上编组站时，要求列车编成站按枢纽内各编组站的车流集结范围编组列车而不混编，即到达列车中只能编挂该列车终到的编组站集结的车流，而不能包含枢纽内其他编组站集结的车流。按到达编组站的车流集结范围编组列车可以减少枢纽小运转列车的开行数量和调车作业量，但列车编成站可能延长货车集结时间。

当到站为双向编组站或实行双推双溜的编组站时，按到站的调车系统或调车分区编车，也可以减少车流到达站车辆转场和重复分解的调车作业。

c. 对本站自编列车中车辆的组号再按照列车终到站列车编组计划规定的组号细分，从而减轻终到站改编车流的作业负担、加速作业进度。

d. 按到站的同一专用线和货物作业点成组，便于货运站送车的列车。有的货运站因调车设备能力不足而延误车辆取送，如规定列车中车辆按到站的卸车地点分组，甚至按车辆的作业线分组，就可以减轻卸车站的调车作业负担，加速车辆在到站的作业过程。

跨局运输方案在加强局间协作、保证运输畅通方面发挥了积极的作用。在国铁集团的主持下，逐步形成全路运输方案，以指导跨局列车的运输组织工作。

(2)路局运输方案

路局运输方案包括货运工作方案、列车工作方案和机车工作方案。在站场或线路施工期间还需要编制施工方案。

①货运工作方案

编制货运工作方案的目的是充分利用装车站和卸车站的设备条件和货流条件，扩大直达、成组装车，提高运输效率。发站和到站有整列装、卸条件时，应使供需关系相对集中，以形成稳定、强大的车流，为组织直达列车创造条件；装车可以整列，但卸车站不具备整列卸车条件时，可考虑组织反阶梯直达列车或到达技术站解体的列车；卸车可以整列，但整列装车有困难时，可组织阶梯直达列车；对同品名、不同发货单位的货源，可以组织统一运用仓库、货区货位、统一调配搬运工具，实行统一发货，既提高装车设备的利用效率，又为组织直达列车和成组装车创造条件。

②列车工作方案

列车工作方案具体实现货运工作方案的安排，是铁路运输方案的核心和最终体现。编制列车工作方案所要完成的工作包括车流组织、选定分号运行图和车流挂线。

列车工作方案包括管内直达车流和空车流组织。直达车流组织主要是依据货运工作方案，确定开行的装车地直达列车到达站，增加装车地直达列车的数量、提高装车地直达列车的质量；编开始发直达列车到达站的装车站通常需要整列配送空车，实行整列或成组装车，空车直达列车的开行列数根据国铁集团技术计划规定的局间分界站的空车交接数和要求以及自局管内始发列车列数确定。

在编制列车运行图时，一般要考虑运量的波动，为每一区段编制行车量依次减少的基本图和第一、第二分号图。在路局运输方案中，要依据下月行车量选定分号运行图。具有稳定、充足的车流保证、每天都能开行的车次，称为核心车次或方案车次。为了保证良好的列车运行秩序，核心车次占全部运行线的比例不应少于60%。由于方案列车固定了装车站和卸车站的出发和到达时刻，便于铁路与厂矿密切配合，保证编组站、装车站和卸车站和区段工作的稳定。

③机车工作方案

编制机车工作方案的主要工作是在列车工作方案确定的分号图上勾画机车周转图，全面安排管内各机务段列车机车的运用、整备和检修。

二、铁路运输组织的日常作业计划

为了充分利用铁路的运输能力、保证国家重点物资的运输和路网点、线能力协调，国铁集团需要对各铁路局集团公司的去向别装车数量进行宏观控制。国铁集团公司调度台根据各铁路局集团公司早6:00计划完成情况、汇集的各铁路局集团公司车流调度上报的次日运输需求计划、铁路区段通过能力，确定能力不足的铁路区段上的局间分界站(即限制口)和各局通过限制口的装车数量限制，审核次日各铁路局集团公司分界站列车交接列数和空重车数，制定次日“去向别使用车轮廓计划”和“分界站列车交接日计划情况表”，即分界口轮廓计划，于9:00前下达至各铁路局集团公司，为各铁路局集团公司次日应完成的运输任务确定基本框架。

管内运用车的合理分布是顺利完成铁路运输任务的前提。铁路局集团公司在收到国铁集团轮廓计划以后，要推算次日车流，确定次日装车调整措施，把国铁集团下达的指标分配给本局各地区，于每日10:00前制定局次日轮廓任务，内容包括地区别卸车数、装车数、分界口列车交接任务和重点事项等，为各工种调度员编制调度日班计划提供指导。铁路运输组织日常作业计划包括国铁集团、铁路局集团公司调度工作日(班)计划和车站日常作业计划。

1. 铁路局集团公司调度工作日(班)计划

铁路局集团公司调度日(班)计划包括货运工作计划、列车工作计划、机车车辆工作计划和施工日计划，是组织局管内次日装卸和行车工作的行动计划。各项计划紧密衔接、环环相扣：货运工作计划确定次日管内自装重车和卸空车的分布，为列车工作计划提供自装卸车流的数据；列车工作计划依据推算的管内18点现车、次日自装卸车流和接入车流，计划各区段开行列车的车次；机车车辆工作计划组织机车车辆运用和检修，为开行列车提供动力和载体保证；施工日计划则协调运输和施工部门的工作，组织线路、信号和牵引变电等铁路固定设备安全检测和维修，为运输生产提供良好的设备条件。

(1)货运工作计划

货运工作计划确定次日管内各站应完成的装车和卸车任务。

制定站别装车计划的主要工作是审批管内各站通过网络上报的次日订车计划、汇总并编制品类、去向别装车计划，制定直达列车和成组装车计划。在铁路运输能力充足的条件下，货主的运输需求应全部承认；当运输能力不足、存在“限制口”或空车数量不足时，为了保证国家重点物资的运输和铁路区段的畅通，只能按照审批条件，推迟部分订单的装车。审批货主订单的原则是:坚持“三先、三后”的物资调运原则,即“先中央后地方、先重点后一般、先计划内后计划外”,贯彻国家运输政策,保证重点物资运输,优先承认紧急抢险救灾、鲜活易腐、三农物资及已积压多日货物的装车,做到确保重点、兼顾一般。

编制站别卸车计划的主要工作是依据推算的当日 18:00 在站、在途管内工作车数、次日接入和管内自装管内工作车数,按各站作业时间标准、列车运行图规定的各车次到发时刻,推算当日有效车数,即当日能送达卸车站且能卸空的车数。

(2)列车工作计划

为了有效利用机车牵引力和铁路运输能力,我国铁路规定,除摘挂列车、小运转列车和某些特定情况外,货物列车必须达到规定的重量或长度标准才允许开行。由于局管内每日产生的出发车流去向和数量及各站的装卸任务都有变化、需预留天窗的施工情况不同,以及自然灾害、事故等诸多因素的影响,铁路局管内各区段每日开行的列车并不总是与运行图中铺画的列车运行线完全一致:有的列车运行线可能因车流不足而停运,而有的列车到达站则可能因车流积压,需要增开临时定点列车;还要根据管内各站次日现在车、车种别卸空车数量和装车需要进行空车调配。列车工作计划就是根据变化的车流情况确定的次日管内各区段列车开行计划。

根据局管内作业量的大小,可以将其管辖范围划分为几个内部作业联系比较紧密而相互间作业相对独立的部分,每个部分为一个计划台,设立一名计划调度员负责列车工作计划的编制。

列车工作计划由计划调度员在“编组站日(班)列车工作计划表”(运调 11 甲)上编制,对各列车编成站按时间顺序从当日 18:00 开始,按运行图规定的车次依次推算车流来源,确定是否有足够的车流可以开行。中间站的车流输送在“技术站及区段管内日(班)列车工作计划表”(运调 11 乙)上推算,确定次日摘挂列车、小运转列车在各中间站甩挂的内容和时间。

(3)机车车辆工作计划

列车工作计划确定了次日各区段开行的列车车次,机车工作计划就是要为每一运行线配备牵引动力。机车调度员综合安排管内各机务段机车的运用、检修和备用,铺画机车周转图(运调 12)和安排机车检修计划。机车工作计划的主要内容包括:编制各区段机车周转图,为每一计划开行车次指定牵引机车和乘务组;编制机车大、中、辅(小)、临修、回送计划及提出机车工作的重点要求;计算沿线走行公里、运用台数和日车公里等机车运用指标。

在机车周转图中,要严格按照机车在基本段和折返段所在站停留时间标准机车乘务员劳动时间标准安排机车交路;不准编制反交路计划,消除对放单机,减少单机走行;对于紧交路应制定保证实现的组织措施。

在普遍采用机车长交路的条件下,对于在本局管内担当牵引任务的外局配属机车,特别是本局司机驾驶时,要加强运用管理,注意机车的保养、防止粗暴操作,及时处理故障、紧凑安排交路,提高机车运用效率。

车辆工作计划安排局管内车辆段各作业地点客、货车辆的检修任务,包括:国铁货车、自备货车的厂修、段修、辅修计划和客车段修、辅修计划;各沿线车站停留故障车检修计划;跨铁路局及铁路局管内客、货检修车回送计划及重点要求。

机车车辆工作计划为运输日常工作提供牵引动力和运载工具的保证。

(4)施工日计划

施工日计划规定次日 0:00～24:00 本局管内所进行的施工和维修任务，主要内容包括线路施工后的限速要求和次日施工项目。

为加强铁路营业线施工和施工安全管理，做到运输、施工兼顾，路局调度所设施工调度室，负责编制施工日计划和进行施工调度管理。施工日计划是铁路局集团公司调度所施工调度室根据月度施工计划及主管业务处提报的施工计划申请编制的次日 0:00～24:00 施工计划，主要内容包括：施工编号、等级、项目；施工日期、作业内容、地点和时间；施工限速、行车方式变化及设备变化；施工单位及配合单位、施工负责人；路用列车进出区间开行方案等。

施工调度员负责编制、下达施工日计划，发布运行揭示调度命令，施工调度命令，协调组织施工按计划进行，确保施工期间行车安全。

2. 车站作业计划

车站是铁路运输的基层生产单位，具体完成各项客、货运输任务。为了顺利完成路局调度所下达的运输任务，必须根据计划任务、车流变化和设备运用情况，周密制定车站作业计划，高效率地组织车站的运输生产。车站作业计划包括班计划、阶段计划和调车作业计划。

(1)车站班计划

铁路局集团公司调度所每日 17:30 召开全局电话会议，布置次日运输任务，向各站下达次日日计划，由于车流资料不足，路局日计划包括第一班计划和第二班计划轮廓，每日 6:00 下达早 6:00 修正计划，即第二班计划。调度所下达的车站班计划为车站规定了班运输任务：本班内应完成的接发列车车次、到发时刻；装车数(按车种、车数、到站、品名、发货人的承认车命令，其中指定成组车数、组数和始发、阶梯直达的车次、车数)，车种别卸车数和排空车数(分车种、方向别)；车站应完成的中时、停时指标和重点事项。

班计划一般由值班站长负责编制。车站编制班计划的主要目的是依据更为精确的车流资料，为本班每一自编始发列车推算车流来源，制定取送轮廓计划、落实挂线装车安排，找出完成班计划任务可能发生的困难(如出发车流不足、车流接续时间紧等)，找出解决办法和措施。保证自编始发列车能够正点、满轴地从车站出发是编制班计划的核心和首要目标。只要车站能质量良好地完成路局列车工作计划规定本站编开的车次，车站中停时、装卸车数等各项指标都不会差。班计划带有战略的性质，它对车站一个班运输工作的全局发挥指导作用。

(2)车站阶段计划

为了便于组织车站运输生产，通常把一个班的 12 h 划分为 3～4 个阶段。阶段计划是车站分阶段完成班运输任务的作业安排，主要内容包括：本阶段接发列车车次、到发时刻、占用股道、列检组检车时间安排；列车解体、编组的车次，货物作业车取送地点、取送内容，以及要求完成各项作业的起讫时间。阶段计划由车站调度员在车站技术作业表上编制，阶段开始前半小时下达车站值班员和调车区长执行。站调通过确定列车解、编顺序和取送内容、时机，规定各项作业的起讫时间，调度指挥全站运输生产。

(3)调车作业计划

调车作业是技术站最重要的生产活动，车站的全部运输组织过程都是依靠调车串接起来的。编组站调车作业量大，配备多台调车机车，站内相应地划分为多个调车区，例如解体调车区、编组调车区、货场调车区。调车区设调车区长负责编制调车作业计划，领导本调车区的调车作业。调车区长应按照站调下达的阶段计划，提前编制好调车作业计划，交驼峰楼、信号楼和调车组执行。驼峰楼、信号楼利用驼峰自动集中或微机联锁设备为调车作业排布进路，调车组在调车长指挥下，执行调车作业计划。

第四节　铁路运输调度指挥体系

我国铁路实行统一指挥、分级管理的运营体制，国铁集团设运输调度指挥中心，铁路局集团公司设调度所，编组站、区段站、客运站和货运站设调度室。国铁集团运输调度指挥中心值班主任、铁路局集团公司调度所值班主任、车站值班站长分别领导一班的调度工作。在日常运输组织工作中，下级调度必须服从上级调度的指挥。

一、国铁集团调度组织机构

国铁集团运输调度指挥中心设行车调度处、客运调度处、货运调度处、机辆调度处、供电调度处、施工办公室、安全教育处、信息技术处、统计分析处、综合处等处室，负责组织全路货流、车流，平衡各铁路局集团公司货车保有量，经济合理地使用动车组、机车车辆，充分利用通过能力及运输设备，编制全路运输工作日常计划，并组织各铁路局集团公司完成；组织各铁路局集团公司按国铁集团轮廓计划均衡地完成局间分界站列车、车辆交接任务，及时处理局间分界站出现的问题；掌握全国重点用户、港口和车站的装卸车，搞好与路外单位的协作；掌握专运、军运、行包专列、“五定”班列、重点货物、重点超限货物列车的始发开行情况。

二、铁路局集团公司调度组织机构

全路划分为18个铁路局集团公司。铁路局集团公司调度所是铁路运输生产的直接指挥者，通过编制和执行调度工作日(班)计划，组织管内各站装卸、技术站和作业量较大的车站解编列车、指挥列车运行，完成运输生产任务。

调度所设综合分析室、统计室、安全室、技术教育室、高铁调度室、货运调度室、计划调度室、机车调度室、车辆调度室、施工调度室、行车调度室、客运调度室、特运调度室和供电调度室。其中客运调度室、机车调度室、车辆调度室、供电调度室行政隶属调度所，业务上分别接受铁路局集团公司客运部、机务部、车辆部、供电部指导。

铁路局集团公司调度所设主任和若干名副主任。调度人员实行四班制。值班主任负责班组的全面工作，班内实行分工负责的原则，设置不同职名的调度员分管各自职责范围内的工作。

铁路局集团公司调度所的组织机构如图6-4-1所示。

货运调度员编制和执行货运工作计划，负责组织管内各站的货物装卸作业和管内工作车的输送；计划调度员负责收集车流资料，编制列车工作计划并监督执行；机车调度员负责编制和组织实施机车工作计划，铺画机车周转图，组织机车运用、整备和检修，车辆调度员负责车辆的定期检修和车辆运行安全。

列车调度员负责所辖调度区段内有关列车运行的组织指挥，实现列车运行图、列车编组计划及运输方案，组织本调度区段完成班计划规定的装车、卸车、分界站列车和车辆交接及中时、停时、客货列车正点率等指标。

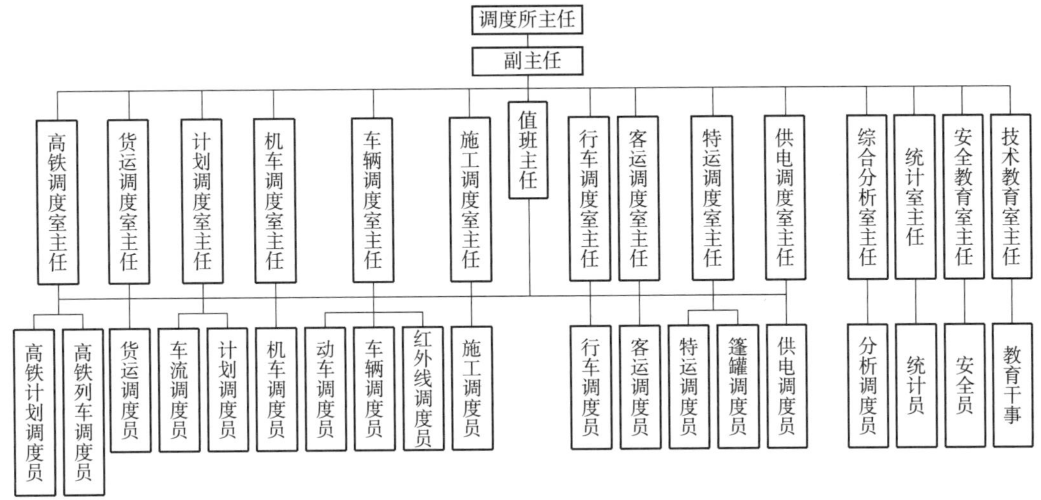

图 6-4-1　铁路局集团公司调度所的组织机构

三、车站调度组织机构

技术站和大型货运站设调度室，负责安排全站的运输生产，领导车站的调车和货运作业。车站调度的组织领导机构如图 6-4-2 所示。

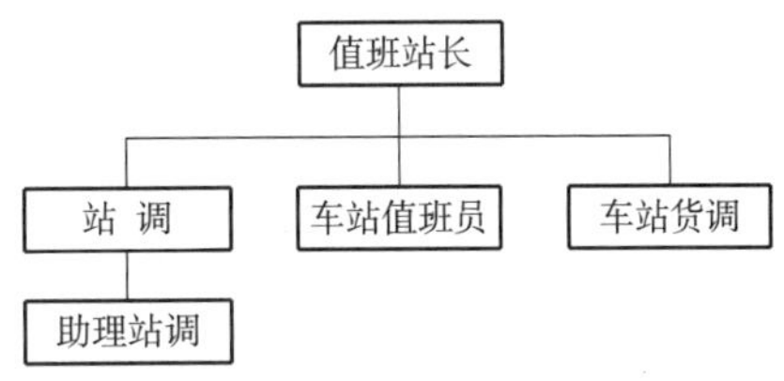

图 6-4-2　车站调度组织机构

值班站长是车站一个班运输工作的领导者，负责监督和协调车站客货运输、调车和接发列车工作，保证顺利完成班计划任务。车站调度室设车站调度员、助理站调和货运调度员。设有双向调车系统的大型编组站，可以设总站调、上行站调和下行站调。总站调负责根据到达列车的性质、编挂内容及各作业系统的负荷情况，确定应接入的到达场；指定出发列车的站内出发径路；协调上、下行调车系统的作业。上、下行站调则负责安排本调车系统的解、编和取送作业。车站值班员负责接发列车作业。车站货运调度员与站调密切配合，依据到卸重车到达确报、承认车计划、班计划取送轮廓、站调阶段计划和站内货物作业地点存车及作业进度，安排站内货物装卸。

第五节　站段行车作业

我国铁路车站的管理体制是铁路局集团公司直管特等站和一等站，二等及以下车站分片划归车务段管理。车站行车工作包括接发列车工作、列车技术作业和调车工作。

一、接发列车工作和列车技术作业

铁路客流和货流是通过列车输送的，安全、高效地完成接发列车和列车的技术作业是车站行车工作的重要职责。

1. 接发列车工作

铁路旅客列车一般具有固定的编组，依据列车运行图规定的到发时刻，往返于始发站和终到站之间。在始发站，车站调度员依据列车出发时刻，提前安排调车机车和调车组把完成整备和检修作业，客运、乘警和检车乘务组已登乘的客车车底从客车车辆段调送到列车的出发线路、本务机车挂头，动车组自带动力自行运行到指定线路，组织旅客乘车，列车按规定出发时刻发车；在途中停车站完成旅客的乘降和中转以及行包的收发作业后继续运行；列车到达终到站，待旅客下车、行包卸车完毕后，车底由调车机车送往客车车辆段进行整备和检修作业，动车组自行入动车段或动车所整备和检修。货物列车在始发站、途中技术站和列车终到站要分别进行出发作业、中转作业和到达解体作业。

客货列车运行全程途径的各站，均需办理列车到达、出发或通过作业，即接发列车作业。车站依据《铁路技术管路规程》、《铁路行车组织规则》(简称《行规》)、《车站行车工作细则》和《接发列车作业》的具体规定办理接发列车作业。

2. 货物列车在车站办理的技术作业

货物列车的技术作业一般在技术站或列车始发、终到的中间站进行。按在技术站办理技术作业的性质，货物列车分为到达解体列车、中转列车和自编始发列车三类。到达解体列车是在本站终到解体的列车；中转列车是在本站作业以后，仍按原车次继续运行的列车，又分为无改编中转列车和部分改编中转列车；自编始发列车是本站利用汇集的车流编组出发的列车。

车站根据列车在站技术作业性质，依据保证安全、最大限度组织平行作业、缩短作业总时间的原则，制定列车技术作业过程，规定不同种类的列车在站作业的项目、先后顺序及时间标准。车站到达场、出发场或到发场工作人员依据车站列车技术作业过程办理列车作业。

(1)到达解体列车的到达作业

到达解体列车在列车终到站进行到达技术作业的目的在于：确保车辆的技术状态和装载状态良好，中转车能安全继续运行；本站作业车定检未到期，卸后能进行双重货物作业；扣修定检到期的车辆。终到本站列车在车站的技术作业包括车号员核对现车、列检员进行车辆检修、货运检查员对货车进行装载状态检查、列尾作业员摘解列尾装置主机等项作业。列车在站线作业时，为保证作业人员安全，列车两端车体上须插红旗、线路两侧安装脱轨器，如图 6-5-1 所示。车列到达作业完成后，依据站调安排，将进行解体作业。

(2)无改编中转列车和部分改编中转列车的中转作业

无改编中转列车是指在本站不进行改编作业，在车站到发场进行核对现车、车辆检修、货运检查、换挂机车或机车乘务组交接班等中转作业后就原列发出的列车。之所以要对无改编中转列车进行中转作业是因为列车在经过一个区段的运行之后，可能会因受到冲击力发生车辆部件的磨耗和损伤、货物的装载状态出现偏斜、泄漏等不良状况，为了列车的运行安全，需要进行检查，以消除危及行车安全的因素。

图 6-5-1 列车在站线进行技术作业(红旗和脱轨器)

(3)自编始发列车的出发作业

自编始发列车的编组作业完成以后,送出发场进行出发作业。对始发列车进行出发作业的目的在于确保车辆的技术状态和装载状态良好,保证列车运行安全。列车出发作业除列检和货运检查外,还有加装列尾装置主机、核对现车等项作业。

二、调车作业

除列车运行外,机车、车辆、机车带动调车车列或动车在站线或其他线路上(包括专用线、区间正线和车库)一切有目的的移动都属于调车。

1. 调车工作的意义

调车是车站工作组织的中心环节、铁路实现运输过程的基础。旅客列车在始发、终到站完成出段、入段和站线上调移的调车作业,车站才能实现乘客的乘降、中转服务及行包装卸;本站货物作业车的到达解体和取送车作业是车站进行货物装卸作业的必要条件;车列的解体作业保证车站不间断接车,为列车编组和货物作业地点送车提供车流;编组调车作业使车站中转车和作业完毕的货物作业车及时出发向目的地输送,路网通过能力才能得到充分的利用和保持良好的列车运行秩序。中间站的摘挂调车是中间站完成货运作业的前提。所以,调车作业是车站行车工作最关键、最重要的组成部分,车站特别是编组站调车工作的组织水平,直接影响到路网通过能力是否能够得到充分的利用和保持良好的列车运行秩序。因而保证调车作业安全、提高调车作业效率是车站工作组织的重要目标。

2. 调车工作的分类

调车作业可以按照调车目的、调车范围或调车设备分类。

(1)按照调车目的分

①解体调车

把终到车站的列车或车组、本站货物作业地点装卸完毕的车辆及车辆段修竣的车辆按车辆的去向、车种或所装货物的性质(有调中转车和自装重车按列车编组计划组号、到卸重车按货物作业地点、不良车按检修地点、空车按车种，装有爆炸、压缩气体、液化气体等货物的车辆以及超限货物车停放于固定线路）分解到调车场的固定线路的调车作业称为解体调车作业。

②编组调车

根据列车编组计划、运行图和有关规章制度的要求，把在车站集结的车流选编成出发车列或车组的调车作业称为编组调车。

③摘挂调车

列车在运行的途中站摘解或加挂车辆：在没有划一列车重量标准的方向上，在变重站为列车补轴或减轴；分组列车在沿途技术站换挂车组；摘挂列车、小运转列车在中间站摘下本站作业车并将该站已装卸完毕的车辆挂入列车；为保证行车安全，将列车中发现的技术状态或装载状态不良的车辆在途中站甩下等。

④取送调车

为货物装卸，检修车辆、车辆洗刷消毒，罐车清洗，牲畜车上水上料、车辆检斤等目的向作业地点送车和从作业地点取回车辆，包括为此目的在调车场和货物作业地点挑选和连挂车辆的调车作业。

⑤其他调车

以上四项作业以外的调车，如机车出、入段，挂头、摘头，机车在站线上整备的走行，车列转场、转线，整理车场等。

(2)按调车作业的范围分

①站内调车

在车站范围内，包括与车站接轨的专用线，进行的调车作业。调车作业一般均为站内调车。

②越出站界调车

需要进入区间进行的调车作业。在未设牵出线的中间站只能利用正线调车，当必须调动较多车数时，可能需要越出站界进入区间；此外，在区间进行装卸作业的车辆，除了以列车车次进入区间，还可以根据调度命令以调车方式进入区间。为了保证作业安全，越出站界调车必须遵照《技规》有关规定办理。

(3)按调车所用设备分

①牵出线调车

牵出线调车是利用牵出线进行的调车作业，由于牵出线多为无坡度的，又称为平面调车。牵出线调车比较灵活，主要进行车列的编组作业，也可进行解体、挑选车组。在站线上摘挂车辆和在货物装卸地点配对货位等作业也属于牵出线调车。

②驼峰调车

机车将车列推上驼峰，在峰顶的适当地点摘钩，使车辆利用自身获得的势能溜入峰下线路的调车作业。驼峰调车分解车列速度快、效率高，因而主要用于解体车列。

3. 调车作业的领导与指挥

技术站调车作业由车站调度员和调车区长领导：调车区长执行站调的阶段计划，负责编制调车作业计划、组织调车组完成调车任务。调车组设调车长和连结员。调车长负责指挥调车工作,连结员负责车辆摘解、连挂和车辆制动。在配有调车机车、不设站调的车站,调车工作由车站值班员领导。在不配备调车机车的中间站,摘挂列车在站的甩挂调车作业,由车站值班员领导,外勤助理值班员指挥本务机车司机进行。

编组站的主要工作是解编列车,通常配备多台机车。为了提高作业效率和保证作业安全。站内划分为若干调车区,例如驼峰解体调车区、编尾列车编组调车区和货场调车区等,每个调车区设调车区长,配备调车组。

第六节　高速铁路运输组织

我国高速铁路总里程已超过 4 万 km,八纵八横的高铁路网、最高时速 350 km/h 的运行速度为我国居民的出行带来了极大的便利。高铁的服务质量集中体现在适合客流需求的客运产品和方便、快捷、准时、舒适的旅行服务上。因此,高速铁路的运输组织工作主要包括:周密、精确的客流调查和预测,以客流为基础、贯彻按流开车的产品开发理念,不断推出满足客流需求的客运新产品;当客流发生较大变化时,能快速做出反应,采取灵活机动的运输调整措施,保证快速的客流疏解和列车运行安全、正点。

一、高速铁路运输计划

高速铁路运输计划包括列车开行方案、列车运行图、动车组运用计划、乘务计划和施工维修计划。

列车开行方案是以客运量为基础,以客流性质、特点和规律为依据,科学合理地安排旅客列车的始发站、终到站、运行径路、停站方案,列车开行等级、列车编组及定员,以及开行对数、始发时间,体现客流到列车流的组织方案。列车开行方案的制定质量体现在其规定的列车运行区段、列车等级和开行对数与实际客流的去向、数量和性质一致的程度。

我国高速路网里程长,高速动车组的旅行时间差别很大,例如京津城际北京南—天津 C2563 全程耗时 30 min,西安北—宁波东 G1896 全程旅行 9 h 13 min,成都东—上海虹桥 G3294 全程旅行 12 h 13 min。旅客乘坐高铁列车感觉比较舒适的旅行时间为 1～4 h,时间再长就会感到疲倦。对于长途旅客,我国铁路已经开行了部分动卧列车,例如上海—深圳北 D913,全程旅行时间 10 h 59 min,挂有动卧和高级软卧两种卧铺车。

列车开行方案确定以后,就可以据此铺画列车运行图,勾画动车组交路图、确定动车组运用组数,安排列车乘务组执乘。

高速铁路固定设备的检修时间每天不少于 4 h,一般安排在夜间 0:00～5:00 进行。

二、高速铁路的调度指挥

高铁调度按照分级管理、集中统一指挥的原则由国铁集团运输调度指挥中心和铁路局集团公司调度所两级构成。

国铁集团运输调度指挥中心负责全国高铁的运输调度指挥和行车组织,领导高铁运行图的编制、统一安排和调配全路高铁运力资源、落实跨局列车开行方案调整及动车组调用工作、审批高铁动车组列车跨局加开、停运、回送等计划,协调处理局间高铁运输工作出现的问题，审批国铁管理的施工日计划并组织兑现，掌握全路高铁列车安全正点情况，收集、分析晚点原因掌握全路高铁固定设备、移动设备运用状态，及时收取掌握交通事故、自然灾害等突发事件信息、启动应急预案、通报信息、组织救援、调整运输。

铁路局集团公司调度所设高铁计划调度、高铁列车调度和动车调度。

1. 高铁计划调度

高铁计划调度负责编制高铁日计划，及时上报和接收国铁集团审批下达的日计划，组织动车组临时加开、停运、途中折返、变更停站。高铁调度日计划是 0:00～24:00 运输工作计划，包括列车开行计划和综合维修计划。

2. 高铁列车调度

负责本调度区段的行车指挥工作，编制和下达列车运行调整计划，组织按图行车，及时处理交通事故、设备故障、自然灾害、防灾安全监控系统报警及列车报告异常信息情况等。

3. 动车调度

负责掌握管辖范围内动车组的运用、检修、备用、热备、回送计划，编制动车组车底运用计划，掌握司机和及随车机械师乘务的调度管理。

三、高速铁路车站作业组织

高速铁路车站是旅客乘降和中转的地点。车站日常工作主要包括行车工作、客运工作和高速动车组整备和日常检修工作。

1. 高速铁路车站行车作业组织

(1)接发列车作业

高速铁路车站采用分散自律调度集中 CTC，接发列车作业自动完成，行车工作可以无人值守。车站值班员的职责是在 CTC 控制模式下，监视车务终端或控制台显示；在非常站控模式下，负责办理闭塞和列车进路，完成车站接发列车作业，接发列车。

(2)调车作业

车站调车作业包括动车组以调车模式出入段、站内转线、解体或重联。按照动车组运用计划动车组在不同线路套跑时，需要按照车站到发线运用计划，在不同车场间进行转线调车作业，动车组出现故障时，需要有其他动车组或调车机车完成调移。

2. 高速铁路车站的客运作业

高速铁路车站的客运业务包括售票、组织旅客候车、行包运输、寄存等。

高速车站候车厅均有完善的旅客服务设施、明显的标志牌，及时的信息发布和公告广播，实行自动检票、实名验证。

车站组织便捷的站内换乘，减少旅客安检和进出站次数。

3. 整备和日常检修作业

高速动车组的整备作业一般在高速铁路枢纽站或动车段(所)完成，主要包括上水、吸污、保洁、备品装卸等项工作。

第七节　城市轨道交通运输组织

城市轨道交通由于其服务范围局限于市域，采用的设备来源不同，各市轨道交通企业的组织架构往往自成体系，但日常运营组织机构和作业方法基本上是相同的。

一、城市轨道交通的运营组织机构

1. 轨道交通运营公司的管理机构

城市轨道交通企业一般按照职能划分为几个分公司，如建设分公司负责城轨系统的规划、设计及施工建设，运营分公司负责已建成线路的日常运营管理。

城市轨道交通运营分公司通常设立人力资源部、调度票务部、客运部、乘务部、车辆部、设备维修部、安全稽查部、财务部、总务部等部门分管各方面的工作。

2. 城市轨道交通的日常运营组织机构

城市轨道交通电客车清晨从车辆段(停车场)出段(场)进入正线，往返担当旅客运输服务；在平峰和低峰时段，由于列车间隔时间延长，部分电客车退出运营，入段备用；在高峰期列车开行密度加大，须增加投入更多电客车；至每日零点前后，列车逐次退出运营、入段整备、检修，为第二天的载客运营做好准备。

城市轨道交通系统的日常运营组织机构如图 6-7-1 所示，分为调度指挥和运输生产两个层级。运营控制中心对全线运营工作实行全面的调度指挥；车站负责接发列车、售检票和组织旅客乘降、监控车站运输设备的运用，车辆段组织电客车整备、检修、停留、出入库及司机值乘和退乘等项工作。

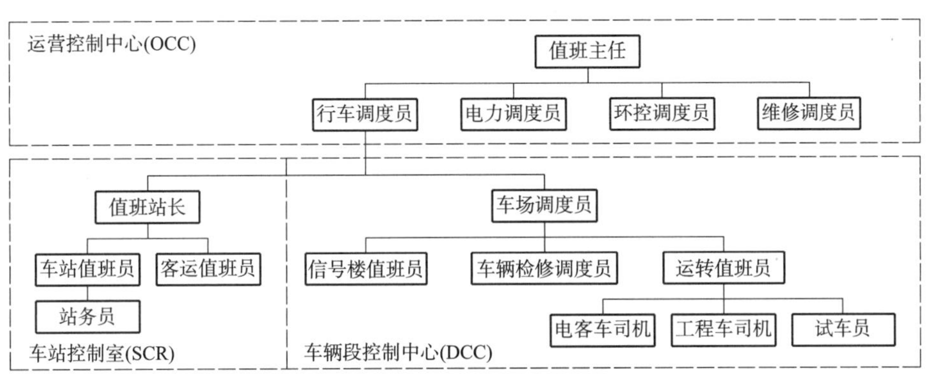

图 6-7-1　城市轨道交通日常运营组织机构

二、城市轨道交通的行车调度指挥

城市轨道交通运营控制中心(Operation Control Center，OCC)是城市轨道交通系统运营管理、行车组织和设备维修的指挥中枢，担负着指挥列车运行、实施列车运行调整和确保运输安全的重任。

值班主任是调度班组的领导者，负责统一协调各工种调度员、车站、车辆段的工作，组织处理运营中出现的故障和事故。

行车调度员统一指挥全线的列车运行，列车晚点时采取调整措施，掌握客流变化、及时调整列车运行图运用，保持按图行车的良好运行秩序；发生紧急情况、行车事故和自然灾害时，发布调度命令，尽快恢复正常行车。

电力调度员监控变电所、接触网等供电设备的运行情况，组织处理供电设备故障，保证车站和列车供电的可靠和安全性。

环控调度员监控通风、空调、给排水，调节站内和区间的温度、湿度和空气质量。

三、车站和车辆段的运输组织工作

1. 车站运输组织工作

车站运输组织包括售检票、乘客进站安检、接发列车作业和乘客乘降、换乘组织等项工作。

正常情况下，列车进路由列车自动监控系统(ATS)自动排布，车站值班员只是监督列车运行。为了保证运输安全，车站值班员应密切关注车控室(Station Control Room，SCR)综合备份盘的各项显示和站台列车到发和旅客乘降情况，遇紧急情况及时处理。站务员负责接送列车，组织乘客乘降。客运值班员负责售检票、安检等工作。

2. 车辆段运输组织工作

车辆段和停车场是城市轨道交通车辆停放、检查、维修、保养和检修的基地。城市轨道交通系统一般将工务、通信、信号、机电设备等专业的维修与车辆检修基地设置在一起，以便于各专业检修工作进行有效的协调管理，统一使用场地和设备，同时也有利于实现计算机网络和现代化管理。

车辆段的基本工作是按照列车运行图规定的时刻，按时组织电客车出段担当旅客输送任务，其主要作业内容如下：

(1)按列车运行图要求，安排电客车运用，组织乘务人员值乘。

(2)在列车调度员指挥下，执行事故救援。

(3)进行电客车保养、整备、维修，确保上线运用列车技术状态良好。

(4)编制电客车检修、运用计划，按图配置车辆和乘务人员。

(5)对乘务人员和站场行车人员进行行政管理和技术管理。

车场调度员负责统一指挥车场内的行车工作，实施电客车转线、取送、测试，列车出入段；编制车辆段内施工计划，进行车辆段范围内接触网停电/送电审核、审批；向行调报告运用客车情况；处理设备故障；指导、监督信号楼值班员、电客车司机、工程车司机执行作业标准。

信号楼值班员接受车场调度员布置的接发列车、调车作业计划，办理列车出入段、调车作业进路；监视信号显示和列车出入段运行情况；监控电客车、工程车在试车线上调试、实验；负责施工防护，封锁施工区域两端信号机、加锁有关道岔，保证施工作业安全。

车辆段派班室管理电客车司机，编制司机派班计划；根据实际情况调整；管理司机日常事务；安排司机出乘、退乘。

复习思考题

1. 铁路客流怎样分类？旅客列车的种类和列车编组怎样适应客流特征？

2. 旅客列车开行方案主要解决什么问题？

3. 铁路客票网络发售与预订系统 12306 的基本功能是什么？

4. 铁路货物运输分为几类？有什么限制条件？

5. 铁路扩大货物、危险货物和鲜活易腐货物运输有什么特殊要求？怎样组织运输？

6. 什么是车流组织？组织装车地直达列车有什么意义？

7. 什么是铁路运输组织的基础性计划？有什么作用？铁路运输组织的日常计划包含哪些内容？

8. 铁路运输调度指挥的任务是什么？我国铁路的调度指挥分为几级管理？

9. 高铁运输组织包括哪些内容？

10. 地铁运营控制中心、车站控制室和车辆段控制中心的职责是什么？

第七章 轨道交通运输安全管理

轨道交通运输安全是指轨道交通运输系统处于列车运行和车站作业秩序正常、旅客和企业员工生命安全、运输设备和承运货物完好无损的状态。轨道交通运输安全管理是轨道交通运输企业为维护运输安全所采取的全部措施和生产活动。运输安全关系到企业员工、人民群众生命和国家财产的安危，全面反映轨道交通运输企业的人员素质、设备质量、管理水平和社会环境，因而加强运输安全管理、保证轨道交通运输安全是全社会的责任，更是轨道交通运输企业的第一要务。

学习目标

◎ **素质目标**

培养学生牢固树立“安全第一，预防为主”的思想意识，充分认识维护轨道交通运输安全的重要意义。

◎ **知识目标**

(1)理解影响轨道交通运输安全的主要因素及其相互关系。

(2)熟悉轨道交通运输安全体系的组成及维护轨道交通运输安全应采取的具体措施。

(3)了解铁路交通事故的等级、国家和铁路部门对铁路交通事故紧急救援、报告和调查处理的相关规定。

◎ **能力目标**

(1)能随时观察本单位安全生产形势，发现问题，及时采取防范措施。

(2)能说出作业安全的相关规定、规章名称及条款。

第一节 轨道交通运营安全因素

轨道交通系统分布区域广，涉及部门、工种多，是一个大系统，其运营安全受到人、机、环境和管理水平等多种因素的影响，其中任何一个作业环节出现问题，都可能造成交通安全事故。

一、员工素质

“人”指从事铁路运输生产的员工。人的思想素质和专业技能对于运输安全关系重大。轨道交通的科学进步和技术发展，新技术、新设备不断投入运用，运营管理自动化、信息化、智能化进程加快，要求每一位员工都必须熟悉本职工作的环境、设备，掌握基本操作技能和安全规范，还需要具有知识储备，特别是对于突发事件的起因、后果及处置方法要有预想、预案和演练，做到技术过硬、遇紧急情况临危不乱、果断处置。优秀的铁路员工应当具有良好的道德修养、心理素质和过硬的专业技能，其中思想素质、工作责任心最重要。

如果员工的思想觉悟、心理素质和业务技能不过硬、遇事不能正确处置，或因遭遇家庭不幸、个人生活发生重大变故等原因，造成心情沮丧，或因故休息不好、精力不能集中，都可能出现失误，造成事故。

二、技术设备

“机”指轨道交通的技术设备，包括线路、桥涵、信号控制、机车车辆、动车组、牵引供电等设备。保证设备的良好性能和质量，是安全生产的前提条件。员工由于受到责任心、技术水平、情绪、疲劳程度等各种情况的影响，难免在工作中出错。先进的技术设备应当能够保证在员工失去警惕或误操作的情况下避免事故的发生，自动导向安全。

铁路技术设备不够完善或出现故障时就可能诱发事故。例如，以前车站采用机械联锁方式办理列车进路时，由于车站到发线路没有轨道电路，联锁设备不具备自动判断接车进路空闲的能力，因而如果车站值班员未认真检查到发线占用情况，错误地指示扳道员开通有车线接车，而扳道员也未认真查看就盲目执行值班员准备列车进路的命令，没有尽到相互监督的责任，则进路可以开通、进站臂板信号机也可以开放，如果司机也麻痹大意、进站不注意瞭望，就会造成进站列车与线路停留车正面冲突的严重事故。所以，事故的发生往往是一系列人员联控失败造成的。中间只要有一人头脑清醒，事故就可以避免。车站采用计算机连锁设备以后，系统具有自动判断线路占用情况、自动排布进路开放信号的能力，不可能排通向有车线接车的进路。集中联锁比机械联锁增加了一层设备的保护，行车安全性有了一定的提高，但是在仅由司机凭地面信号显示操纵列车的情况下，如果司机操纵失误、列车控速不当，仍可能发生冒进信号，甚至与对向进站列车冲突的事故。列车运行控制系统的出现使列车运行安全得到了进一步的保障。

任何铁路交通运输事故的发生都一定有“人”的失误，都能找到事故的责任者。但是另一方面，事故的发生表明相关设备没能起到阻止事故发生的作用、还不完善，或自动化程度还不高，一定还有改进的空间。这时就可以把事故作为推动铁路迈向现代化的动力。随着人类社会的进步、科学技术的发展，铁路技术设备也始终处于不断完善的过程中，即所谓“没有最好，只有更好”。

三、运营环境

“环境”指铁路线路周边的安全条件。国家路网分布在祖国辽阔的大地上，铁路线路邻接的乡镇、城市和山川的人文、自然环境必然对运输安全造成影响。正常情况下，铁路线路的安全保护区得到尊重，铁路设施均远离危害源点、线路处于干燥状态。当铁路环境的正常状态遭到破坏时，就可能引起铁路交通事故。

1. 灾害性天气

当遇到连续降雨、大暴雨等灾害性天气造成山洪、江河水位上涨时，可能水淹、冲刷周边铁路线路，从而破坏线路的稳定性；快速上涨的水位、过于湍急的河水对桥墩稳定构成威胁。

2. 不稳定的地质条件

修建在丘陵、山区的铁路，伴随极端天气，可能受到山体滑坡、塌方等现象的影响，给列车运行带来风险。

3. 周边居民的不良行为

铁路线路周边情况复杂，厂矿、居民不合法的生产、生活行为也可能给铁路生产带来不安全因素。例如在铁路沿线烧荒，放牧牲畜，非法排污，挖沙取土，堆放易燃、易爆物品，排放粉尘，私自设置平交道口，在铁路线路附近大量抽取地下水，侵占铁路用地等非法行为都可能诱发铁路安全事故。

第二节 轨道交通运输安全保障措施

轨道交通运输安全关系到铁路职工和路外人员的生命和国家资产的安全，事关重大，因而确保铁路运输安全是国家与铁路部门的头等大事。为此，必须建立起完整的轨道交通运营安全保障体系。

一、建立、健全铁路运输安全法律法规和规章制度

铁路运输安全必须做到有法可依，违法必究，为铁路运营创造良好的社会环境。我国铁路的安全法规包括铁路运输安全的国家法律和铁路部门规章制度。

1. 铁路运输安全的国家法律

党和政府历来十分重视铁路运输安全，专为铁路安全颁布了一系列法律。

(1)《铁路法》

1990 年 9 月 7 日中华人民共和国第三十二号主席令公布了《铁路法》，自 1991 年 5 月 1 日起施行，用以规范铁路运输营业和铁路建设，其中特别用了一章的篇幅说明对于铁路安全和保护的法律要求，并规定国家铁路重要桥梁、隧道由中国人民武装警察部队负责守卫。

(2)《铁路安全管理条例》

1989 年 8 月 15 日，国务院以 39 号令公布《铁路运输安全保护条例》，2004 年 12 月 27 日对该条例进行了全面修订。为了进一步加强铁路安全管理，2013 年 8 月 17 日又以国务院第 639 号令发布《铁路安全管理条例》，代替《铁路运输安全保护条例》，自 2014 年 1 月 1 日起施行。条例增加了对铁路建设质量的具体要求，对于铁路线路安全、铁路运营安全、社会公众保护铁路设施的义务，铁路监管部门对铁路安全的监督检查内容和法律责任做了明确的规定。

(3)《铁路交通事故应急救援和调查处理条例》

为规范铁路交通事故的救援和调查处理，1979 年 7 月 16 日国务院发布《火车与其他车辆碰撞和铁路路外人员伤亡事故处理暂行规定》、1994 年 8 月 13 日发布《铁路旅客运输损害赔偿规定》。为了适应铁路运输设备、运营管理方法和社会的发展，2007 年 7 月 11 日国务院以 501 号令公布《铁路交通事故应急救援和调查处理条例》，代替以上两个法案，于 2007 年 9 月 1 日起施行，2012 年 11 月 9 日根据《国务院关于修改和废止部分行政法规的决定》又进行了修订、自

2013年1月1日起施行。

《铁路交通事故应急救援和调查处理条例》以国家法律的形式，对于铁路交通事故的等级，事故的上报责任、级别、时间和内容，事故应急救援，调查处理、赔偿和法律责任做出具体规定。

2. 铁路运营管理规章制度

(1)《铁路技术管理规程》、铁路局集团公司《铁路行车组织规则》和《车站行车工作细则》

《技规》是国家铁路技术管理的基本规章，全路各部门、各单位制定的技术管理文件都必须符合《技规》的规定，国家铁路工作人员必须严格遵守和执行《技规》的规定。《技规》对于铁路技术设备的基建、制造和验收交接都作出了严格、具体要求，以保证铁路技术设备的先进性、安全性和实用性；依法规定了铁路限界和安全保护区、技术设备的养护维修及检查制度，必须配备的事故救援设备以及灾害防护和行车安全监测设备；对于铁路线路、桥梁及隧道，信号通信，铁路信息系统，车站及枢纽、机车车辆、供电给水和房屋建筑等铁路运营设备的技术条件和铁路用地的管理作出明确的规定；特别对于铁路行车组织工作的技术管理做了详细的说明。其中部分条文根据发生的事故以及技术设备的更新，做过多次修改。

《行规》是各局根据本局的设备和作业条件对于本局行车设备的使用方法，列车编组、调车作业、行车闭塞、接发列车、列车运行、信号使用、应急处理和电气化铁路安全做出的具体规定。

《站细》则针对本站设备和作业特点，规定本站运输设备使用和行车、货运、客运作业方法。车站的一切生产活动都必须按照《站细》的要求进行。

《技规》《行规》和《站细》从不同层次规范铁路运营管理工作，各级铁路部门和工作人员都必须严格遵守，认真执行，不得违反。

(2)与铁路运输安全相关的其他规章制度

与铁路运输安全相关的其他规章制度包括《铁路危险货物运输管理规则》《铁路超限超重货物运输规则》《铁路人身安全作业标准》《铁路电气安全规则》《铁路行车事故救援规则》等。

铁路规章制度的许多条款都是由铁路事故血的教训换来的，遵章守纪是对每一位铁路职工的基本要求。

二、人员安全保障管理

铁路员工是铁路运营的主体。新中国成立以后，铁路员工作为铁路的主人，不怕苦、不怕累，为国家努力工作，为人民无私奉献，在工作上一丝不苟、在技术上精益求精，已经成为铁路人的典型形象，今天这种精神仍然需要发扬。

人员安全保障管理包括以下几个方面：

1. 岗位任职资格

每个工作岗位都应有严格的任职资格标准，包括学历、健康条件、思想素质、工作能力。只有达到任职资格的人员，可以从事该岗位的工作。

2. 上岗证

从事铁路工作，要经过基本知识和实际操作的考核，通过考核，才能获得任职资格、取得上岗证。

3. 工作技能考核和业绩考核

单位对于安全风险级别较高的工作岗位应定期对每一位员工的工作进行考核，及时调换不适合本工种工作的员工。

4. 技术业务培训和安全教育

包括职工的定期培训、临时培训、日常业务学习和安全教育，以提高人员的业务水平和安全素质。

5. 人员劳动安全管理

铁路工作有一定特殊性，需要 24 h 不间断运转(例如列车乘务人员、调度、车务、客运、货运、机车车辆检修等工种)，需要加强员工的生活、作息管理和行为管理，以保证精力充沛地上岗工作。

三、设备安全保障管理

铁路运输设备对于保障运输安全和提高铁路通过能力作用巨大，需要对设备的全生命周期进行安全管理，包括：

1. 设备性能及安全设计

轨道交通运输设备设计部门和技术人员应与运输现场保持经常的联系，了解本厂生产的设备性能的优点及存在的不安全因素和缺陷，了解国内外同类产品的功能及操作的便利性，不断改进设计。采用冗余技术、自动化技术、控制技术和信息技术强化设备功能，采用故障导向安全设计、提高设备安全性能，使设备便利维修和简化操作，提高设备运用效率。

2. 严格设备准入制度

设立严格的设备准入门槛，制定铁路设备招投标制度，杜绝有缺陷、质量差的设备进入铁路运用领域；实行问题设备召回制度，保证只有性能、质量良好的设备才能进入铁路运输现场。

3. 实时的设备状态检测和故障诊断

采用自动化监控设施，对设备的技术状态实时监控，故障报警和实施导向安全措施。

4. 建立可靠的设备维护、整备及检修制度

根据设备的运用环境、重要程度，制定设备的维护保养、整备和检修制度，保证设备始终处于良好的技术状态。

5. 及时淘汰技术落后和超过服务期限的运输设备

铁路运输设备超过使用期限，发生故障的可能性会上升，应及时淘汰；当性能优秀的新设备研制成功，根据运营效益、作业能力和经济支出综合评估，也可提前淘汰尚未使用到期的设备。

四、环境安全保障管理

铁路运输安全除了铁路内部的安全管理，还需要有一个安全的外部环境。

1. 依法设立铁路线路安全保护区

铁路列车运行速度快，遇紧急情况无法立即停车，为了保证行车安全，铁路线路两侧应设有一定宽度的专用区域，即安全保护区。《铁路安全管理条例》规定：铁路线路安全保护区的范围，从铁路线路路堤坡脚、路堑坡顶或者铁路桥梁外侧起向外的距离分别为：

(1)城市市区高速铁路为 10 m，其他铁路为 8 m。

(2)城市郊区居民居住区高速铁路为 12 m；其他铁路为 10 m。

(3)村镇居民居住区高速铁路为 15 m，其他铁路为 12 m。

(4)其他地区高速铁路为 20 m，其他铁路为 15 m。

设计开行时速 120 km 以上列车的铁路实行全封闭管理。

禁止在铁路线路安全保护区内烧荒、放养牲畜、种植影响铁路线路安全和行车瞭望的树木等植物；禁止向铁路线路安全保护区排污、倾倒垃圾以及其他危害铁路安全的物质。

2. 沿线工程防护措施

铁路线路在选线设计阶段就应注意避开地质不良地段，或以桥代路；在运营过程中，发现有塌方落石地段，应及时整修，建挡土墙、加落石防护网(如图 7-2-1 所示)等措施防护。

图 7-2-1 铁路工人安装落石防护网

3. 加强自然环境灾害预测、预报

铁路对于铁路线路附近的山体、河流等容易发生灾害的地点设立自动监测、报警系统，实时发现险情，及时采取防护措施，避免事故发生。

第三节 铁路交通事故的等级及处置

铁路机车车辆在运行过程中发生冲突、脱轨、火灾、爆炸等影响铁路正常行车的事故,包括铁路行车作业过程中发生的事故和铁路机车车辆与行人、机动车、非机动车、牲畜及其他障碍物相撞的事故,均为铁路交通事故。

一、铁路交通事故的分类和等级

1. 铁路交通事故分类

凡在行车工作中,因违反规章制度和劳动纪律、技术设备不良、自然灾害及其他原因,造成人员伤亡、设备损坏,影响行车或危及行车安全的,均构成行车事故。行车事故分为列车事故和调车事故两大类。

列车事故是列车在区间运行或站内到发、通过时发生的事故,例如列车在无人值守道口与机动车相撞、列车因超速运行脱轨、列车冒进信号。

调车事故是车站进行调车作业时发生的事故,例如:溜放车组调速不当与停留车相撞,造成车辆破损;车组溜放时未摘解风管,连结员提钩后拉断风管;施加车辆手制动时没挂好安全带又未抓紧,由于车辆振动,制动员从车上跌落摔伤;推送调车时,对连挂车组未试拉就直接推送,没发现有顶钩车辆,致使调车车列制动时,前部车辆不受控制挤坏道岔等。

由于列车运行速度快,发生事故造成的危害和损失往往比调车事故严重得多,所以防范列车事故应放在更为优先的位置。

2. 铁路交通事故的等级

根据事故造成的人员伤亡、直接经济损失、列车脱轨辆数、中断铁路行车时间等情形,事故分为特别重大事故、重大事故、较大事故和一般事故四等。

(1)特别重大事故

有下列情形之一的,为特别重大事故:

①造成 30 人以上死亡,或者 100 人以上重伤(包括急性工业中毒),或者 1 亿元以上直接经济损失的。

②繁忙干线:客运列车脱轨 18 辆以上并中断铁路行车 48 h 以上的;货运列车脱轨60 辆以上并中断铁路行车 48 h 以上的。

(2)重大事故

有下列情形之一的,为重大事故:

①造成 10 人以上 30 人以下死亡,或者 50 人以上 100 人以下重伤,或者 5 000 万元以上 1 亿元以下直接经济损失的。

②客运列车脱轨 18 辆以上,或货运列车脱轨 60 辆以上的。

③客运列车脱轨 2 辆以上 18 辆以下,并中断繁忙干线铁路行车 24 h 以上或者中断其他铁路行车 48 h 以上的;或货运列车脱轨 6 辆以上 60 辆以下,并中断繁忙干线铁路行车24 小时以上或者中断其他铁路行车 48 h 以上的。

3. 较大事故

有下列情形之一的，为较大事故：

(1)造成 3 人以上 10 人以下死亡，或者 10 人以上 50 人以下重伤，或者 1 000 万元以上 5 000 万元以下直接经济损失的。

(2)客运列车脱轨 2 辆以上 18 辆以下的；或货运列车脱轨 6 辆以上 60 辆以下的。

(3)中断繁忙干线铁路行车 6 h 以上的；或中断其他线路铁路行车 10 h 以上的。

4. 一般事故

造成 3 人以下死亡，或者 10 人以下重伤，或者 1 000 万元以下直接经济损失的为一般事故。一般事故按照由重及轻顺序，依次分为 A、B、C 和 D 四类。

二、铁路交通事故的报告制度

1. 事故报告的级别

为了及时进行铁路交通事故应急救援、减少事故造成的损失和伤害，事故发生后，事故现场的铁路运输企业工作人员或者其他人员应当立即报告邻近铁路车站、列车调度员或者公安机关。有关单位和人员接到报告后，应当立即将事故情况报告事故发生地铁路管理机构。铁路管理机构接到事故报告，应当尽快核实情况，并立即报告事故发生地所属铁路局集团公司安全监督管理办公室值班人员。

发生特别重大事故、重大事故，国务院铁路主管部门应当立即报告国务院并通报国家安全生产监督管理等有关部门。发生特别重大事故、重大事故、较大事故或者有人员伤亡的一般事故，铁路管理机构还应当通报事故发生地县级以上地方人民政府及其安全生产监督管理部门。

2. 报告内容

事故报告应当包括：事故发生的时间、地点、区间(线名、公里、米)、线路条件、事故相关单位和人员；发生事故的列车种类、车次、机车型号、牵引辆数、吨数、计长、运行速度，发生事故的部位；旅客人数，伤亡人数、性别、年龄以及救助情况，是否涉及境外人员伤亡；货物品名、装载情况，易燃、易爆等危险货物情况；机车车辆脱轨辆数、线路设备损坏程度等情况；对铁路行车的影响情况；事故原因的初步判断，事故发生后采取的措施及故障控制情况和具体救援请求等。对于事故报告后出现新情况的，还应当及时补报。

三、铁路交通事故的救援

铁路各级部门对于可能发生的各种运输事故，应事先做好应急预案，组织职工演练，确定成立现场应急救援机构的组成和办法。

铁路交通事故发生以后，必须尽快采取正确的救援措施，调动必要的救援力量，以减少人员伤亡和财产损失。一旦发生铁路交通事故，列车司机应当立即停车，采取紧急处置措施；无法处置的，应当立即利用无线调度电话报告邻近车站、列车调度员处置。为保障旅客安全或因特殊运输需要不宜停车的，可以继续运行，但必须报告邻近车站、列车调度员处置。

事故造成铁路行车中断的，应当立即组织抢修，尽快恢复正常行车。不能继续运行的本线列车，可以在沿线保留(保留列车是指由于交通事故或自然灾害造成铁路行车中断，按照调度命令拔走机车在中间站停留的列车；在行车条件恢复后，依据调度命令指定的运行线继续运行），必要时，可以调整运输径路，组织部分列车经迂回径路运输。

事故区间邻近车站值班员接到事故报告以后应立即报告列车调度员。须封锁区间派出救援列车时，列车调度员应向有关车站发布命令封锁区间，派出救援列车。

四、铁路交通事故的调查和处理

铁路交通事故的发生既存在偶然性，也存在必然性，因而必须查清事故发生的原因、事故的责任人以及过失，做出处理意见，制定预防措施，必要时修改相关规章制度，防止再发生类似的事故。

1. 事故调查组的级别

由于事故的调查、分析、处理往往涉及车、机、工、电、辆等多个部门，专业性、技术性很强，因而各铁路局集团公司都设有安全监督管理办公室。安全监管办主任由各铁路局集团公司总经理担任。安全监管办副主任由分管安全、应急管理、运输、客运、货运、机务、车辆、工务、电务和法律事务工作的铁路局集团公司领导班子成员担任。

铁路交通事故发生后，应根据事故的级别成立事故调查组。特别重大事故由国务院或者国务院授权的部门组织事故调查组进行调查。重大事故由国务院铁路主管部门组织事故调查组进行调查。较大事故和一般事故由事故发生地铁路管理机构组织事故调查组进行调查。国务院铁路主管部门认为必要时，可以组织事故调查组对较大事故和一般事故进行调查。根据事故的具体情况，事故调查组由有关人民政府、公安机关、安全生产监督管理部门、监察机关等单位派人组成，并应当邀请人民检察院派人参加。事故调查组认为必要时，可以聘请有关专家参与事故调查。

2. 事故调查的期限

事故调查组应在规定的期限内向组织事故调查组的机关或者铁路管理机构提交事故调查报告，其中特别重大事故的调查期限为自事故发生之日起的 60 d、重大事故的调查期限为 30 d、较大事故的调查期限为 20 d、一般事故的调查期限为 10 d。

组织事故调查组的机关或者铁路管理机构应当自事故调查组工作结束之日起 15 d 内，根据事故调查报告，制作事故认定书，作为事故赔偿、事故处理以及事故责任追究的依据。

事故的处理情况，除依法应当保密的外，应当由组织事故调查组的机关或者铁路管理机构向社会公布。

五、事故防范和整改措施

事故责任单位和有关人员应当认真吸取事故教训，落实防范和整改措施，防止类似事故再次发生。国务院铁路主管部门、铁路管理机构以及其他有关行政机关应当对事故责任单位和有关人员落实防范和整改措施的情况进行监督检查。

复习思考题

1. 影响铁路运输安全的主要因素有哪些?

2. 铁路运营各部门对工作中可能出现的各种特殊情况的预想、制定处理预案和演练有什么意义?

3. 为什么铁路运输相关各工种作业人员要实行联控制度(例如车机联控)?

4. 简要分析铁路运用的闭塞、联锁和列车运行控制系统的类型及其优缺点。

5. 铁路交通事故分为哪几个等级? 国家和国铁集团对事故紧急救援、报告和调查处理有哪些具体规定?

第八章　轨道交通环境保护

地球是人类和其他生物共同的家园，环境保护关系到人类社会的可持续发展和子孙后代的生存条件。在进行铁路设计、建设施工和日常运营的实践中，必须把环境保护放在优先位置，深刻认识环境破坏的严重危害和后果，自觉运用环境科学的理论和方法，深入调查研究，采取周密措施，保证在实现轨道交通现代化的进程中最大限度地保护好生态环境。

学习目标

◎ **素质目标**

培养自觉遵守环境保护法律、法规的意识，深刻认识环境保护的重大意义。

◎ **知识目标**

(1)了解铁路施工和运营过程可能对环境造成的影响。

(2)掌握铁路选线设计和站场选址的环保基本原则。

(3)明确消除或减轻铁路施工和运营可能带来的环境问题的解决途径。

◎ **能力目标**

(1)能自觉遵守环保规定，约束自己的职业和生活行为。

(2)能说出与自己的职业相关的环保法规的具体规定。

第一节　铁路建设、施工和运营过程可能对沿线环境造成的影响

尽管铁路大量采用电力牵引，对环境的污染程度轻，但是其建设和运营过程仍可能对环境产生不良影响。铁路在选线设计、施工和运营过程中应采取一切措施，保护好环境。

一、铁路建设和施工对沿线环境造成的影响

1. 对植被的破坏

铁路建设，会减少绿化面积，对原来地面植被造成破坏。此外，铁路建设用地上，可能存在珍稀植物种源群落，一旦毁灭，其损失是无可挽回的。

2. 阻断野生动物的迁徙通道

许多野生动物，在长期进化的过程中，形成了迁徙的生活特性。铁路建设如果阻断了它们的迁徙通道，对其生存繁衍造成威胁。

3. 大量弃土、弃渣

铁路施工产生的大量弃土和弃渣,造成水土流失,如向河道堆积,可能造成河流堰塞。

二、铁路运营过程对沿线环境造成的影响

1. 客车垃圾污染

我国铁路客车长期使用直排式盥洗设备和卫生间,粪便和污水直接向轨道上排放,造成铁路沿线日益严重的环境污染。绿皮车的开启式车窗,使得旅客有机会向窗外抛饭盒、酒瓶等生活垃圾,不仅破坏沿线环境,有时甚至造成人员伤亡。铁路客车每天产生的大量餐饮垃圾和生活污水需要得到及时、无害化处理。

2. 货车泄漏

货车可能有车门关闭不严、罐车闸阀不紧等情况,造成货物泄漏,不仅造成货物损失,而且污染车场和铁路沿线。

3. 毒害品车辆的清洗污水污染

毒品车清洗污水如果处理不当,会严重污染环境和地下水,对人畜造成危害。

4. 振动污染

列车运行时引起地面振动,可能对仪器设备和建筑结构造成破坏,对长期工作和生活在强烈振动环境中的人也会造成危害。

5. 噪声污染

铁路噪声主要包括列车运行的轮轨噪声、集电系统噪声、空气动力噪声,以及铁路车站指挥行车的高音喇叭声和机车汽笛等。噪声对人体健康有重大影响,不仅会损伤人的听觉,而且对神经、心脏和消化系统也有不良影响。试验表明,45 dB 的噪声就可以唤醒睡眠的人,在噪声达到 100 dB 的环境里,人会感到烦躁不安,工作效率降低。显然,医院、科研机构和学校这些噪声敏感单位应当远离噪声源。

6. 电磁污染

电气化铁路的牵引供电系统(变电所、接触网、列车机电设备)会产生电磁辐射,对周边通信线路形成干扰,造成信号失真,影响信息传输。

第二节　建立健全铁路环保法律法规

铁路点多线长,造成的环境问题影响范围大、时间持久,因而铁路环境保护的行动应贯穿设计、施工和运营的全部环节,做到依法行事。

一、国家关于环境保护的环保法律

我国的环境法律是健全的。国家制定的多部环保法律,为铁路进行各项生产活动时采取环保措施提供了法律依据。这些法律包括《中华人民共和国环境保护法》《中华人民共和国水土保持法》《中华人民共和国大气污染防治法》《中华人民共和国固体废弃物污染环境防治法》《中华人民共和国自然保护区条例》和《中华人民共和国环境影响评价法》等。

二、铁路环境保护政策与制度

1983 年铁道部以铁卫环字 1585 号文件发布《铁路环境保护工作条例》，经修订 1997 年4 月 23 日颁布 224361 号法规《铁路环境保护规定》(简称《规定》)。《规定》提出铁路环境保护工作，必须贯彻“全面规划，合理布局，预防为主，综合治理，强化管理”的方针和“谁污染谁治理、谁破坏谁恢复”的原则，明确指出“铁路一切单位和职工都有保护和改善环境的责任和义务”，对环境监督管理、运输环境污染的防治、工业污染治理和综合利用、预防新污染及奖惩制度做出了具体规定。《规定》要求“运输、工业、施工、设计和科研部门，要结合实际积极开展环境保护科研工作”，并对铁路运营、选线和其他建设项目设计、施工提出明确的环保要求。

此后铁道部门又相继发布了一系列环境保护的政策和制度，例如《铁路建设项目环境影响评价噪声振动源强取值和治理原则指导意见》(2006 年)、《关于进一步加强建设项目环境保护全过程管理工作的通知》(2011 年 9 月 15 日)、《关于建立铁路建设项目环境保护重大信息报告制度的通知》(2012 年 7 月 27 日)、《高速铁路环境保护、水土保持设施竣工验收工作实施细则》(2012 年 11 月 6 日)、《关于加强铁路建设项目环境影响评价工作的通知》(2012 年 12 月15 日)、《关于进一步加强铁路建设项目环保工作的通知》(2015 年 3 月 18 日)、《中国铁路总公司环境保护管理办法》(2015 年)、《关于进一步加强铁路建设项目环保工作的通知》(2015 年 3 月 18 日)、《关于加强铁路建设项目节约能源和环境保护全过程管理工作的通知》(2018 年 7 月 5 日)、《关于 2019 年节约能源和环境保护重点工作的推进方案》(2019 年 1 月 31 日)等。

这些法律法规、规章制度的发布和执行使我国铁路走上了一条造福人民、健康发展的道路。

第三节 铁路勘测设计的环境保护

铁路选线设计决定铁路线路的走向、经由以及采取的环保措施，因而铁路环境保护的成效集中体现在选线设计上，铁路建设和运营时期的环保只能局限在选线的基础上，作用比较有限。

一、铁路建设与国家和地方的总体发展规划相协调

铁路点多线长，线路、站场和业务部门建设需要占用大量土地，包括我国并不富裕的可耕地。因而铁路建设应与国家和地方的总体发展规划相协调，尽量不挤占其他重要建设用地，少占或不占用可耕地。

二、绕避风景名胜、文物古迹、自然保护区和饮用水源保护区

1. 保护风景名胜和文物古迹

文物古迹是不可再生的人文资源，具有重要历史和科学研究价值，风景名胜展示祖国大好河山，应当得到切实保护。铁路线路如距离文物古迹过近，不仅破坏了自然景观，列车运行的振动对文物保护也会产生不利的影响。

在选线过程中要避开文物保护区域，特别是全国重点文物保护单位。对省、市和县级的文物保护单位，当线路确实无法避开时，要进行经济技术比较，经过文物保护单位的行政管理机构审批，还需要对其进行勘探发掘或迁移。

2. 保护珍稀动植物

(1)绕避自然保护区

珍稀动植物是极其宝贵的生物资源，一旦失去不可再生。由于人类的滥杀和破坏，许多物种已处于灭绝的边缘。修建铁路应避绕自然保护区，绝对不能进入自然保护区的核心保护区，维护好珍稀物种的“诺亚方舟”。

(2)建立珍稀动物的迁徙通道

铁路线路阻断珍贵动物的迁徙通道，会对其种群繁衍造成重大伤害，甚至带来灭绝的风险。我国铁路在保护野生动物方面做到了缜密周到，成绩斐然。例如，青藏线上修建的三种藏羚羊迁徙通道：在藏羚羊迁徙通道上修建桥梁、恢复桥梁下的原始植被(如图 8-3-1 所示)，野生动物可以在往日熟悉的环境下自由穿行；在修建隧道时，把弃渣铺垫在洞口上方，恢复隧道上方的原有植被，形成动物通道，并在隧道进出口增加防护网，避免野生动物掉下隧道口受伤(如图 8-3-2 所示)；在没有可利用的桥梁或隧道，而野生动物分布又比较集中的路段，在线路两旁修建缓坡，形成人工隧道，并在缓坡上种植牧草，诱导野生动物从缓坡上通过(如图 8-3-3 所示)。

图 8-3-1 藏羚羊从桥下穿越青藏铁路

图 8-3-2 隧道口上方的缓坡藏羚羊通道

图 8-3-3 跨越线路的缓坡藏羚羊通道

3. 保护饮用水源

铁路施工、运营难免对附近水源造成不同程度的污染，因而在进行铁路选线时应尽量避绕水源保护区，不能向饮用水源排放污水。

三、避开振动和噪声敏感区

新建铁路必须严格执行环境影响评价制度，在设计选线时应当结合地方城镇规划，避免穿越城市现有或规划的振动和噪声敏感建筑物集中区域。

四、避免对地下水分布造成不利影响

铁路建设施工可能改变地下水自然埋藏和运动的状态，一些隧道施工还会造成地下水断流，造成地区地下水位下降，影响部分植被的生长和周围居民的正常生活。因此，选线设计确定线路走向时，应考虑对沿线水体的影响。

五、以桥代路

以桥代路就是把铁路线路修建在高架桥上，在农村地区可以减少占用耕地，在城市区域可以节约建设用地，减少城市的分割。

六、与原有铁路、公路立交

新建铁路线路与原有铁路、公路交叉时，应采取立交方式，以避免相互干扰，保证行车安全，并提高铁路通过能力。

此外，选线设计还应注重地质选线和工程选线：尽量绕避不良地质和复杂地形，对于难以绕避的不良地质体，应当在详细地质勘察的基础上确定工程整治措施，确保运营安全；在保证线路走向经过确定的城镇、厂矿等运输服务点及接轨点的条件下，区间线路走向力求短、顺、直，注重优化线路平、纵断面，减少拆迁工程量，合理确定工程类型，统筹考虑边坡防护及防排水工程，以缩短线路长度，节省工程投资，减少旅客旅行时间。

第四节　铁路建设施工的环境保护

铁路建设施工可能对自然环境和社会环境造成影响。在工程施工中，要采取周密措施减少对周围自然环境的破坏和对社会生活的妨碍，加强环境保护施工监理，确保环保设施按设计施工；工程施工对环境所做的不利改变，在工程竣工后应尽量修复。

一、防止水土流失

在施工前期准备工作时，铲除植被、砍伐树木、拆除建筑物等清理施工场地会造成植被破坏，使表土与植被的平衡关系失调，表土层抗蚀能力减弱，降雨时发生水土流失的可能性增大，而且此阶段的工作会扰动自然土壤，破坏土壤原有的结构，使土壤中的有机质和黏粒含量减少，抵抗侵蚀的能力大为降低。

在项目建设时期，大量的开挖削坡工作使土质松动，岩土的结构变得松软，土体抗蚀能力降低，加之施工填挖过程中造成大量的地形切割，使土地裸露，降低抗蚀性，此时，降雨过程都会引起不同程度的水土流失。

对于隧道工程，其弃渣场尽量设在地势低洼、无地表径流、植被稀疏、适当远离线路的地方，严禁侵占河道、湖泊、湿地、自然保护区核心区和缓冲区，不宜占用植被发育良好的地区。弃渣完毕后，对其渣顶采取平整、覆盖等措施。

为更好地保护植被及地表草皮，应以生物措施及其他水土保持措施对主体工程中的防治措施加以补充。对适宜绿化的弃土弃渣场布设根系发达、适宜当地环境生长的树种或草种进行绿化。

二、保护野生动植物

在自然保护区内的一般控制区施工期间，对保护区内的植被、景观、水体、冻土环境、大气环境、野生动物等产生影响，必须采取限制施工人员和车辆的活动及行驶范围的措施，严格按照施工便道和施工划定的范围作业，施工机械及车辆不得擅自任意行驶和碾压，人为活动范围不得进入自然保护区的核心保护区，不得违法捕猎野生动物，采摘野生植物，自然保护区内施工营地的布设应远离核心保护区、野生动物迁徙通道、主要河流两岸等环境敏感地区，加大施工营地的布设间距。施工中严格做好施工组织，加快施工速度，尽量缩短施工周期，施工结束后尽快做好生态恢复工程，最大限度地恢复原有地貌。

为缓解工程建设对区域生物多样性及生态环境所带来的重大而深远影响，应从根本上控制沿线人类活动的范围、规模和强度。根据沿线生物多样性及生态环境现状、工程建设特点、生态环境与植被演替规律等，施工过程中贯彻“保护优先、预防为主”的对策；取、弃土场的设置充分考虑特殊地质环境及野生动物通道等，并采取集中取土的原则，科学合理地规划施工便道、施工场地及生活营地，尽量减少施工过程对地表植被的影响破坏。

针对沿线典型荒漠生态类型影响区、河谷灌丛生态类型影响区、高原河谷灌丛生态类型影响区、高寒草原生态类型影响区、高寒草甸生态类型影响区、高寒沼泽湿地生态类型影响区，采取景观恢复措施、工程防护措施、植被恢复措施、绿化措施等不同的生态保护与恢复对策。在植被恢复措施中采取因地制宜的原则，根据工程特点，首先切实保存表层土壤，选择合适植物种类，采取植被综合恢复的措施。

三、减少工程影响范围

施工场地和营地设计应合理、有序，不应面积过大，尽量减少影响范围。对全线施工营地严格管理，加强施工人员的环保教育，施工组织中建立环境保护机构和相关管理体系，制定各工种的相应环保措施，在各项施工过程中确保贯彻与落实。

四、做好工程收尾工作

施工结束后，工程单位应进行现场清理，尽量恢复原貌或比原先还有改善，占用的临时用地平整后采取植物恢复措施，施工营地中产生的生活污水、生活垃圾及废弃物统一收集处理，以免污染环境。

第五节　铁路日常运营中的环境保护

铁路在日常运营中会产生客车垃圾、噪声、振动和电磁干扰等，应当采取措施消除或降低其不良影响。

一、消除客车垃圾、粪便对铁路沿线的污染

在绿皮车时代，客车垃圾曾对铁路沿线造成过严重污染(如图 8-5-1 所示)。随着我国铁路客车制造水平和客运服务质量的提高，这种情况已经得到彻底改变。现在，列车上普遍安装了空气调节和真空集便装置(如图 8-5-2 所示)：在列车行进中，车窗不能随意打开；客车垃圾由各车厢乘务人员收集起来，交指定的垃圾投放站集中处理；列车停靠吸污站时，20 min 以内就可以将列车上全部集污箱清理完毕。这些措施保证了铁路沿线的清洁。

图 8-5-1　铁路工人在清除线路上的客车垃圾

图 8-5-2　铁路客车集便器

二、振动控制

铁路运营引起的振动由列车运行时轮轨间的作用力产生，其振动波由线路向外扩散。受振点的振级和振幅与列车的运行速度成正比，随受振点离钢轨的距离递远递减。振动的控制可以从振源和传播途径两个方面加以控制。

1. 车辆减振

轨道交通环境振动的振源是由车辆在轨道运行时引起的车辆和路基、桥梁、隧道衬砌等支承结构的振动形成的，车体是振源，对车辆结构进行改进可以使激振源的激振强度大幅下降。可以采取以下措施减低车辆振动：

(1)车辆轻型化，车辆荷载越小产生的冲击也越小。

(2)合理设计车辆轮轴排列，能有效降低振源强度。

(3)选择弹性和阻尼车轮，可有效降低振动幅值。

(4)车辆转向架加装横向和垂直减振器，采用空气弹簧。

(5)加强车辆保养，保持车轮圆顺，以降低轮轨冲击。

2. 轨道结构减振

(1)无缝钢轨

无缝钢轨消除了钢轨接头，从而消除了车轮对钢轨接头的冲击。

(2)用阻尼减振型钢轨

阻尼减振型钢轨是指在轨腰处粘贴阻尼材料，在阻尼材料外侧粘贴约束材料。在钢轨的两侧、底部都做处理的为全贴阻尼板钢轨，只在钢轨两侧粘贴阻尼板的为半贴阻尼板钢轨。

(3)轨下减振垫板

轨下减振垫板可以降低轨道刚度、提高轨道弹性、缓和列车冲击作用、减轻道床振动，降低轨道振动和噪声。

(4)轨枕减振措施

在混凝土轨枕底面粘贴橡胶垫层，以提高轨道弹性，在轨枕侧面也设置弹性垫层缓和列车冲击作用、减轻道床振动。

(5)道砟下铺设砟下胶垫

在道床下设置减振垫层，改善道床的弹性。

三、噪声控制

铁路噪声主要来自运行中列车的集电系统、轮轨作用和车体与空气的摩擦。需要保持相对安静，对噪声产生不良反应较强烈、影响较大的地区称为噪声敏感区，例如疗养院、医院、学校、机关、科研单位、居民集中居住的区域等；比较空旷，远离居民点，又没有保护动物生存的地区，即使噪声大一些也没有什么妨害，这样的地区为非敏感区。在选线设计时，除了应尽量绕避噪声敏感区外，对于不能绕避的区域必须采取有效的防护措施。

可以从声源降噪、阻断噪声传播途径、受声点防护和客车车室噪声控制四个方面减轻噪声的危害。

1. 声源降噪

(1)铺设重型超长无缝钢轨,采用 60 kg/m 及以上重型钢轨,提高线路的平顺性,减少轮轨冲击。

(2)在钢轨腰部用支撑夹板加装防振橡胶,阻止钢轨振动,降低钢轨噪声。

(3)在无砟道床下铺设橡胶防震垫,提高道床弹性和噪声吸附能力。

(4)用混凝土桥代替噪声较大的钢结构桥。

(5)改进车体外形设计,提高车厢表面的平滑度,降低表面摩擦系数。

2. 阻断噪声传播途径

在铁路经过的噪声敏感区线路两侧设置隔声屏障,阻断噪声的传播途径。声屏障是指建于铁路线路两侧用以降低列车运行噪声,对噪声敏感点影响的构筑物,包括封闭式声屏障和直立式声屏障(如图 8-5-3 所示)。

图 8-5-3 直立式声屏障

3. 受声点的防护措施

(1)铁路选线时应尽可能绕避噪声敏感区;

(2)铁路线路两侧可建仓库、厂房等对噪声不敏感的建筑物,同时起到隔音屏障的作用。

(3)铁路两侧设置多层次绿化带,靠近居民区一侧种植多排高大乔木,以起到隔音与美化环境的作用。

4. 旅客列车车厢内噪声的控制

为了保证旅客有一个安静、舒适的旅行环境,旅客车厢内外墙板和顶板间、地板都填充了吸声材料,座椅上安设吸声海绵,采用带空气层的双层车窗,因而有良好的隔声效果。

三、电磁防护

1. 线路选址

牵引供电系统的变电所等设施也都设置在尽量远离繁华城市的位置,且从规划、设计、施工、验收各阶段都执行严格的环境评价标准,以保证满足相关法规,符合环境友好性要求。

2. 牵引供电

牵引变电所向接触网供电有多种方式,其中 AT 方式(即自耦变压器供电方式)由于漏抗小,其产生的电场和磁场强度都比较低,对环境比较友好。

3. 综合接地

综合接地就是将高速铁路沿线的牵引供电回流系统、电力供电系统、信号系统、通信及其他电子信息系统、建筑物、道床、站台、桥梁、隧道、声屏障等需要接地的装置通过贯通地线连成一体，形成共用接地系统，通过贯通地线，将相邻区段和设施的地电位绑定在接近的参考电位上，以降低造成干扰的风险。

4. 以桥隧代路

采用高架桥可以减少占用农田，在桥上钢轨与大地间有较好的绝缘，可以避免传统路基存在的杂散电流造成的电位抬升，对铁路线路附近埋设的电缆、金属设备造成电蚀。隧道可以有效降低列车运行对周边环境的振动、噪声和电磁干扰，隧道在山体或地下通过，土壤作为天然的屏蔽，可以有效阻断铁路系统电磁辐射。

五、消除铁路分隔城市

应采取立体交叉、改变道路走向等措施，逐步取消市区铁路平面交叉路口，暂时无法改为立交的道口，推广使用列车到达警报装置。在城市铁路两侧设置封闭隔离带，加强对城市区段的巡查管理，各有关部门要加强铁路安全、环保法规知识的宣传教育工作，禁止非铁路工作人员进入封闭隔离带，保证行车安全。

复习思考题

1. 铁路线路在建设和运营过程中可能对沿线环境带来哪些不利影响？
2. 国家和铁路部门制定的环境保护法律法规主要有哪些？
3. 新线选线设计对于铁路环境保护成效有什么作用？
4. 在铁路建设施工中应怎样保护环境？
5. 在铁路日常运营中怎样保护环境？

参 考 文 献

[1] 佟立本. 铁道概论[M]. 8 版 . 北京:中国铁道出版社有限公司,2020.
[2] 佟立本. 高速铁道概论[M]. 5 版 . 北京:中国铁道出版社,2017.
[3] 王海星. 铁道概论[M]. 北京:中国铁道出版社有限公司,2020.
[4] 中国铁路总公司. 铁路技术管理规程(普速铁路部分)[S]. 北京:中国铁道出版社,2014.
[5] 中国铁路总公司. 铁路技术管理规程(高速铁路部分)[S]. 北京:中国铁道出版社,2014.
[6] 中国铁路总公司. 铁路运输调度规则[S]. 北京:中国铁道出版社,2017.
[7] 国家铁路局. 铁路轨道设计规范:TB 10082—2017[S]. 北京:中国铁道出版社,2017.
[8] 国家铁路局. 铁路隧道设计规范:TB 10003—2016[S]. 北京:中国铁道出版社,2017.
[9] 国家铁路局. 铁路车站及枢纽设计规范:TB 10099—2017[S]. 北京:中国铁道出版社,2017.
[10] 国家铁路局 . 铁路旅客车站设计规范:TB 10100—2018[S]. 北京:中国铁道出版社,2018.
[11] 国家铁路局 . 高速铁路设计规范:TB 10621—2014[S]. 北京:中国铁道出版社,2014.
[12] 刘龄嘉. 桥梁工程[M]. 北京:人民交通出版社,2013.
[13] 刘维宁. 铁路隧道[M]. 北京:人民交通出版社,2011.
[14] 马桂珍. 铁路站场及枢纽[M]. 2 版 . 成都:西南交通大学出版社,2003.
[15] 陈良江,文望青. 中国铁路桥梁(1980—2020)[M]. 北京:中国铁道出版社有限公司,2020.
[16] 铁道部运输局. 铁路列车调度指挥系统(TDCS)[M]. 北京:中国铁道出版社,2006.
[17] 刘朝英. 中国铁路分散自律调度集中[M]. 北京:中国铁道出版社,2009.
[18] 国家铁路局. 铁路接发列车作业:TB/T 30001—2020[S]. 北京:中国铁道出版社有限公司,2021.
[19] 米玉琴. 城市轨道交通概论[M] . 修订版 . 北京:北京交通大学出版社,2019.
[20] 白明洲,宋雷鸣,等. 高速铁路环境保护[M]. 北京:中国铁道出版社有限公司,2021.